LA COOPÉRATION

CONFÉRENCES DE PROPAGANDE

PAR

CHARLES GIDE

Professeur à l'Université de Montpellier

Chargé de cours à la Faculté de Droit de Paris

PARIS
LIBRAIRIE DE LA SOCIÉTÉ DU RECUEIL GÉNÉRAL DES LOIS ET DES ARRÊTS
ET DU JOURNAL DU PALAIS
Ancienne Maison L. LAROSE & FORCEL
22, Rue Soufflot, 22
L. LAROSE, Directeur de la Librairie

—

1900

LA COOPÉRATION

CONFÉRENCES DE PROPAGANDE

LA

COOPÉRATION

CONFÉRENCES DE PROPAGANDE

PAR

CHARLES GIDE

Professeur à l'Université de Montpellier

Chargé de cours à la Faculté de Droit de Paris

PARIS

LIBRAIRIE DE LA SOCIÉTÉ DU RECUEIL GÉNÉRAL DES LOIS ET DES ARRÊTS

ET DU JOURNAL DU PALAIS

Ancienne Maison L. LAROSE & FORCEL

22, Rue Soufflot, 22

L. LAROSE, Directeur de la Librairie

1900

LA COOPÉRATION

CONFÉRENCES DE PROPAGANDE

A mon ami DE BOYVE

en souvenir de douze années de campagne coopérative.

AVANT-PROPOS

Il est certain que ce livre n'aurait jamais vu le jour si le Comité d'admission à l'Exposition (classe 107, Sociétés de Consommation), dont je fais partie, ne m'avait aimablement mis en demeure de « coopérer » à son exposition. Or, comme je n'avais rien, j'ai dû déterrer quelques-unes des conférences et études publiées autrefois en brochures ou dans des comptes-rendus de Congrès devenus introuvables, et, pour les rendre présentables, je les ai rassemblées en un volume.

En faisant un livre de ces pages éparses, je n'ai point eu la prétention de leur conférer une valeur scientifique qu'elles ne comportent point. Peut-être un jour essaierai-je de présenter un exposé méthodique des doctrines et des organisations coopératistes, mais ici il ne faut chercher que des conférences de propagande faites pour présenter, sous une forme populaire, les traits caractéristiques et les avantages de la coopération, particulièrement de celle de consommation.

Toutefois, puisqu'un auteur doit toujours découvrir quelque utilité aux livres qu'il publie, je dirai que celui-ci pourra peut-être rendre quelques services aux orateurs des nombreuses « universités populaires » qui éclosent en ce moment, en leur fournissant des sujets de conférence et des illustrations appropriées au but de cet enseignement populaire. Une table alphabétique à la fin du volume permettra de retrouver facilement ce qu'on voudra chercher.

Peut-être aussi ceux qui s'intéressent au mouvement coopératif dans notre pays et qui voudront un jour en écrire l'histoire, trouveront-ils ici quelques informations utiles, puisque ces conférences permettent de suivre les principales étapes de ce mouvement depuis le dernier réveil qui ne date guère que d'une douzaine d'années.

Si ces conférences n'exprimaient que mes idées personnelles, elles pourraient ne pas offrir un grand intérêt, même documentaire, mais elles expriment aussi les doctrines d'un petit groupe de coopérateurs, dit « Ecole de Nimes », avec qui nous avons fait campagne ; ces amis retrouveront dans ces pages beaucoup de ce qui leur appartient et que je leur restitue, surtout le meilleur : leur foi. Et c'est aussi une association coopérative d'ouvriers typographes de Nimes, fondée avec leur appui, qui les a imprimées.

Je les ai classées simplement par ordre chronologique — sauf une pourtant qui, par ordre de date aurait dû être la première, mais que j'ai mise à la fin parce qu'elle est un peu en dehors du cadre.

Deux de ces conférences étaient inédites. Les autres avaient été publiées, en diverses circonstances que j'indique en notes.

Le lecteur qui aurait la patience de lire le volume d'un bout à l'autre y trouvera certaines répétitions. Je le prie de ne pas en être choqué, en considérant que ce ne sont pas ici les chapitres d'un livre, mais des conférences données en des temps et dans des milieux différents et dont chacune devait se suffire à elle-même. Il se peut aussi, s'il cherche bien, qu'il y trouve quelques contradictions. Qu'il n'en soit pas autrement surpris : c'est preuve de sincérité. Peut-être enfin aura-t-il, parfois, l'impression de choses « déjà vues » et devenues des lieux communs, mais s'il veut bien alors se reporter à la date de la conférence, il pourra constater que ce n'est pas toujours de ma faute.

Beaucoup de socialistes en France, après avoir longtemps méprisé la coopération, qu'ils qualifiaient de « bourgeoise », semblent aujourd'hui vouloir se l'approprier. Ils pourront voir dans ces pages que nous sommes venus à eux longtemps avant qu'ils n'aient songé à venir à nous.

Paris, avril 1900.

CHARLES GIDE.

LA COOPÉRATION

CONFÉRENCES DE PROPAGANDE

LA COOPÉRATION ET LE PARTI OUVRIER EN FRANCE [1]

MM. — Je devrais, pour me conformer à l'usage, commencer par vous dire combien je sens mon insuffisance à remplir la tâche que vous m'avez confiée, — et ce ne serait, du reste, que la vérité. Permettez-moi cependant de vous épargner cet exorde banal et de vous dire, au contraire, avec quels sentiments de joie et de légitime orgueil je me lève pour prendre la parole dans cette grande assemblée.

Je suis fier, d'abord pour mon propre compte, d'avoir été admis par vous, moi qui réunis en ma personne ce double caractère d'ordinaire peu sympathique à la classe ouvrière, de bourgeois — si l'on en juge par l'habit, — et d'économiste — si l'on en juge par le titre, — d'avoir été admis, dis-je, à combattre dans vos rangs, et je vous remercie du très grand honneur que vous m'avez conféré en

---

(1) Discours d'ouverture du 2e Congrès des Sociétés coopératives de consommation de France, tenu à Lyon, au Théâtre des Variétés, le 19 septembre 1886. Ce discours a été publié dans le compte-rendu officiel du Congrès. (Imprimerie Kugelmann, 1886, Paris.)

Ce Congrès de Lyon était le second congrès coopératif. Le premier avait été tenu à Paris l'année précédente.

m'invitant à porter ici pendant une heure votre drapeau.

Je suis fier aussi pour ce bataillon sacré des coopérateurs dont je partage, en ce moment surtout, les émotions et les espérances, en les voyant tous réunis ici, fidèles au rendez-vous qu'ils s'étaient fixé l'année dernière et donnant ainsi des preuves de cette persévérance sans laquelle on ne fait rien de grand. On prétend que nos enthousiasmes en France ressemblent à ces feux de paille qui jettent un vif éclat pour s'éteindre aussitôt : vous saurez prouver que nous pouvons aussi faire feu qui dure; je m'en félicite avec vous.

Et quand je vois à mes côtés les délégués de l'Angleterre, de l'Italie et de la Suisse, et en particulier MM. Francesco Vigano et Vansittart Neale, ces deux octogénaires, vétérans de l'armée coopérative qui comptent dans leurs états de service tant de campagnes et tant de victoires, et dont les noms appartiennent désormais à l'histoire de la coopération, je suis heureux de pouvoir leur offrir dans cette salle un spectacle qu'ils ne s'attendaient peut-être pas à trouver dans notre pays, celui d'un congrès ouvrier pacifique et pratique. Vous allez assister à ces délibérations et je ne doute pas qu'une fois de retour dans votre pays, vous ne puissiez dire à vos compatriotes que vous avez vu ici les représentants de milliers d'ouvriers discuter leurs plus chers intérêts sans déclamations, sans menaces, sans faire appel à la force, sans solliciter la protection de l'Etat, et sans rien attendre que de la liberté ! De cela aussi, je suis fier pour mon pays.

Permettez-moi d'ajouter encore que je suis heureux de voir ce congrès, qui doit organiser définitivement le parti coopératif, se réunir dans la ville de Lyon. J'y vois un gage de réussite. Cette grande cité ouvrière est une des cités dans le monde où l'on a travaillé depuis le plus longtemps, et j'ajouterai aussi — car souvent ici la plainte de la misère s'est mêlée à la grande voix du travail — c'est une de celles où l'on a le plus souffert. On vous fera sans doute visiter la Croix-Rousse, MM. les délégués étrangers : là, on pourra vous montrer telles maisons ouvrières dans lesquelles les métiers battent depuis plusieurs générations, dans lesquelles aussi d'une génération à l'autre se sont transmises les traditions d'une vie honnête et laborieuse et qui, si le travail ne dédaignait ces vanités, pourraient se vanter aussi de leurs quartiers de noblesse ! Nulle autre population ne connaît donc mieux quelles sont les lois du travail quotidien et quelles en sont les peines, et n'est mieux préparée à résoudre les questions sociales dans un esprit plus pratique et plus vraiment ouvrier.

C'est ici, du reste, que se sont constituées les premières associations de consommation. C'est ici encore que les associations ouvrières de toute nature sont proportionnellement les plus nombreuses. C'est ici que, de préférence, se réunissent les congrès qui ont à s'occuper de questions sociales. Il me suffira de rappeler le congrès des sociétés de secours mutuels de 1883 et le congrès ouvrier de 1878, qui fut le second congrès national et qui s'est tenu dans cette même salle où nous sommes.

La réunion de ce dernier congrès a marqué justement une date importante dans l'histoire du mouvement coopératif dans notre pays. Permettez-moi de m'y reporter et de vous faire rapidement l'histoire de ces huit dernières années ; cette période de temps, quoique courte, a été remplie de grands évènements et constitue, dans le développement de la coopération en France, une crise dont il faut connaître les causes.

I

La Coopération dans les Congrès ouvriers en France

Il y a huit ou dix ans, la foi dans la coopération était entière : les ouvriers y voyaient le salut. Le premier congrès ouvrier de Paris de 1876 n'avait pas indiqué d'autre solution de la question sociale, et le congrès de Lyon de 1878, dont je vous parlais tout à l'heure, reproduisait, en les accentuant, les mêmes déclarations :

« Considérant, déclarait il dans sa séance du 8 février 1878, que le salariat n'est qu'un état transitoire entre le servage et un état innomé, les chambres syndicales *devront mettre tout en œuvre* pour l'établissement de sociétés générales de consommation, de crédit, de production, appuyées sur un contrôle sérieux dont l'absence est la cause des insuccès passés. »

En faisant cette déclaration solennelle, les ouvriers réunis à Lyon, au nombre desquels figuraient sans doute plusieurs de ceux qui m'écoutent, ne subissaient en aucune façon, comme on l'a prétendu insolemment, l'influence des bourgeois et ne trahissaient point leur parti. Bien au contraire, ils ne faisaient qu'exprimer le sentiment qui avait toujours été dans le cœur des ouvriers français.

Que voulaient-ils, en effet, en fondant ces sociétés coopératives ? Améliorer leur ordinaire ? diminuer leurs dépenses ou grossir un peu leur salaire ? — Nullement. Le but qu'ils visaient était de bien plus haute portée et il est caractérisé très nettement par le considérant que je viens de vous lire : « Considérant que le salariat n'est *qu'un état transitoire* entre le servage et un état innommé.... ». Voilà le but : transformer peu à peu le salariat et arriver à un état dans lequel le travailleur, devenu propriétaire de ses instruments de production, jouerait dans la production le rôle non plus d'instrument lui-même, mais d'agent principal.

De même, en effet, que les paysans, c'est-à-dire les ouvriers des campagnes de France, depuis mille ans caressent ce rêve de devenir propriétaires de leur instrument de travail, qui pour eux s'appelle la terre, et ne reculent devant aucun sacrifice pour y arriver, de même aussi les ouvriers des villes ont toujours visé ce même but — acquérir la propriété de leurs instruments de travail qui, pour eux, s'appellent l'usine, la mine, la machine, l'atelier, et ce désir commun, qui tourmente ainsi les deux grandes classes de nos travailleurs, avait trouvé son expression dans cette formule célèbre, qui a été longtemps la devise du parti ouvrier français et qui avait été répété en particulier à ce même congrès de Lyon : « La terre au paysan, l'outil à l'ouvrier. »

Être indépendant ! travailler chez soi et pour soi, être propriétaire et des instruments de son travail et des produits de ce travail, c'est là un idéal qu'on trouve aujourd'hui suranné, mais qui a toujours été comme inné dans le cœur de tout Français et qui constitue en quelque sorte un des éléments de notre tempérament national.

Et je n'hésite pas à dire ici, me séparant en cela de la plupart des économistes, qui considèrent cette transformation du salariat comme une utopie dont il est dangereux d'entretenir la classe ouvrière, — que j'envisage cette ambition comme légitime, et j'ai la conviction profonde qu'elle doit, dans un avenir plus ou moins éloigné, se réaliser. Oui, je crois, d'accord avec le congrès de Lyon, que le salariat ne peut être accepté comme un état définitif, mais seulement comme un état transitoire : il constitue certainement un progrès et un très grand progrès sur l'état antérieur, mais pourtant c'est un état relativement inférieur et qui sera condamné à son tour par cette même loi du progrès pour faire place à un état supérieur, l'association, ou à un état encore innomé, comme le dit prudemment le considérant que je vous ai lu.

Et savez-vous pourquoi je considère le salariat comme un état encore imparfait et destiné à disparaître tôt ou tard ? — Ce n'est point, comme vous le supposez peut-être, parce que je considère ce régime comme particulièrement injuste pour la classe ouvrière ; ce n'est point que je considère les patrons comme prélevant nécessairement la part du lion et les ouvriers comme spoliés, à ce qu'affirment les collectivistes, soit de la moitié, soit même d'une part considérable de ce qui devrait leur revenir. Il ne m'est pas démontré que si les ouvriers touchaient ce qu'ils appellent l'intégralité du produit de leur travail, leur revenu en fût très considérablement accru. Je crois que la modicité des salaires tient beaucoup plus à l'insuffisance de la masse à partager qu'à la façon dont s'opère le partage.

Mon véritable grief contre le salariat n'est pas d'ordre économique, il est d'ordre moral, le voici : c'est que ce régime habitue ceux qu'on appelle les classes supérieures de la société à voir dans ceux qu'on appelle les classes inférieures de simples instruments de production. Or, cela n'est pas bon. C'est une funeste éducation pour l'homme que celle qui l'habitue à voir dans la personne de son semblable un moyen de s'enrichir. L'homme ne doit pas être un instrument pour l'homme. Cela est mauvais pour celui qui sert d'instrument, mais pire pour celui qui s'en sert !

Sans doute, on peut m'objecter que ce monde étant un échange perpétuel de services, chacun de nous, en un certain sens, *se sert* de ses semblables, mais cet échange de services suppose toujours, pour satisfaire à l'idée de justice, l'égalité et la réciprocité : or, le salariat ne remplit pas tout à fait cette double condition. S'il est vrai de dire, en effet, que les ouvriers travaillent pour le compte des patrons, il n'est pas également vrai de dire que les patrons travaillent pour le compte de leurs ouvriers ! en tout cas, s'ils le font, c'est sans le vouloir.

Voilà pourquoi je crois fermement qu'un jour viendra où la Société ne sera plus divisée en deux classes, celle qui travaille et celle qui fait travailler, où les hommes pourront produire dans des rapports qui ne seront plus des rapports de dépendance, mais bien des rapports de mutualité, tels qu'ils peuvent résulter de l'association.

L'association ! tel était en effet le moyen sur lequel comptait le parti ouvrier pour atteindre ce but. Nous venons de dire ce que nous pensions du but ; disons maintenant ce qu'il faut penser du moyen.

On a dit que cette idée de l'association ne constituait pas une découverte. Non, sans doute ! de tout temps, l'association a été le moyen auquel les hommes ont eu recours pour faire triompher leurs idées et réaliser leurs desseins. C'est par ces associations qui portaient le nom de *communes* que nos pères, il y a cinq ou six siècles, pauvres comme vous, mais bien plus opprimés que vous ne l'avez jamais été, s'affranchirent du joug des seigneurs et des évêques et fondèrent ce Tiers-Etat qui est devenu la bourgeoisie. C'est par ces associations qui portaient le nom de congrégations religieuses, que l'Eglise catholique a conquis le monde païen et qu'à cette heure encore, elle fait sentir sa puissance jusqu'aux extrémités de la terre. C'est par l'association que les hommes ont fondé les premiers

Etats et les premières villes, et c'est certainement par l'association aussi, avant qu'il y eut une histoire, que les premiers hommes ont pu se liguer contre les forces de la nature et les animaux féroces et sortir victorieux de cette effroyable lutte pour la vie qui aurait dû, semble-t-il, étouffer l'espèce humaine à son berceau. L'association est donc aussi ancienne que l'humanité elle-même ; que dis-je aussi ancienne ? Elle l'est bien plus encore ! Longtemps avant qu'il y eût des hommes sur terre, les animaux eux-mêmes, non seulement ceux que vous connaissez comme les fourmis et les abeilles, mais bien d'autres encore, et plus particulièrement les plus petits, les plus faibles, les plus pauvres d'entre eux, avaient su demander à l'association un secours pour leur faiblesse, une arme pour lutter contre les forts et un moyen d'améliorer leur misérable vie. L'association est donc aussi vieille que ce vieux monde qui nous porte. Mais qu'est-ce à dire? Simplement ceci : c'est que les choses qui sont aussi vieilles que le monde sont, comme le monde lui-même, toujours nouvelles et ne sont que les manifestations de ces grandes lois naturelles qui sont les mêmes hier, aujourd'hui, éternellement.

Ainsi donc, ne vous laissez pas déconcerter par l'idée que l'association n'est pas nouvelle : on n'inventera jamais rien de mieux !

C'est qu'il y a, d'ailleurs, bien des formes possibles dans l'association. Les premiers coopérateurs de 1848 avaient employé la forme de la société de production ; c'était prendre le taureau par les cornes, mais ils ne furent pas les plus forts. Pour fonder une entreprise de production, il faut, en effet, un capital, et ce capital, les coopérateurs de cette époque ne connaissaient qu'un moyen de se le procurer, mais combien insuffisant ! l'épargne, prélevée à grand'peine sur le salaire quotidien.

Les ouvriers réunis au Congrès de Lyon, trente ans plus tard, avaient déjà appris à connaître un autre moyen de constituer le capital nécessaire, moyen d'une efficacité et d'une simplicité vraiment merveilleuses, et qu'ils recommandent, dans le considérant que je vous ai lu, sous le nom de Société de consommation.

J'ai dit découverte merveilleuse, je ne retire pas le mot ; je ne sache pas, à vrai dire, qu'on ait rien inventé dans le domaine social de plus surprenant : jugez-en vous-même. Pourquoi admire-t-on les machines sinon parce qu'elles ont pour résultat d'épargner à l'homme un travail trop pénible, de supprimer l'effort le plus douloureux ? Or, l'épargne constitue d'ordinaire, du moins pour l'ouvrier qui vit au jour le jour, le travail le plus pénible, l'effort le plus douloureux, à ce point même que, le plus souvent, il est pour lui impraticable et que c'est se moquer que de le lui recommander. Si donc, on pouvait trouver un procédé qui supprimât cette peine et cet effort, un procédé qui fît sortir l'épargne de la bourse du pauvre sans qu'il en souffrît et même sans qu'il s'en doutât, ne serait-ce pas une admirable invention ?

Or, ce moyen consiste dans l'association de consommation, qui achète au prix du gros, revend au prix du détail et porte les bénéfices réalisés au compte de l'associé proportionnellement à ses achats. L'associé qui achète pour 1000 fr. d'objets de consommation se trouve avoir épargné à son insu 100, 120, peut-être 150 fr. et même au-delà. On n'admire pas assez cette idée ; elle en vaut pourtant bien la peine ! Voir marier ces deux éléments qui paraissent aussi ennemis que l'eau et le feu, à savoir l'épargne et la dépense ; — constater que la consommation, c'est-à-dire en somme une satisfaction, une jouissance, peut procurer les mêmes avantages qu'une privation, c'est-à-dire qu'une souffrance; — se dire que chaque fois que l'on verse une pièce d'un franc entre les mains du marchand, il y a quelque part une pièce de deux sous qui tombe dans une tirelire; — pouvoir, comme le disent les Anglais, se constituer un capital rien qu'en mangeant et à chaque pain que l'on vient d'achever, se dire qu'il en reste tout de même une tranche pour les enfants ou pour soi-même, quand on sera devenu vieux, — je trouve cela tout bonnement étourdissant.

Qui donc a eu cette idée? On ne sait. Bien que les Pionniers de Rochdale en aient les premiers tiré parti, cependant elle avait été connue et même pratiquée avant eux. Comme la plupart des grandes inventions, celle-ci est sortie de la foule anonyme.

Il y a cependant encore aujourd'hui des gens d'esprit pour en rire! Des sociétés de consommation, pour beaucoup de gens, ce sont tout bonnement des associations d'épiciers ou qui ne diffèrent des épiciers qu'en ce qu'ils vendent leur sucre un peu plus cher.

Je donnerai de la Société de consommation une définition un peu différente en disant que c'est une association d'ouvriers désireux de travailler en commun à leur propre émancipation et à celle de leurs frères, et s'efforçant de se constituer le capital nécessaire à cet effet par le procédé le moins onéreux et le plus expéditif.

La définition que je viens de donner ne convient, il est vrai, qu'aux associations ouvrières. Il est d'autres genres d'associations coopératives qui conviennent plus spécialement aux bourgeois ou aux propriétaires ruraux, dont le but est différent et dont la définition, par conséquent, devrait être modifiée. Elles tendent plus spécialement à supprimer les intermédiaires et tous les rouages effroyablement inutiles qui pèsent comme un poids mort sur le mécanisme de la production, et elles doivent réussir à procurer à un pays des économies qui se chiffreront par milliards. Mais ce n'est pas le lieu d'étudier ici cet aspect de la coopération.

La définition que je viens de donner est bien celle, en tout cas, qui exprime ce qu'étaient les aspirations du parti ouvrier français jusqu'en 1878. Son programme était simple et nettement défini :

Comme but, il voulait arriver à transformer le salariat, en donnant au travailleur la propriété de ses instruments de travail.

Comme moyen, il voulait employer l'association coopérative sous ses formes diverses, mais particulièrement sous celle qui permet de constituer le plus vite un capital.

***

Mais déjà, par d'autres doctrines, le parti ouvrier était sourdement travaillé ; elles portaient des noms qui n'étaient guère familiers à nos oreilles françaises, car elles venaient de loin. L'une s'appelait le collectivisme et elle avait pour père un Allemand, Karl Marx ; l'autre s'appelait l'anarchisme, et elle avait pour père un Russe, Bakounine. La première surtout, venue d'au delà du Rhin était enseignée et propagée en France non pas par des ouvriers, mais par des jeunes gens, étudiants ou journalistes la plupart, pleins de ferveur d'ailleurs. Cet état-major commença à faire campagne dans les réunions publiques et dans quelques journaux, et la mena avec une fougue et une habileté remarquables. Déjà, à ce même congrès de Lyon de 1878, ils avaient fait une tentative pour faire adopter leur système. L'amendement qu'ils avaient présenté était ainsi conçu : « Le congrès invite toutes les associations ouvrières à étudier les moyens pour mettre en application le principe de la propriété collective du sol et des instruments de travail », mais il fut repoussé à une immense majorité, à la suite d'un discours du citoyen Finance.

Un an et demi plus tard, en 1879, le troisième congrès ouvrier se réunissait à Marseille. Le milieu était changé. Naturellement, la plupart des membres de ce congrès devaient être et furent, en effet, des Méridionaux. Sur 130 délégués, il n'y en avait cette fois que 6 de Lyon. Je me garderai bien de dire du mal des Méridionaux : je le suis moi-même et je m'en vante ! Mais ce n'est pas leur faire injure que de constater qu'ils ont un faible, dans les congrès comme dans les courses de taureux, pour le rouge. Le terrain était donc plus favorable aux socialistes révolutionnaires pour engager une seconde bataille. Et cette fois, ils la gagnèrent. Non pas pourtant sans une vive résistance. La plupart des orateurs inscrits parlèrent, comme à Lyon, en faveur de la coopération ; mais les commissions élues pour proposer les résolutions furent composées de membres en majorité favorables aux doctrines collectivistes. Celle chargée de présenter une résolution sur les Sociétés coopératives la rédigea en ces termes dédaigneux : « Le congrès déclare que ces sociétés ne peuvent aucunement être considérées comme des moyens assez puissants pour arriver à l'émancipation du prolétariat.... que, néanmoins, elles doivent être acceptées au même titre que les autres genres d'association, dans le seul but d'arriver à la solution du problème social par l'agitation révolutionnaire la plus active. » Et cette résolution fut adoptée. La commission chargée de présenter une résolution sur la propriété assigna comme but au parti ouvrier : « la collectivité du sol, sous-sol, instruments de travail, matières premières, destinés à tous et rendus inaliénables par la Société, à qui ils doivent retourner.... » Et cette résolution fut adoptée par 73 voix contre 27.

Voilà dans quelles circonstances la doctrine collectiviste a battu la doctrine coopératiste.

Le but nouveau, ce n'est donc plus celui que nous connaissons et qui se trouve désigné dans la formule : « La terre au paysan, l'usine à l'ouvrier. » C'est celui qu'exprime cette autre formule : « La terre et tous les instruments de travail à la Société, à la communauté. » Le public confond souvent ces deux formules : elles sont, en réalité, tout à fait opposées.

La première devise, c'est la propriété des instruments de production *conférée* à tous ceux qui s'en servent ; la seconde, c'est la propriété de ces mêmes instruments *enlevée* à tous les individus pour être attribuée à une abstraction qui s'appelle la collectivité.

Sans m'aventurer au fond de cette question de la propriété, qui est un abîme, je me bornerai à dire que cette doctrine me paraît tout à fait antipathique au caractère français. Je le disais en commençant : tous les instincts et toutes les énergies de notre peuple tendent vers l'acquisition de la propriété individuelle, et, quand il subsiste quelque part encore des propriétés collectives, par exemple les biens communaux dans nos campagnes, les habitants n'ont rien de plus pressé que d'en réclamer le partage. C'est là un sentiment qui paraît inné dans notre race, bien différente en cela de la race germanique et surtout de la race slave. Et quand bien même ce sentiment ne serait, au dire des collectivistes, que pure routine, on ne le déracinerait pas aisément, car aucun pays, malgré les apparences contraires, n'est plus attaché à sa routine que le nôtre.

Peut-être, plusieurs, dans cet auditoire, pensent-ils qu'un professeur d'économie politique comme moi est obligé de défendre la propriété et que, peut-être même, il est payé pour le faire. Eh bien ! je puis vous assurer que la propriété individuelle ne pèserait pas pour moi un fétu dans la balance s'il m'était démontré que son abolition est de nature à améliorer le sort de la majorité de mes concitoyens et à stimuler le progrès de l'espèce humaine. Seulement, on n'a jamais pu fournir cette démonstration, tandis que la démonstration contraire a été donnée cent fois, du moins pour le passé et le présent.

Voilà pour le but. Quant au moyen, nous le connaissons aussi. C'est l'expropriation, c'est-à-dire la prise de possession par la force, ou même par la loi, de tous les instruments de production, de tous les capitaux. C'est un moyen beaucoup plus expéditif certes, que la coopération : il est plus court de prendre le capital tout fait que de le faire.

Malheureusement, ou heureusement, il faut bien peu connaître la nature du capital pour s'imaginer qu'il se laisse prendre comme un poisson au filet. Sans doute, vous pouvez, à la suite d'une révolution sociale, en admettant qu'elle soit triomphante, vous emparer par un décret, suivant la formule des manifestes collectivistes, « du sol, sous-sol, mines, ateliers, machines et maisons. » Mais tout cela, ce n'est pas le capital ou, du moins, ce ne sont que des capitaux morts. Le véritable capital, celui qui sert à produire toutes les richesses et les instruments de production eux-mêmes, celui qu'on appelle en économie politique le capital circulant, parce que, comme le sang, il se répand par d'invisibles canaux dans tout l'organisme de la production, celui qui fait bouillir la chaudière, marcher la machine, celui qui fait respirer et vivre la manufacture, et sans lequel tous ces grands corps ne seraient que des cadavres, celui-là vous ne le prendrez pas. Soit sous forme d'espèces monnayées, soit sous forme de titres de crédit, il roule, il fuit, il traverse les mers, il a les ailes de l'aigle, il se rit des confiscations et des décrets !

Je parle ici à des ouvriers lyonnais. Qu'ils disent s'ils pensent que l'on peut s'emparer par un décret de l'industrie des soieries de Lyon !

Voilà pourquoi, j'estime que le jour où le collectivisme marxiste a remporté la victoire dans le congrès de Marseille, a été un jour sans lendemain pour l'avenir du parti ouvrier en France, car il l'a entraîné à la poursuite d'un but non seulement contraire à ses véritables aspirations, mais sans résultats pratiques.

Au reste, le premier résultat de cette victoire a été la désorganisation complète du parti ouvrier. La décision du congrès de Marseille ne représentait certainement pas l'opinion de la majorité de la classe ouvrière, et on le vit bien, car elle se divisa aussitôt en deux partis. La scission eut lieu avec éclat au quatrième congrès ouvrier qui se réunit au Havre dès l'année suivante, en 1880. Quelque temps après, on vit siéger en même temps, à Saint-Etienne et à Roanne, deux congrès rivaux. Depuis lors, les collectivistes se sont divisés eux-mêmes en plusieurs sectes hostiles et le parti ouvrier, en perdant sa devise d'autrefois, semble avoir perdu son étoile.

***

Mais il peut la retrouver. Ce qui fait l'intérêt et l'importance du congrès qui nous réunit aujourd'hui, c'est qu'il renoue la tradition, interrompue depuis huit ans, du parti ouvrier français, et le fait rentrer dans la voie où son instinct l'avait d'abord poussé. Si quelqu'un refait dans une dizaine d'années, comme je viens de le faire aujourd'hui, l'histoire du mouvement coopératif en France, je me plais à croire qu'il pourra citer le congrès de Lyon et la date du 19 septembre 1886 comme le point de départ d'une ère nouvelle.

Je n'ai pas besoin d'apprendre à la plus grande partie de cet auditoire, à la suite de quelles circonstances se réunit notre congrès. Vous savez que, l'année dernière, M. de Boyve, président et fondateur d'une Société de consommation à Nimes, eut l'idée de réunir toutes les Sociétés coopératives de France par le lien d'une fédération. Vous savez avec quelle persévérance il poursuivit ce dessein et avec quelles peines, mais aussi avec quel succès il l'a réalisé. Le premier congrès coopératif en France s'est réuni à Paris l'année dernière. Il a déjà commencé à organiser les Sociétés coopératives de consommation en leur donnant tous les organes d'un gouvernement, à savoir deux Chambres — l'une dite « consultative » pour la direction et la propagande, l'autre dite « économique » pour les opérations commerciales — un trésorier, un secrétaire et enfin un journal rédigé avec autant de zèle que de compétence par le secrétaire général, M. Fougerousse.

C'était déjà un bon commencement. Et, dès ses débuts, cette organisation nouvelle a révélé un fait tout à fait inattendu et qui a surpris les personnes même les plus compétentes en ces matières, c'est que l'idée coopérative avait jeté sur notre sol des racines bien plus profondes qu'on ne le pensait. Les statistiques ne donnaient guère qu'une centaine de Sociétés de consommation ; or, votre secrétaire général déclare qu'il existe en France environ 600 Sociétés de consommation, 60 Sociétés de production et plus de 200 syndicats agricoles ayant un caractère coopératif. Ainsi, pendant qu'on déclarait dédaigneusement que l'idée coopérative était impuissante et morte, elle faisait son chemin sans bruit et gagnait tous les jours de nouveaux adhérents.

Pour devenir une puissance dans l'Etat, les Sociétés coopératives n'ont besoin que de compléter leur organisation et de prendre conscience de leur force. Le Congrès qui se réunit aujourd'hui doit travailler à rallier à la Fédération non seulement toutes les Sociétés de consommation qui n'ont pas encore adhéré à la Fédération, mais encore toutes les Sociétés de production et tous les syndicats agricoles qui, par la vente et l'achat des produits en commun, s'inspirent de l'idée coopérative. Il doit provoquer la formation de nouvelles associations, rédiger à cet effet des modèles de statuts qui soient comme les chartes des Sociétés coopératives. Et surtout, en face du parti socialiste révolutionnaire qui prend à lui tout seul le titre de parti national ouvrier, mais dont les doctrines ne sont ni ouvrières, puisqu'elles ont été inventées par des faiseurs de livres et d'articles de journaux, ni nationanales, puisqu'elles ont été importées de l'étranger, — nous voudrions que ce Congrès affirmât l'existence d'un parti tout aussi résolu que l'autre à travailler à l'émancipation de la classe ouvrière, mais résolu à y arriver par le droit et non par la force, tout aussi socialiste dans le vrai sens du mot et qui, lui, pourrait revendiquer à meilleur droit le titre de « parti national ouvrier », car l'idée coopérative n'est pas une théorie de cabinet, elle est sortie de la pratique de la vie et des besoins de la classe ouvrière. Elle n'est pas éclose un beau jour dans le cerveau de quelques savants, elle est née des entrailles même du peuple ! Elle a eu pour pères, en Angleterre, une douzaine de pauvres tisserands de flanelle, et en France ces héroïques ouvriers de 1848, dont la vie toute de sacrifice et de dévouement à la cause coopérative sera un jour, s'il y a une justice dans l'histoire, aussi légendaire que celle des Pionniers de Rochdale !

Ne croyez pas, cependant, que, par ce mot de national, j'ai l'intention de faire vibrer en vous je ne sais quel chauvinisme, ni surtout de prétendre que l'idée coopérative appartienne à la France. Rien n'est plus loin de ma pensée. Il y a un certain aspect de la question coopérative qui est, en effet, propre à notre pays, et c'est celui-là que je me suis efforcé de mettre en lumière ici, mais l'idée coopérative est aussi large que l'humanité elle-même, et appartient par conséquent à tous les peuples. Et bien loin de prétendre enfermer cette idée dans une formule spéciale à notre pays, les promoteurs de ce Congrès comptent vous proposer, au contraire, de faire cause commune avec les Sociétés coopératives du monde entier. Le Congrès de Paris a réalisé la *Fédération nationale :* nous voudrions que le Congrès de Lyon réalisât la *Fédération internationale.*

Une Internationale ! Le mot n'est pas nouveau, la chose non plus, et les socialistes révolutionnaires peuvent dire qu'ils l'avaient réalisé avant nous. Et lorsque Karl Marx a conçu l'idée de solidariser les efforts des travailleurs dans le monde entier, il a eu, en effet, une idée de génie.

Toutefois, nous n'acceptons cet héritage que sous bénéfice d'inventaire. Notre Internationale à nous n'a pas pour but de remplacer les haines de peuples par les haines de classes et la guerre étrangère par la guerre civile. Surtout, elle ne vise pas à supprimer la patrie.

Nous ne considérons pas comme inutile et surannée la distinction des nations.

C'est divisée par nations et par Etats que l'espèce humaine depuis ses origines a marché dans la voie de la civilisation, et, malgré les maux qu'elle a causés et qu'elle causera encore, cette division nous apparaît comme une des formes de la division du travail qui assure le progrès. Restez donc Anglais, ouvriers d'Angleterre ; nous resterons Français ! Le monde aurait trop à perdre, ne fût-ce même qu'au point de vue de la solution de la question sociale, si ces grandes lumières venaient à s'éteindre ou à se confondre dans je ne sais quelle nébuleuse.

Mais, si nous ne voulons pas la suppression de la patrie, nous voulons l'association des peuples, ce qui est tout différent, car, de même que l'association coopérative n'a pas pour but l'annihilation des individus, mais au contraire le développement et l'utilisation de leurs facultés diverses, de même l'association des peuples ne doit pas avoir pour but de faire disparaître l'individualité de chaque peuple, mais au contraire de mettre en relief et d'utiliser les aptitudes diverses, l'originalité et le génie respectif de chacun d'eux. Chaque pays a sa manière particulière d'envisager les questions ouvrières comme toutes autres questions, et chacun peut faire son profit des qualités et même, oserais-je le dire, des défauts de ses voisins. Vous, Messieurs les Italiens, vous êtes très avancés dans la question d'épargne et de banque populaires; vous nous instruirez. Vous, Messieurs les Anglais, vous avez l'esprit pratique; c'est une grande qualité : vous nous en donnerez un peu et cela nous fera grand bien. Nous autres, nous sommes un peu idéalistes, voire même utopistes ; c'est un défaut; nous le communiquerons à nos amis les Anglais et cela ne leur fera pas de mal !

Voilà où nous en sommes, où plutôt voilà où nous voulons en arriver. Les perspectives que je viens de vous ouvrir sont-elles trop hautes et ne vous ménagent-elles pas quelques déceptions ? C'est ce qu'il convient maintenant d'examiner.

II

Arguments socialistes contre la Coopération.

Dans la campagne que vous allez entreprendre, vous serez en butte à des attaques très vives, attaques venant non pas seulement du côté des socialistes révolutionnaires, mais aussi des économistes qui représentent les doctrines conservatrices. Peut-être ces attaques pourraient-elles surprendre quelques-uns d'entre vous et d'ébranler leur courage. J'estime donc que le plus grand service que je puisse vous rendre, puisque vous m'avez invité à vous parler ici, c'est de vous prémunir contre ces critiques, en vous faisant connaître, à l'avance, les arguments de vos adversaires et dans quelle mesure on peut y répondre. Il est d'ailleurs toujours très utile de savoir ce que pensent de nous nos ennemis ; cela est beaucoup plus instructif que de savoir ce que pensent de nous nos amis.

Ecoutez donc le langage de vos adversaires. Je vais prendre la parole pour eux et vous dire ce qu'ils vous diraient s'ils étaient ici à ma place.

***

Si les ouvriers, disent-ils, pensent arriver à la propriété des instruments de production par le moyen de la coopération, sociétés de consommation ou même sociétés de production, ils poursuivent une chimère.

Qu'ils réfléchissent d'abord que la valeur de tous les instruments de production qui existent en France, terre, mines, chemins de fer, usines ou capitaux quelconques, ne peut être évaluée à moins de 150 milliards, et qu'ils se demandent alors pendant combien de générations il leur faudrait accumuler leurs misérables économies avant de réunir cet énorme capital!

Qu'ils réfléchissent encore que l'industrie se transforme tous les jours dans le sens de la grande production ; que le travail, pour devenir productif, est obligé de prendre, de plus en plus, la forme de colossales entreprises exigeant le concours de milliers de bras et de millions d'écus. Et c'est au moment même où se manifeste cette évolution que les ouvriers émettent la prétention de venir, avec quelques sous dans leurs caisses, entrer en lutte avec ces géants de l'industrie moderne! C'est la fable du pot de terre et du pot de fer. Que les ouvriers puissent parvenir par la coopération à créer quelques petits ateliers, c'est possible ; mais les petites entreprises ont fait leur temps ; chaque jour qui passe sonne le glas d'un certain nombre d'entre elles. Peut-être, les associations ouvrières auraient-elles pu réussir il y a un siècle ; aujourd'hui, elles sont un anachronisme.

Il se peut que les sociétés de consommation réussissent à faire une concurrence ruineuse aux petits commerçants, mais voilà un bel avantage! Ces petits commerçants, une fois ruinés, retomberont dans les rangs du prolétariat, et, en venant offrir leurs bras sur le marché, ne feront qu'avilir le taux des salaires!

Que sont, du reste, ces résultats qu'on nous vante tant? Bien peu de chose. Quant aux sociétés de production, une soixantaine à peine ont réussi, toutes dans la petite industrie, alors qu'on ne compte plus le nombre de celles qui ont échoué. Quant aux sociétés de consommation, si elles font épargner à l'ouvrier 10 ou 12 %, c'est le bout du monde, c'est-à-dire que l'ouvrier qui leur achète pour 1 fr. par jour pourra obtenir un boni quotidien de 10 ou 12 centimes. La moindre grève, quand elle réussit, en donne bien plus. A prendre même l'Angleterre, qu'on propose sans cesse à notre admiration, regardons de près. On croit nous éblouir en nous disant que les sociétés de consommation comptent un million d'associés et ont réuni un capital de 250 millions ; mais il résulte de ces chiffres mêmes que si l'on divise le second par le premier, on arrive tout bonnement à un quotient de 250 francs. Oui, 250 francs par tête ! voilà tout le capital que la coopération a pu donner à l'ouvrier, et cela dans le pays du monde où elle a donné les plus grands résultats. Or, nombreux en France sont les ouvriers qui ont pu arriver à épargner 250 francs dans leur vie, sans faire tant d'embarras.

Notre coopération n'est donc qu'un leurre, c'est un panneau qui a été tendu à la classe ouvrière par les bourgeois ou par les économistes bourgeois, et dans lequel elle se laisse prendre niaisement.

Et voici pourquoi les bourgeois, qui sont malins, trouvent avantage à lancer les ouvriers dans la voie de la coopération.

C'est d'abord pour eux un excellent moyen d'abaisser les salaires. Ceci peut vous paraître un curieux paradoxe, mais voici de quelle façon les collectivistes le démontrent. Ils affirment tout d'abord que, dans l'état actuel de notre société, le taux des salaires ne peut jamais s'élever au-dessus de ce qui est indispensable à la classe ouvrière pour vivre et pour se reproduire. C'est là une proposition qu'ils considèrent comme absolument certaine et qu'ils désignent sous ce nom retentissant, que vous avez certainement plusieurs fois entendu prononcer, de *loi d'airain*. Il en résulte que si, par suite de circonstances quelconques, le coût de la vie de l'ouvrier vient à s'abaisser, le taux du salaire devra s'abaisser parallèlement. Or, quel est le but des Sociétés de consommation? Seulement ceci : permettre à l'ouvrier de vivre mieux en dépensant moins. Eh bien! en admettant qu'elles lui procurent cet avantage, il arrivera tout simplement que les patrons paieront moins l'ouvrier, et après toute la peine qu'il aura prise et tous les sacrifices qu'il aura supportés, il se trouvera Gros-Jean comme devant.

Aussi, les gros patrons et les grandes compagnies savent bien ce qu'ils font, quand, dans leurs exploitations et dans leurs usines, ils s'empressent d'établir des magasins coopératifs ou de bâtir des logements ouvriers : quand ils ont pu, par ce moyen, réduire les dépenses d'alimentation ou de logement de leurs ouvriers de 10 ou 15 %, ils s'empressent de réduire le taux des salaires de 10 ou de 15 % et le tour est joué.

Et les bourgeois ont encore une autre raison pour pousser les ouvriers à faire de la coopération. Ils espèrent par là faire sortir de la masse prolétarienne un certain nombre d'ouvriers qui deviendront de petits bourgeois. Du jour où ces ouvriers auront réalisé quelques bénéfices, on compte qu'ils ne songeront plus qu'à leurs profits, et qu'ils se mettront à leur tour, soit comme membres des sociétés de consommation à exploiter le public, soit comme membres des sociétés de production à exploiter les travailleurs. Ils espèrent, ces bourgeois, que les ouvriers coopérateurs deviendront rangés, économes, ennemis des grèves et des révolutions, défenseurs de l'ordre et de la propriété, en un mot, qu'ils prendront toutes leurs vertus ou plutôt tous leurs vices. Comment les classes dirigeantes ne seraient-elles pas enchantées de façonner ainsi les ouvriers à leur image et d'en faire autant de transfuges qui, au jour de la grande bataille, affaibliront d'autant les rangs de l'armée ouvrière et grossiront d'autant ceux de l'armée bourgeoise ?

Voilà l'argumentation. — Je ne pense pas que nos adversaires, s'il en est ici, puissent m'accuser de l'avoir volontairement affaiblie. Je me suis appliqué, au contraire, à présenter ces arguments dans toute leur force. Examinons-les sans irritation.

Il est un de ces arguments d'abord sur lequel je crois pouvoir vous rassurer pleinement : c'est la loi d'airain. Jamais la coopération pratiquée conformément aux vrais principes n'aura pour résultat d'abaisser le taux de vos salaires.

Je ne conteste pas absolument l'existence de la loi d'airain ou plutôt, car il est inutile d'employer ces mots sonores, je suis disposé à croire que le genre de vie de l'ouvrier et son mode d'existence ont une grande influence sur le taux de ses salaires. Je suis disposé à croire, par exemple, que si les ouvriers de notre pays tombaient dans un état de dégradation tel qu'ils prissent l'habitude de se nourrir de pommes de terre et de se vêtir de la défroque des riches, comme les ouvriers irlandais, ou même de se contenter de quelques poignées de riz pour nourriture et d'un lambeau de cotonnade pour vêtement, comme les ouvriers chinois, je considère comme certain que le taux des salaires s'abaisserait de beaucoup. Mais remarquez que la pratique de la coopération n'a nullement pour résultat d'abaisser le genre de vie des ouvriers ni de réduire leurs besoins. Tout au contraire! elle a pour résultat d'élever le genre de vie de la classe ouvrière, ce que les Anglais appellent le *standard of life ;* elle ne réduit en rien son pouvoir de consommation : elle ne supprime aucun des besoins qui peuvent contribuer à son bien-être ; elle les développe, au contraire, en l'habituant à mieux vivre. C'est un fait incontesté que la coopération a beaucoup développé le confort chez les ouvriers anglais; les bonis sont le plus souvent employés à l'achat d'un meuble, souvent d'un piano! D'ailleurs, il faut remarquer surtout que la coopération tend à développer un besoin nouveau et qui, par l'habitude, doit devenir aussi impérieux que les autres, le besoin de se constituer une épargne, une avance comme vous voudrez l'appeler. L'argument tiré de la loi d'airain se retourne donc contre ceux qui l'emploient : si la loi d'airain est vraie, une institution comme la nôtre, qui a pour résultat de relever le genre de vie de l'ouvrier en lui permettant de mieux vivre et en faisant de la prévoyance une habitude, presque une nécessité, doit avoir pour résultat de relever le taux des salaires.

Mais je vais plus loin. Si réellement la loi d'airain existe, comment peut-on expliquer son existence ? Pourquoi donc le salaire de l'ouvrier ne pourrait-il s'élever au dessus de ce qui est indispensable pour le faire vivre ? Evidemment cela ne peut s'expliquer qu'en admettant que l'ouvrier est obligé de subir les conditions qui lui sont faites, qu'il est livré comme une marchandise passive et inerte à la loi de l'offre et de la demande. Et il est vrai que les choses se passent trop souvent de la sorte pour le prolétaire qui n'a que ses bras, qui vit au jour le jour et, ne pouvant attendre, est obligé de subir la loi de la fatalité. Mais, si cet ouvrier a, comme l'on dit, « du pain sur la planche », ou ce qui est bien mieux encore, s'il a derrière lui les magasins d'approvisionnements d'une association puissante et riche et de l'argent déposé dans la caisse de cette association, alors il n'est plus une chose : il est un homme, il ne subit plus les conditions, il les fait à son tour, ou du moins, il les discute en homme libre. Et voilà justement dans quelle situation les sociétés de consommation ou de crédit placent l'ouvrier.

Ainsi, ne vous laissez pas effrayer par cette espèce de croquemitaine de la loi d'airain : non-seulement elle ne peut vous nuire, mais encore elle est destinée à disparaître un jour devant la coopération comme ces cauchemars dont il ne reste plus même le souvenir sitôt que le jour s'est levé.

Toutefois, je dois faire ici un aveu. La démonstration que je viens d'esquisser est bonne surtout pour les sociétés de consommation qui vendent au prix de détail et capitalisent leurs bénéfices. Je serais un peu plus embarrassé pour répondre à l'argument de nos adversaires s'il s'agissait de ces sociétés de consommation qui vendent au prix de revient et qui, ne réalisant aucun bénéfice, ne peuvent constituer aucun capital ni donner à l'ouvrier l'habitude de l'épargne. Je crois que si la coopération se donnait pour unique idéal de nourrir les ouvriers au plus bas prix possible, cet idéal ne serait pas sans présenter quelque danger, et sa réalisation pourrait bien alors avoir pour effet d'abaisser le prix de la main-d'œuvre plus que de servir les intérêts des ouvriers.

Permettez-moi encore de vous signaler, dans le même ordre d'idées, une application de la coopération qui peut donner prise à la même critique. Je veux parler de ces magasins dits coopératifs ou *économats*, qui sont institués dans quelques grandes exploitations par de gros patrons ou de grandes compagnies.

Quoique ces institutions soient inspirées par un louable esprit de philanthropie, elles présentent de nombreux inconvénients :

1° Ces établissements sont dirigés par les patrons. — Il en résulte que les ouvriers s'imaginent toujours, à tort, je le crois, mais il n'importe, que le patron ou la Compagnie réalise des bénéfices à leurs dépens ;

2° Ils vendent à prix de revient. — Il en résulte qu'ils excitent la jalousie et les ressentiments de tous les petits marchands de la localité, et vous savez quel rôle cette rancune a joué dans les grèves de Decazeville et de Vierzon ;

3° Ils vendent à crédit. — Il en résulte que la Compagnie, pour ne pas être en perte, retient ce qui lui est dû, par voie de compensation, sur le salaire des ouvriers. Et comme le plus souvent le montant des achats est égal au montant des salaires, il arrive fréquemment qu'au jour de paie l'ouvrier n'a presque rien à toucher ; situation très fâcheuse qu'exprimait si bien cet ouvrier de Bessèges qui disait au citoyen Fournière : « Voici vingt-cinq ans que je travaille dans la mine et il ne m'est pas arrivé une seule fois de voir dans ma main une pièce de 20 francs ! »

4° Enfin, grâce à ce système, le patron ou la Compagnie a nécessairement en main le relevé de toutes les dépenses et de toutes les recettes qui constituent le budget de l'ouvrier. Dès lors, on n'ôtera jamais de la tête de l'ouvrier l'idée que le patron profite de cette situation pour ajuster le budget des recettes au budget des dépenses, c'est-à-dire pour régler le salaire de telle façon que l'ouvrier ait juste de quoi pourvoir à son entretien. Admettons que ce ne soit qu'une calomnie ; mais il ne faut pas que nos institutions coopératives puissent prêter à la calomnie ! il faut que nous puissions dire d'elles ce qu'on disait de la femme de César : qu'elle ne doit pas même être soupçonnée.

Comprenez-moi bien. Je me garde bien de faire un crime aux patrons ou aux Compagnies d'établir de semblables institutions ; je regrette seulement, dans leur intérêt encore plus peut-être que dans l'intérêt des ouvriers, qu'elles ne les établissent pas conformément aux principes coopératifs, à savoir : — administration laissée aux ouvriers, afin d'éviter tout soupçon d'espionnage ou d'exploitation ; — vente au prix de détail, afin de constituer un capital et de ne pas exaspérer le commerce local ; — vente au comptant, afin de n'avoir pas à faire de retenue sur les salaires. Dans ces conditions, tout danger disparaîtrait.

Passons à une autre critique. On nous dit qu'alors même que la pratique de la coopération n'aurait pas pour résultat d'abaisser le salaire, néanmoins, elle ne donnera jamais que des résultats médiocres et hors de toute proportion avec l'idéal que nous nous promettons ; elle n'arrivera jamais à transformer la Société ni même le salariat.

Cet argument n'est pas spécial aux socialistes révolutionnaires : il se trouve aussi dans la bouche des économistes. Car, pour le dire en passant, c'est une grave erreur de la part des socialistes de prétendre qu'il y a un parti pris chez les économistes et les bourgeois de prôner la coopération, et d'en conclure qu'ils cachent quelque arrière-pensée. La vérité, au contraire, est que les économistes les plus en vue traitent assez dédaigneusement le mouvement coopératif, et, sans le condamner ouvertement, estiment qu'il n'est pas de nature à amener une modification profonde dans l'organisation économique actuelle. Je pourrais citer des noms : cela est inutile. Je ne parlerai que d'un seul, parce qu'il est mort. M. Thiers, qui peut être considéré comme la personnification, sinon de l'économie politique qu'il n'aimait guère, du moins de la bourgeoisie, déclarait que la coopération ne donnerait jamais rien qui vaille et que, plus tôt on en aurait fini avec cette folie, mieux cela vaudrait. Cette opinion d'un homme d'infiniment de bon sens et d'esprit ne laisserait pas que de m'effrayer, si je ne me souvenais que M. Thiers avait fait une autre prophétie, à propos des premiers chemins de fer que l'on construisait à cette époque ; il avait dit : « Ce ne sont pas deux barres de fer mises à côté l'une de l'autre qui changeront le monde! » Soit! j'en accepte l'augure et je ne doute pas que la première prophétie n'ait le même sort que la seconde.

Si j'ai ouvert cette parenthèse, c'est à seule fin de toucher ceux d'entre vous qui auraient assez mauvais caractère pour ne consentir à trouver bon que ce que les économistes trouvent mauvais : eh bien! ceux-là peuvent se rassurer; les économistes ont dit assez de mal de la coopération pour qu'ils puissent se permettre d'en penser un peu de bien.

Mais, revenons à l'objection. Les résultats donnés jusqu'à présent par la coopération sont-ils donc si médiocres ? Je ne pense pas qu'on puisse dire que les résultats obtenus en Angleterre soient peu de chose. Le procédé qui consiste à diviser le chiffre des capitaux ou celui des bénéfices par le nombre des associés est un argument puéril. D'abord le résultat ainsi obtenu n'est qu'une moyenne obtenue en additionnant des sociétés qui ont réussi et des sociétés qui font de mauvaises affaires, en additionnant aussi des coopérateurs zélés et d'autres qui ne mettent jamais les pieds au magasin. Ce sont les résultats individuels qu'il faudrait connaître. C'est chaque société qu'il faudrait interroger pour savoir dire combien de ses membres lui doivent l'aisance!

De plus, les résultats de la coopération ne peuvent point se chiffrer en francs et en centimes, pas plus que le bonheur lui-même. Depuis qu'elle existe en Angleterre, elle a procuré à des millions d'hommes et elle a apporté au foyer de milliers de familles, comme un don de joyeux Noël, non seulement un ordinaire plus confortable, ce qui n'est point à dédaigner, mais ces biens plus précieux encore qui s'appellent la prudence dans les dépenses, le salutaire effroi des dettes et du crédit, la sécurité du lendemain, le sentiment de je ne sais quelle dignité nouvelle, et ce rayon d'or qui suffit pour illuminer la plus pauvre maison, l'Espérance, l'espérance qui naît du progrès déjà accompli et qui fait entrevoir un progrès nouveau !

En France, je ne fais aucune difficulté de reconnaître que les résultats obtenus sont médiocres et il importe d'en chercher la raison.

Je crois qu'elle doit être cherchée uniquement dans ce fait que la plupart du temps nous avons en vue l'intérêt des associés beaucoup plus que l'intérêt de l'association.

Eh bien ! me dira-t-on peut-être, pourquoi voudriez-vous qu'il en fut autrement ? L'association est faite pour les associés et non point les associés pour l'association ?

Sans doute, cela semble vrai et c'est pourtant faux. Si, dans les débuts surtout, les associés ne sentent pas la nécessité de sacrifier, dans une certaine mesure, leurs intérêts individuels à l'intérêt collectif, jamais l'association ne pourra se développer. Si, par exemple, pour ne pas rester dans l'abstraction, à la fin de chaque exercice les associés s'empressent de mettre dans leurs poches la totalité des bénéfices, jamais le capital de la Société ne pourra s'accroître d'une façon sensible : c'est comme un oiseau à qui on couperait les plumes des ailes à mesure qu'elles repoussent ; jamais il ne pourrait prendre son essor. Aussi, avons-nous des sociétés de consommation qui ont quinze et vingt ans de date, qui ont parfaitement réussi, mais qui n'ont pas grandi depuis leur naissance. Il faudrait consacrer une part des bénéfices, et la plus grande possible, au développement de l'association, soit sous la forme d'accroissement de son capital, soit plus encore sous la forme de dépenses d'intérêt collectif propres à resserrer les liens de l'association entre les divers membres. Ce qui fait la supériorité des sociétés anglaises, c'est qu'elles font justement cela ; non seulement beaucoup de membres laissent leurs dividendes dans la caisse de la société, mais de plus, en vertu de leurs statuts, elle consacrent une portion notable de leurs bénéfices à organiser des bibliothèques, des salles de lecture pour les journaux, des conférences, des concerts, des thés ; même à acheter des villas, presque des châteaux avec parcs, pour servir de lieu de promenade et de rendez-vous à leurs membres ! — Voyez ce que sont à côté nos Sociétés de consommation : les membres ne se voient nulle part, ils ne se connaissent pas et ils ne connaissent rien d'autre de la société que l'enseigne qui figure sur le magasin dans lequel ils vont faire, ou plutôt dans lequel ils envoient leurs femmes faire leurs achats. Dans ces conditions, la coopération n'est pas une association, c'est-à-dire une personne vivant de sa propre vie, ce n'est plus qu'une étiquette.

Pour que l'association constitue une puissance, il faut qu'elle prenne une place toujours plus grandissante dans la vie quotidienne, dans les occupations, dans les affections de chaque associé. Bien des gens s'imaginent qu'une association a d'autant plus de chances de réussir qu'elle prend aux associés le moins de temps et leur demande le moins de sacrifices possible. Quelle erreur ! Ce qui fait que les associations catholiques ont constitué et constituent encore de si formidables puissances, c'est qu'elles prennent l'homme tout entier ; il cesse de s'appartenir pour appartenir à son ordre. Sans doute les associations ouvrières ne doivent pas se régler sur ce modèle, en ce sens qu'elles doivent respecter la liberté et l'individualité de chaque associé, mais il faut qu'elles s'habituent à considérer la fortune de l'association comme chose plus importante que la fortune des associés. A cette condition seulement, elles deviendront des puissances avec lesquelles il faudra compter.

On nous dit que jamais néanmoins la coopération ne permettra aux ouvriers de racheter les capitaux et tout le matériel de la production qu'on évalue au chiffre exagéré de 150 milliards. — Je ne pense pas que jamais les promoteurs de la coopération aient émis cette ridicule prétention ; d'ailleurs, cette idée du rachat des instruments de production est essentiellement une idée collectiviste. Sans doute, quand il s'agit de la terre, il faut bien que les paysans arrivent à l'acheter, s'ils veulent la posséder. Mais, pour les capitaux, il en est autrement : on n'a pas besoin de les acheter, on les fait quand on veut. Ce que les ouvriers coopérateurs espèrent, c'est de *créer eux-mêmes* des capitaux *nouveaux* et les instruments de production dont ils ont besoin, et d'arriver à éliminer peu à peu le mode de production actuel, le mode capitaliste, comme on l'appelle. Est-ce là une prétention extravagante, comme l'assurent le plus grand nombre des économistes et des gens d'affaires ? Pourquoi donc ? Dans le monde social, comme dans le monde de la nature, les organismes imparfaits sont sans cesse éliminés par des organismes plus parfaits. Semez au milieu d'un champ une plante plus vivace, mieux organisée ou mieux adaptée au milieu, et elle ne tardera pas à envahir le champ tout entier et à faire disparaître les plantes qui l'occupaient déjà. Or, si nous pensons que l'atelier coopératif est un organisme supérieur à l'atelier capitaliste, supérieur au point de vue de l'idée de justice, parce que le capital y est au service du travail au lieu que le travail y soit au service du capital ; supérieur aussi au point de vue des résultats, parce que l'ouvrier travaillant pour son propre compte doit déployer son maximum d'activité, peut-être aussi plus résistant aux crises et aux chômages, — pourquoi ce mode de production n'arriverait-il pas à se substituer au mode de production actuel ?

Sans regarder si avant, du reste, et sans prévoir le jour ou le système coopératif aura remplacé les modes actuels de production, on peut tenir pour certain que dès le jour où des ateliers coopératifs auraient pris un certain développement, ils exerceraient, par le seul fait de leur existence, une influence heureuse sur les ateliers capitalistes. Je ne doute pas que ceux ci, par exemple, n'en soient réduits, bon gré, mal gré, sous la pression de la concurrence, à associer dans une certaine mesure leurs ouvriers à la production en les faisant participer aux bénéfices. Et les commerçants, pour soutenir la concurrence, auront recours eux-mêmes à la forme coopérative, ce qui est déjà le cas dans certains cantons suisses, ou peut-être même, résultat plus imprévu, en arriveront-ils à faire participer leurs clients aux bénéfices, conme le font aujourd'hui déjà les compagnies d'assurances.

On nous dit, il est vrai, retournant contre nous ce même argument de la lutte pour la vie, que nos ateliers ou magasins coopératifs ne seront point adaptés au milieu, parce que ce milieu où doit vivre désormais l'industrie moderne, c'est précisément la grande production. Or, comme nos ateliers coopératifs ne sont bons que pour la petite production, il arrivera qu'au lieu d'éliminer les ateliers capitalistes par une concurrence victorieuse, ce sont eux, au contraire, qui se trouveront éliminés.

A cela je répondrai que ceux qui sonnent ainsi le glas de la petite industrie seront enterrés longtemps avant elle. Je crois — et je me sépare encore en cela, il est vrai, de la doctrine presque universellement enseignée, non seulement par les économistes, mais par les socialistes – je crois au maintien, peut être même au développement, de la petite propriété et de la petite industrie. Les statistiques sont plutôt favorables à cette thèse qu'à la thèse contraire. Le nombre des petits commerçants augmente et celui des artisans ne paraît pas diminuer. Je ne crois pas du tout que nous devions nous représenter l'avenir sous l'aspect de ces grandes casernes où seront entassés, comme aujourd'hui, des régiments d'ouvriers. Cet état de choses qu'on déclare définitif n'a peut-être d'autre cause qu'un fait essentiellement transitoire, l'emploi de la machine à vapeur. Vienne le jour où l'on découvrira une autre force motrice plus maniable, ou supposez simplement la découverte, qui est déjà presque réalisée, d'un nouveau mode de transport et de distribution de la force motrice actuelle, nous pourrons voir de nouveau l'ouvrier travaillant soit en famille, soit par petits groupes, et alors les groupes coopératifs se trouveront justement les mieux adaptés à cet ordre nouveau.

Arrivons au dernier et plus gros grief. Il consiste à dire que si la coopération peut améliorer la condition de quelques ouvriers considérés individuellement, elle ne changera pas la condition de la masse ouvrière en tant que classe.

Oh! cette fois, je me déclare battu. Si vous voulez me dire que la coopération n'aura pas la puissance de saisir à la fois les 5 à 6 millions d'ouvriers qui existent en France et de les dresser comme sur le pavois tous à la fois et d'un seul élan — non, sans doute, elle n'a pas cette vertu. Et s'il y a ici quelqu'un qui possède le secret nécessaire pour exécuter ce travail d'Hercule, qu'il le dise, moi je ne le connais pas! Et qui plus est, je ne désire pas le connaître. Si, en effet, vous avez pour idéal un monde dans lequel tous les hommes, pêle-mêle et sans distinction, les ignorants aussi bien que les intelligents, les paresseux comme les laborieux, les méchants comme les bons, seront élevés d'un même nombre de crans comme par une force mécanique d'un million de chevaux-vapeur, — en ce cas, nous n'avons pas votre affaire. Ce qui suffirait à mon idéal, et, me semble-t-il, ce qui satisferait suffisamment à l'idée de justice, ce serait un monde où l'accès de la fortune serait ouvert à tout homme de bonne volonté, où chacun aurait la certitude de moissonner ce qu'il aurait semé, où chacun serait rétribué selon ses œuvres.

Or, ce monde-là, je ne dis pas que la coopération permette de le réaliser, mais, du moins, elle nous permet de nous en rapprocher, car elle offre à tous ceux qui le veulent, — j'entends ceux dont la volonté ne se borne point à un désir platonique, mais se manifeste par des actes, — le moyen d'améliorer leur sort. Si ceux-là ne sont qu'un petit nombre, tant pis ! Ce seront du moins les plus dévoués, les plus altruistes et par conséquent les plus dignes, qui en profiteront. Et vous imaginez-vous donc, si vous choisissez, comme moyen, la révolution, et même en supposant la révolution victorieuse, que ce ne soit pas aussi une minorité qui soit appelée à en profiter? La seule différence, c'est qu'il est à craindre que ce ne soit alors la minorité des habiles et des intrigants qui en profitera et non point la minorité des dévoués, parce que celle-là aura déjà payé de son sang la victoire de son parti !

La coopération exclut les paresseux et les vicieux, sans doute, mais elle n'exclut pas les faibles. Au congrès de Paris, le citoyen Finance, attaquant les sociétés coopératives, disait : « Dans toutes les associations coopératives et principalement dans celles de consommation, c'est une minorité d'hommes actifs et dévoués qui réalise tous les bénéfices... et qui est exploitée par une majorité tracassière et égoïste qui considère les services qu'on lui rend comme des services dus. »

Quel est l'éloge, je vous le demande, qui vaudrait

une semblable critique ? Elle suffit pour fermer la bouche à ceux qui nous taxent d'égoïsme. Et elle est vraie : nous en sommes fiers!

La devise qui figure sur l'en-tête de notre société de Nimes est une vignette représentant deux mains étroitement serrées, avec cette devise : *Chacun pour tous, tous pour chacun.* Or, à qui donc profite surtout cette maxime ? Est-ce aux plus forts ? Certes non — ceux là arriveraient bien toujours à se tirer d'affaire tout seuls, — mais aux plus faibles, au contraire, non point à ceux qui ont déjà gravi quelques degrés, mais à ceux qui sont encore en bas et qui, pour s'élever, ont besoin de se cramponner à une main plus vigoureuse. Il faut se représenter, en effet, la coopération, non pas sous l'image d'un cric qui soulève une masse avec une force mécanique et irrésistible, mais sous l'image d'une échelle à laquelle chacun monte en s'aidant des pieds et des mains, sur laquelle ceux qui sont en haut tendent la main à ceux qui sont en bas, et qui, comme l'échelle que Jacob vit dans son rêve, a le pied sur la terre ferme et le sommet dans le ciel !

Mais si les coopérateurs veulent rester fidèles à l'idéal coopératif, s'ils veulent prouver qu'ils n'entendent pas en faire le privilège de quelques-uns, il faut qu'ils laissent leurs rangs ouverts à leurs camarades et qu'ils les invitent même à entrer. Les sociétés de consommation peuvent toujours rester ouvertes sans inconvénients; les sociétés de production ne le peuvent pas toujours, parce que le nombre d'ouvriers que peut employer une entreprise quelconque n'est pas indéfini et est, au contraire, strictement limité, d'abord par les débouchés et surtout par le capital. Mais, quand les ateliers coopératifs emploient des ouvriers qu'ils ne peuvent faire entrer dans l'association, tout au moins doivent-ils leur accorder les avantages de cette demi-association qui s'appelle la participation aux bénéfices. Les grandes coopératives d'Angleterre ne le font pas et c'est là le grand et légitime grief que formulent contre elles les Trades-Unions, autrement dit les chambres syndicales ouvrières. Et c'est certainement le grand obstacle qui empêche encore l'idée coopérative de faire la conquête de la classe ouvrière en Angleterre tout entière et d'acquérir une force irrésistible Ne laissons donc pas sur notre chemin cette pierre d'achoppement.

III

Coopératives et Syndicats

Voilà donc les arguments que l'on dirige contre la coopération; je ne les ai pas traités par le dédain. Je crois que, dans le nombre, il en est qui sont de nature à nous faire réfléchir, aucun qui soit de taille à nous faire reculer.

Mais, maintenant, j'ai autre chose à dire. Quand bien même on voudrait tenir ces critiques pour fondées et les réponses que j'ai essayé de faire pour non avenues, je n'en serais pas autrement ému. Les sociétés coopératives ont, en effet, à mes yeux une utilité dont je n'ai point encore parlé et qui plane fort au dessus de toute cette discussion.

Elles servent *à conférer à la classe ouvrière les connaissances et les vertus sans lesquelles jamais elle ne réussira à occuper dans l'ordre social la place à laquelle elle aspire et à laquelle elle a droit.*

Voilà leur véritable fonction.

Il me semble que si même j'appartenais au parti des socialistes révolutionnaires, je serais sensible à cet avantage capital de la coopération. En admettant même, en effet, qu'une révolution sociale permit à la classe ouvrière de s'emparer par surprise des instruments de production, tenez pour certain, — et les socialistes réfléchis ne se font pas d'illusion à cet égard — que cette révolution resterait stérile, parce que la classe ouvrière ne serait pas en mesure d'en profiter sur l'heure et parce qu'elle n'a pas acquis encore les capacités nécessaires pour remplacer la classe bourgeoise comme classe dirigeante.

Quelles sont donc ces connaissances qui lui font présentement défaut ? J'en vois deux essentielles :

d'une part, des hommes en état de diriger des entreprises et surtout la bonne volonté chez les autres à se laisser diriger par les premiers ;

d'autre part, des capitaux et surtout la manière de s'en servir.

Or, la pratique de la coopération doit leur donner tout cela.

Elle doit d'abord, en leur donnant des capitaux, leur enseigner ce que c'est que le capital et comment il est impossible de s'en passer et impossible aussi de se le procurer gratis. Elle leur apprendra qu'il n'a par lui-même ni vertus ni vices, mais à le voir tel qu'il est et tel qu'il doit être : un instrument au service du travail. Il ne s'agit pas d'attribuer au capital, ce qui est trop souvent une tendance des économistes, je ne sais quelles vertus magiques. Eh! sans doute, le capital est par lui-même inerte et stérile. Eh ! sans doute le travail seul peut lui communiquer sa force et sa fécondité, et, à ce point de vue, le travail le plus élémentaire a plus de valeur et de vertu que des montagnes de capital ! D'accord, mais, tout cela accordé, il n'en résulte pas moins que le capital est l'instrument indispensable de toute production et dont, par conséquent, il faut apprendre le maniement comme de n'importe quel outil.

La coopération leur apprendra surtout l'importance du travail de direction et d'entreprise. Les ouvriers se font, à cet égard, autant d'illusions que pour le capital : ils s'imaginent que le travail de fabrication est tout. Oh ! sans doute, c'est le facteur indispensable de la richesse, c'est lui qui, par vos mains habiles, transforme incessamment la matière et crée ces merveilles de goût qui font tant d'honneur à l'industrie de notre pays, et, en particulier, à celle de cette grande cité. Mais, ce qui importe au point de vue des bénéfices, c'est beaucoup moins la fabrication des produits que *la vente* des produits. Vous pourrez faire sortir de vos métiers des richesses sans nombre, mais si elles ne trouvent pas de débouchés, ce ne sont plus des richesses, car elles sont sans valeur, et le produit de votre travail se trouve égal à zéro. Or, ce genre particulier de travail qui constitue dans notre organisation actuelle le rôle essentiel du patron, cet art particulier qui s'exerce à aller chercher des clients jusqu'aux extrémités du monde, à s'ouvrir de nouveaux marchés quand les marchés anciens sont fermés ou encombrés, à suivre les besoins, les goûts, les caprices de la mode au près et au loin, à prévoir ces changements incessants et à les déjouer par des changements anticipés dans le mode de fabrication, à provoquer même et à créer parmi les hommes des besoins nouveaux, cet art ou plutôt toute cette stratégie du commerce qui est aujourd'hui indispensable au succès, et dans lequel tant de peuples, nos voisins et nos rivaux, sont passés maîtres, le possédez-vous ? Est-ce parmi les orateurs des réunions publiques ou parmi les théoriciens du socialisme révolutionnaire que vous trouverez ces hommes d'affaires ? Est-ce dans une journée d'émeute et sur les barricades que vous ferez l'apprentissage de ces arts pacifiques ?

Eh bien ! ces hommes, la coopération vous les donnera. Elle doit créer, en effet, un personnel de gérants qui apprendront le maniement des affaires et s'exerceront aux spéculations commerciales.

Sans doute, tout le monde ne peut pas être gérant. Mais ceux-là même qui ne le seront pas, apprendront, ce qui n'est pas moins essentiel à l'éducation des classes ouvrières, la nécessité d'une hiérarchie dans toute organisation et dans toute entreprise, la supériorité du travail intellectuel sur le travail manuel et son droit à une rémunération proportionnelle à l'importance du service rendu. Ils apprendront aussi à se défaire de ces mesquines habitudes d'envie qui ont fait de certaines associations coopératives un objet de risée pour les gens de bon sens. Telle association, par exemple, où chacun réclame le droit d'être gérant à tour de rôle! Telle autre où l'un des associés propose de choisir le plus gai compagnon pour remplir ces fonctions et désigne, séance tenante, celui de ses camarades qui lui paraît remplir le mieux cette condition!

En somme, l'association coopérative enseignera aux uns l'art de commander et aux autres la vertu d'obéir. Oui, d'obéir! C'est là un mot qui paraît avoir la propriété de faire saigner les oreilles des ouvriers. En vérité, je ne sais pas pourquoi. Certes, l'obéissance est dégradante pour l'homme quand elle lui enlève sa liberté et qu'elle le courbe sous la force, mais quand l'obéissance est un acte de notre volonté, quand elle a pour objet un chef librement élu et un règlement librement accepté, ce qui est précisément le cas dans l'association, en ce cas elle constitue la plus haute discipline morale : elle relève l'homme au lieu de l'abaisser et honore celui qui obéit plus encore que celui qui commande.

Ce serait une erreur de croire que l'instruction que l'on appelle intégrale, sans trop savoir au juste ce que ce mot signifie, puisse donner à la classe ouvrière ce haût enseignement économique.

C'est encore une erreur de croire que toute autre forme de l'association, par exemple les sociétés de secours mutuels ou les chambres syndicales ouvrières, puissent remplacer au point de vue éducatif l'association coopérative.

Les syndicats ouvriers pourront rendre à la classe ouvrière des services éminents et les Trades Unions d'Angleterre, qui sont l'équivalent de nos chambres syndicales, en ont rendu déjà de considérables. Ce n'est d'ailleurs qu'avec l'appui des syndicats ouvriers que l'idée coopérative pourra faire la conquête des masses. Les syndicats ouvriers peuvent donc seconder les associations coopératives et les préparer, mais ils ne sauraient les remplacer.

Leurs fonctions et leurs buts sont, en effet, tout à fait différents et il ne sera pas inutile de marquer ici ces différences.

Tout d'abord, l'association coopérative, qu'elle s'occupe de production ou même simplement de consommation, constitue une *entreprise*, c'est-à-dire une série d'opérations liées, ayant un caractère industriel ou commercial, et tendant à un but défini. Les syndicats ne constituent pas des entreprises en ce sens : la loi de 1881, au reste, ne le leur permet pas. Elles ne peuvent donc enseigner l'art de diriger ces entreprises ni de faire valoir les capitaux. Elles poursuivent, sans doute, certains buts d'une haute importance, tels que l'augmentation des salaires, la diminution des heures de travail, mais ce sont là des mesures qui n'ont en général qu'un caractère intermittent. Il en résulte que les membres de ces associations se détachent aisément, n'étant pas retenus par le lien d'un intérêt quotidien. Ils se rassemblent dans les temps de crise et se dispersent dans les temps de prospérité. Quelques-uns même n'ont qu'une existence purement nominale. J'en connais qui ne se composent que d'un seul membre : il s'intitule Secrétaire et garde chez lui le cachet de la société. Quand il y a un Congrès, il se donne à lui-même le mandat de représenter le syndicat, en foi de quoi il appose son cachet !

En second lieu, les buts que visent les chambres syndicales et que j'indiquais tout à l'heure : réglementation des heures de travail ou des salaires, travail des femmes, des enfants, responsabilité en cas d'accidents, inspection des ateliers et mines, salaire minimum, etc., constituent des mesures d'ordre général qui ne peuvent résulter que de dispositions législatives. Il en résulte que les syndicats sont obligés de faire sans cesse appel à l'intervention de la loi. Je ne les en blâme pas, car j'appartiens à l'école qui considère l'intervention de l'Etat comme indispensable dans les questions sociales. Mais je veux dire simplement qu'une institution qui habitue les ouvriers à trop attendre du législateur est inférieure comme éducation économique, politique et morale, à des institutions comme les vôtres qui les habituent à compter d'abord sur eux-mêmes.

Enfin, si les syndicats n'ont pas à s'adresser à l'Etat, c'est alors aux patrons qu'ils ont à faire ; ils ont à débattre avec eux des intérêts contradictoires ; or, qui dit débat, dit le plus souvent conflit. Il en résulte donc que ces syndicats sont appelés à jouer en mainte occasion le rôle de machines de guerre. C'est un rôle que nous ne considérons ni comme funeste ni même comme inutile, car, puisque dans l'ordre social actuel, on ne peut supprimer un certain état de guerre, il est juste que la classe ouvrière soit, de son côté, assez bien armée pour le soutenir. Mais comme nous croyons à un avenir de paix sociale aussi bien que de paix internationale, nous ne saurions voir dans les syndicats et les grèves, de même que dans les armées permanentes, que des nécessités temporaires.

Les associations coopératives donnent un enseignement tout différent, et, par là, elles sont appelées à compléter et à corriger d'une façon fort heureuse le rôle des associations syndicales. Elles font leurs affaires sans avoir à se disputer avec personne. Elles ne sont pas composées nécessairement et exclusivement d'ouvriers d'un même corps de métier, elles peuvent comprendre dans leurs rangs et comprennent très souvent — ce Congrès en fait foi — des représentants de toutes les classes de la société, et ils y font bon ménage. Elles sont des écoles de paix sociale.

Ah ! voilà justement le grief du parti révolutionnaire contre les Sociétés coopératives. Les autres arguments, que nous avons reproduits, sont bons pour la discussion publique, mais le véritable argument, celui qu'on ne dit pas, mais qu'on pense tout bas, le voilà !

On ne veut pas d'une institution qui habituerait la classe ouvrière à voir dans les autres classes de la société non plus des ennemis, mais des auxiliaires. Et c'est pour éviter un semblable rapprochement que l'on ne cesse de dire aux ouvriers qu'en s'alliant aux bourgeois, ils s'allient à leurs pires ennemis ! On leur répète que tous les hommes appartenant à ce qu'on appelle les classes dirigeantes de la société, patrons, rentiers, prêtres, professeurs, hommes d'Etat, sont conjurés pour leur perte. On leur assure qu'ils n'ont rien à attendre de leur temps. Et comme ceux qui tiennent ce langage peuvent l'appuyer, hélas ! sur des faits d'indifférence et d'égoïsme qui ne sont que trop fréquents, ils ne réussissent que trop aisément à persuader ceux qui souffrent. Ils ne haïraient pas tant s'ils ne croyaient pas être haïs.

Eh bien ! je me permets de dire à ceux qui tiennent ce langage, comme à ceux qui l'écoutent, qu'ils ne connaissent ni le temps ni le milieu dans lequel ils vivent. On a beaucoup médit de notre temps : on ne cesse de dire qu'il est le siècle de l'égoïsme, de la lutte acharnée des intérêts, de l'écrasement des faibles par les forts, — tout cela est vrai, et pourtant j'estime qu'il lui sera beaucoup pardonné, non point en raison de sa science et de ses merveilleuses inventions, mais parce que mieux qu'aucun des siècles qui l'ont précédé, il a connu la pitié pour la souffrance humaine. Oui, un souffle de généreuse sympathie a passé sur cette génération, et malgré ses bassesses, l'a comme soulevé de terre ! Oui, tous ceux qui souffrent, à un titre quelconque, de leur faiblesse ou de l'injustice du sort, — l'enfant qui, le corps et l'esprit encore mal formé, doit endurcir au travail ses mains qui n'étaient faites que pour jouer, — la femme qui, jeune fille, est exposée aux plus lâches séductions et qui, épouse et mère, est obligée d'abandonner son foyer pour s'enfermer à l'atelier, — et même jusqu'à ces humbles compagnons de vos travaux et de vos peines qui s'appellent les animaux domestiques, — tous ont trouvé dans ce XIXe siècle, que l'on calomnie, des lois pour les défendre et des cœurs pour les aimer !

Et vous pourriez croire que ce même siècle est resté indifférent en présence de cette souffrance humaine grande entre toutes qu'on exprime par ce mot court et tragique : la misère ? Vous pourriez croire que cette lutte pour le pain quotidien, que nombre d'entre vous certainement ont soutenue avec un si fier courage, ne trouvent que des spectateurs impassibles ? Ne le croyez pas. Vous vous plaignez qu'on ne s'occupe pas de vous ; on ne s'occupe, au contraire, que de vous ! La question sociale, comme on l'appelle, est sans cesse présente à la pensée, sinon des oisifs qui ne comptent pas, du moins de tous ceux qui pensent, de tous ceux qui cherchent, de tous ceux qui mènent le monde. Dans ces dernières années surtout elle a créé toute une législation et toute une littérature !

Ne croyez donc pas qu'on vous haïsse ni même que l'on vous oublie ; croyez que l'on vous aime. Vous surtout qui allez entreprendre cette rude campagne de la coopération, vous aurez besoin de sympathies. La sympathie n'est pas seulement un baume pour les plaies, elle est la force motrice indispensable au succès de toute entreprise humaine : elle vous poussera comme un vent favorable, si vous voulez vous y confier. Fiez-vous-y seulement ! acceptez ces mains amies qui, de toutes parts ici, se tendent vers vous et n'en repoussez aucune sous prétexte que ce pourrait être la main d'un bourgeois. Une poignée de main d'un honnête homme n'a jamais fait de mal à personne.

Je vous ai montré un but immédiat et présent : l'éducation économique de la classe ouvrière par l'association coopérative, et un but plus éloigné : l'émancipation de la classe ouvrière par la transformation du salariat. Quand atteindrez-vous l'un et l'autre ? Je ne sais, mais ce que je crois pouvoir affirmer, c'est que le pays qui sera le premier en mesure de résoudre la question sociale sera celui-là même qui aura su d'abord atteindre au degré le plus élevé dans la voie de la coopération. (1)

---

(1) Cette conference donna lieu à un article critique de M. Paul Leroy-Beaulieu, particulièrement en ce qui concerne l'abolition éventuelle du salariat, dans l'*Economiste Français* du 9 octobre 1886. L'auteur y répondit par une lettre insérée dans le N° du 26 octobre.

L'AVENIR DE LA COOPÉRATION (1)

MESSIEURS,

Il y a toujours eu dans le mouvement coopératif deux courants, je pourrais presque dire deux partis, qui correspondent à deux tendances éternellement en lutte dans la nature humaine : l'une plutôt positive et qui poursuit dans la coopération des avantages immédiatement réalisables : l'autre plutôt idéaliste et qui cherche dans la coopération moins ce qu'elle peut nous donner que ce qu'elle peut nous promettre.

De la première, je ne dirai que peu de mots. Certes, ces avantages pratiques de la coopération ne sont point à dédaigner, mais ils sont déjà familiers à de vieux coopérateurs comme ceux qui m'écoutent. Permettez-moi seulement de vous les rappeler en quelques mots.

I

Ce n'est point, par exemple, un médiocre avantage, dans un temps où les journaux nous apprennent que trois cents habitants d'Hyères viennent d'être empoisonnés pour avoir bu du vin « de propriétaire », et un nombre à peu près égal d'habitants de Nimes pour avoir mangé du pâté, que de pouvoir se procurer des denrées *loyales*, de bonne

(1) Cette Conférence avait été organisée par trois Sociétés coopératives de consommation de Paris, celle de Bercy, du Bel-Air et de Picpus. Elle a eu lieu le 13 Mai 1888, salle Borel, 56, rue du Rendez-vous, devant les représentants de presque toutes les Sociétés coopératives de consommation de Paris et de sa banlieue, et sous la présidence de M. Audéoud, président de la Société de Bercy, et avec le concours de M. de Boyve, qui a pris aussi la parole.

Elle a été publiée dans la *Revue Socialiste* de juillet 1888 et il en a été fait un tirage à part comme brochure de propagande.

qualité, et qu'on puisse voir figurer sur sa table sans un juste sentiment de méfiance. Quand on a le privilège de vivre à une époque où, grâce aux progrès de la science, on a résolu le problème de fabriquer des aliments avec des denrées qui ne sont rien moins qu'alimentaires, où l'on a réussi déjà à produire du café sans café, du chocolat sans cacao, du vin sans raisin, du beurre sans lait, et du lait, ô miracle ! sans vache ni chèvre ; — quand on rencontre des industriels qui vous montrent, avec un sentiment de fierté, bien légitime d'ailleurs, une appétissante confiture de groseilles faite avec de la gelée de varechs, sucrée avec de la saccharine, qui est un produit extrait de la houille, et parfumée avec de l'essence de groseille qui, elle même, n'a jamais eu rien de commun avec la groseille, — on ne peut s'empêcher de penser que les associations coopératives de consommation sont venues véritablement à leur heure, au moment psychologique ! Elles nous apparaissent comme des instruments du salut public pour tous les consommateurs, mais plus particulièrement pour les classes ouvrières qui sont moins en mesure de se défendre contre ces falsifications éhontées..... qu'il faut reprocher du reste bien moins aux marchands qui s'en rendent coupables, qu'à cette déplorable organisation commerciale, à cette concurrence acharnée dont ils sont les premières victimes et qui leur fait en quelque sorte une nécessité de tromper pour vivre. Mais le développement de la coopération de consommation tend justement à réformer ces mœurs commerciales, en modifiant radicalement cette organisation elle même.

Ce n'est pas non plus un avantage à dédaigner que de faire accepter comme règle et de faire passer dans les mœurs, ainsi que ne manquent pas de le faire, je l'espère, toutes vos sociétés, le paiement *au comptant* et de libérer par là l'ouvrier de cette funeste habitude de l'achat à crédit : — funeste à sa bourse, car il est bien évident que le marchand finit toujours par rattraper l'arriéré en faisant payer la marchandise plus cher, et que même il se dédommage sur le dos des honnêtes gens, qui payent, de tous ceux qui ne payent jamais ; — funeste à son repos, car en accumulant sur sa tête, de semaine en semaine et de mois en mois, les comptes et les dettes, par tous les soucis et l'amertume qu'elle lui cause, elle empoisonne même le pain qu'il mange ! — funeste surtout à sa dignité et à son indépendance, car le travailleur qui s'est laissé prendre une fois dans ce fatal engrenage ne s'appartient plus : il appartient à ses fournisseurs !

L'avantage le plus connu et le plus palpable, si je puis dire, c'est d'assurer à l'ouvrier soit une *réduction de dépenses*, dans le cas où la société revend ses denrées au prix de revient, soit un *supplément de revenu*, dans le cas où la société revend au prix du détail et distribue à ses membres les profits ainsi réalisés. Les deux systèmes paraissent à peu près équivalents quant aux résultats : cependant, c'est le second, connu sous le nom de système de Rochdale, qui est de beaucoup supérieur, et c'est celui du reste qui est consacré aujourd'hui par l'expérience presque unanime des sociétés coopératives de tous les pays. On m'assure pourtant que la plupart de vos sociétés préfèrent le premier système, celui de la revente au plus bas prix possible. Je le regrette, car les raisons qui expliquent la supériorité du système de la vente au prix de détail sont bien évidentes. (1)

---

(1) Je les rappelle en quelques mots. La vente au prix de détail est préférable :

1° Parce qu'elle permet à la société de prendre plus d'extension, précisément à raison des bénéfices qu'elle lui fait réaliser.

2° Parce qu'elle procure un avantage plus réel pour l'ouvrier ; le

Enfin le plus grand avantage pratique peut-être que puisse conférer la société coopérative de consommation, c'est lorsque l'associé consent à laisser dans la caisse de la société la part de bénéfices à laquelle il a droit, la transformant ainsi en épargne pour lui et en capital pour l'association. Ici encore on me dit que que la plupart de vos sociétés, à l'exception de quelques-unes qui sont fidèles au vrai principe coopératif, ne pratiquent pas ce système et que leurs membres s'empressent de toucher la totalité des dividendes qui leur reviennent, dividendes qui sont aussitôt mangés que touchés. En ce cas, l'association de consommation n'a plus vraiment qu'une bien faible utilité : elle tend même à développer un bien mauvais sentiment, l'amour des dividendes. Si au contraire, comme dans les sociétés anglaises, les profits annuels étaient laissés en totalité, ou du moins pour la plus grosse part, dans la caisse de la société, l'association pourrait prendre un développement beaucoup plus considérable, et l'associé se trouverait du même coup avoir réalisé une épargne sans s'en douter. Je sais que ce mot d'épargne est quelque peu importun aux oreilles de l'ouvrier. Peut-être, en effet, leur en a-t-on quelque peu rebattu les oreilles. Je ne suis pas de ceux qui prêchent que l'épargne est facile à l'ouvrier et que s'il n'en fait point, c'est mauvaise volonté de sa part. Non, c'est chose dure et souvent impossible que l'épargne pour le travailleur. Mais pourquoi ? Parce que

---

supplément de revenu touché à la fin de l'année, sous forme d'une somme ronde, constituant une ressource beaucoup plus efficace et beaucoup mieux utilisable qu'une économie de quelques sous faite au jour le jour.

3° Parce qu'elle ne provoque pas une animosité aussi vive de la part des marchands, que la vente faite au-dessous du cours exaspère.

l'épargne suppose d'ordinaire une privation, un sacrifice, un retranchement ; parce qu'elle constitue une opération toujours douloureuse, une véritable amputation que le travailleur est obligé de pratiquer sur quelqu'un de ses besoins essentiels. Mais songez donc qu'ici il s'agit d'une épargne qui ne coûte rien, qui n'exige de la part du travailleur aucune privation, qui ne l'oblige nullement à manger moins — au contraire, il mange mieux, — ni à réduire ses dépenses — au contraire, plus il achète et plus il se trouve épargner ! Cette opération, à laquelle je la comparais tout à l'heure, a donc perdu tout caractère désagréable pour le patient. Vous avez eu parfois peut-être l'imprudence d'entrer dans ces cabinets de dentiste sur lesquels on lit cette inscription alléchante : Ici on arrache les dents sans douleur. Hé bien ! sur la devanture de tous les magasins coopératifs, on devrait faire graver cette inscription bien plus véridique : Ici, on fait l'épargne sans douleur.

II

Les avantages pratiques de la coopération sont donc très réels : je ne me propose pas de les rabaisser, je dirais même qu'ils représentent ce qu'on a trouvé de mieux en fait d'améliorations sociales immédiatement réalisables.

Et pourtant, je ne m'y arrêterai pas davantage parce que l'expérience a démontré que ces avantages-là, à eux seuls et si grands qu'ils puissent être, n'ont jamais suffi pour imprimer à la coopération un vigoureux essor, pour attirer les foules autour de son drapeau, pour en faire en un mot une puissance.

L'expérience nous prouve que si l'on veut que les hommes se passionnent pour l'idée coopérative, il faut leur montrer autre chose en elle que le côté positif. On répète toujours que l'intérêt mène les hommes : c'est vrai pour les individus, faux pour les masses. Il faut dire au contraire, à l'honneur de la nature humaine, que les peuples ne se passionnent que pour les idées qui leur apparaissent comme supérieures aux intérêts pratiques, et qu'elles ne donnent leur cœur et leur foi que là où elles croient voir un idéal !

Cet idéal existe-t-il dans la coopération ? Je le crois. Je crois que l'association coopérative doit être considérée comme un mode d'organisation industrielle supérieure au régime économique actuel et destiné à le remplacer dans un avenir plus ou moins éloigné, mais qu'il dépend de nous de rapprocher. Et j'ajouterai même que si je ne le croyais pas, je ne serais pas ici aujourd'hui et ne vous aurais pas donné la peine de venir entendre parler de ce que vous connaissez déjà. Si la coopération n'était qu'un moyen de mieux vivre, ou de dépenser moins, ou de réaliser quelques économies, ou de faire passer quelques ouvriers de la condition de salariés à celle de patrons, elle ne serait pas devenue une véritable passion, une sorte de religion pour tant d'hommes que j'ai vus — les uns vieux, comme ce trio d'inséparables, Francisco Vigano, d'Italie, Vansittart Neale et Holyoake, d'Angleterre, dont le plus jeune a 72 ans, je crois, dont le plus vieux est presque aveugle, et que nous avons vus à Lyon, à Milan, à Tours, s'en allant ainsi de Congrès en Congrès et de pays en pays, toujours fidèles, affirmer leur foi dans la cause à laquelle ils ont consacré leur vie, — les autres jeunes encore, comme ce Ugo Rabbeno, d'Italie, qui est venu l'année dernière visiter vos sociétés parisiennes et que plusieurs d'entre vous sans doute n'ont pas oublié, nouvelles recrues toutes prêtes à remplacer les vétérans. Si la coopération n'avait d'autre but ni d'autre avenir que de créer quelques boutiques d'épicerie perfectionnées ou quelque mécanisme d'épargne plus ou moins ingénieux, je vous prie de croire qu'elle n'aurait pas rallié dans une même foi et dans une commune espérance des millions d'hommes de tous pays et de toutes langues, Anglais, Italiens, Allemands, Américains ou même Russes, témoin ce Russe de Kharkof, Nicolas Balline, qui écrivait aux coopérateurs français réunis à Tours cet automne, dans une lettre que je lus pour lui au milieu d'un auditoire ému jusqu'aux larmes : « Je suis heureux de penser que, Français ou Russes, nous voyons dans la coopération le même idéal, de même que je suis heureux de penser, quand je regarde une étoile, que mon frère de loin la regarde aussi ! » Une étoile, c'est le mot ; non point une boutique, mais une étoile vers laquelle des millions d'hommes ont levé les yeux pour chercher le mot de l'énigme sociale, et qui, si elle n'a pas encore révélé son secret, a du moins fait descendre d'en haut dans plus d'un cœur ulcéré, un peu de sa sérénité !

Êtes-vous de ceux-là ? Voyez-vous aussi dans la coopération une étoile ? On m'assure que non ; on me dit que vous n'attendez rien d'autre d'elle que les quelques avantages pratiques que je viens d'énumérer, et que vous traitez de rêveurs et d'utopistes ceux qui attendent de la coopération une transformation quelconque de l'ordre de choses actuel. Si cela est vrai, vous vous trouvez parfaitement d'accord — vous en serez plus surpris sans doute que flattés — avec les chefs de l'Economie politique libérale et bourgeoise, qui déclarent aussi que de semblables perspectives sont chimériques et estiment que ceux qui leur donnent asile dans leur cerveau sont hallucinés.

Eh bien ! je voudrais essayer de vous montrer aujourd'hui que cette perspective d'une transformation de l'ordre économique actuel par l'association coopérative n'est pas aussi utopique qu'on veut bien le dire. Je voudrais vous persuader qu'il ne s'agit point ici de rêveries sentimentales, mais de prévisions qui se fondent sur une méthode scientifique et qui, si elles n'ont pas un caractère de certitude — qui pourrait se flatter dans le domaine des sciences sociales de prévoir l'avenir avec certitude ? — constituent du moins l'hypothèse la plus rationnelle qu'il nous soit permis de former en l'état de la science.

Le mot d'association n'est pas nouveau. Répété mille fois par tous les socialistes de la première moitié de ce siècle, il était devenu fatigant par sa banalité, quand la science de nos jours est venue heureusement le venger du discrédit où il était tombé, en élevant cette banalité au rang des vérités scientifiques les plus hautes et en démontrant que l'association était en réalité la loi la plus universelle de ce monde, celle qui régit à la fois les infiniment grands et les infiniment petits.

On savait depuis longtemps que notre système solaire n'est qu'une association de mondes, mais on ne savait pas que toutes les étoiles que nous voyons dans l'étendue des cieux sont associées entr'elles en tourbillons et en nébuleuses. — On savait bien que toutes les choses que nous pouvons voir et toucher sont des associations de molécules, mais on ne savait pas que ces molécules ne sont à leur tour que des associations d'atomes groupés suivant certaines lois, et qui, par leurs combinaisons multiformes, donnent à l'immuable matière ses propriétés diverses et ses formes changeantes. Il n'est aucun de vous, certainement, qui n'ait vu maintes fois ce qu'on appelle des cristaux : eh bien ! ces cristaux ne sont pas autre chose que des associations de molécules qui se forment spontanément, quand elles se trouvent placées dans un milieu favorable, suivant certaines lois déterminées que l'on pourrait appeler les *statuts* de ces sociétés, et revêtent les formes géométriques, les couleurs et les feux qui parent le diamant ou le rubis. — On savait bien qu'il existait parmi les animaux certaines formes d'associations, telles que celles des fourmis et des abeilles, mais on ne savait pas que ces sociétés animales étaient infiniment nombreuses et que c'était justement avec les associations des plus petits que la nature acccomplissait ses plus grands desseins, témoins ces associations d'animalcules qu'on appelle les coraux et qui sont en train de bâtir lentement au sein de l'Océan Pacifique, des récifs, des îles, des archipels et un continent tout entier, peut-être pour servir d'asile aux races futures le jour où notre vieux monde sera devenu trop étroit pour les contenir !

On savait bien que le corps humain n'est qu'une association d'organes, muscles, nerfs, os, vaisseaux, cœur, poumons, chacun ayant sa tâche ou, pour employer le terme même scientifique, « sa fonction » distincte, celui-ci occupé à donner l'impulsion au sang, celui-ci à le filtrer, celui là à chauffer la machine, chacun coopérant — c'est le mot propre — à la vie et au bien-être de l'ensemble, c'est-à dire du corps tout entier. Mais on ne savait pas que chacun de ces organes n'était à son tour qu'une association d'unités trop petites pour être visibles à l'œil nu et qu'on appelle des cellules, chacune ayant son individualité et sa vie propre et toutes réunies dans un travail commun. Oui, vous qui m'écoutez, moi qui vous parle, et ceux-là même qui raillent l'illusion coopérative, tous, nous ne sommes que des associations coopératives composées de millions et de milliards d'individus microscopiques, des associations d'associations ! Ce sont elles qui nous donnent le mouvement et l'être — et s'étendant du domaine du corps au domaine de l'esprit, c'est encore l'association qui, par une loi psychologique récemment constatée, enchaîne les pensées que j'expose en ce moment devant vous et peut seule me permettre de les exprimer comme à vous de les comprendre.

Et c'est une loi très certaine aussi de la science biologique que, dans tout être vivant, la complexité de ces associations est d'autant plus grande et la solidarité qui unit toutes ses parties d'autant plus intime, que l'être lui-même occupe un rang plus éminent sur l'échelle de la vie. Le développement de l'association va grandissant sans cesse du minerai au ver de terre et du ver de terre à l'homme, et son degré de perfection nous apparaît ainsi comme le criterium même du progrès.

Pourquoi donc cette loi qui gouverne la nature entière ne gouvernerait-elle pas aussi les hommes vivant en sociétés et en nations, et pourquoi ne pas tenir pour certain qu'au fur et à mesure que le corps social se développera et qu'il atteindra une vie plus haute, au fur et à mesure aussi la loi de l'association prendra plus d'importance ? Non seulement le lien qui unit tous les membres d'une nation ou même du genre humain deviendra de plus en plus étroit, mais encore on verra se former, au sein de la masse, des groupements de plus en plus nombreux et de plus en plus variés, véritables organes, eux aussi, chargés de pourvoir aux diverses fonctions sociales.

C'est ce que nous voyons en effet et c'est même là un phénomène si visible qu'il crève les yeux. D'abord le lien de la coopération générale qui unit tous les hommes d'un même pays, ou même de divers pays, se fait de plus en plus sentir. Le garçon épicier qui pèse un sac de café dans la balance et la ménagère qui le fait bouillir dans sa cafetière, coopèrent, sans s'en inquiéter, avec le nègre qui en a cueilli les grains dans une plantation du Brésil et avec le pilote qui a tenu la barre du navire qui l'a porté dans nos ports. Oui, tous nous sommes liés les uns aux autres par d'invisibles chaînes et nous ne pouvons lever un doigt sans mettre en mouvement à l'autre extrémité du monde, comme un pantin au bout d'un fil, quelque Chinois ou quelque Australien. Tous nous sommes pris dans les mailles d'un gigantesque réseau que la solidarité humaine a jeté sur nous, comme un filet, et qui recouvre le globe tout entier.

Et dans cette association universelle, on voit se multiplier chaque jour les associations particulières. Non seulement en politique ou en religion, mais en littérature pour protéger les droits des auteurs, dans les beaux arts pour organiser des Expositions comme le Salon des Champs-Elysées, en temps de guerre pour assurer des secours aux blessés, pour organiser des expéditions scientifiques, pour faire des exercices de tir ou de gymnastique, pour voyager, pour se divertir — il s'est même formé récemment une association d'autopsie mutuelle ! — partout nous voyons se fonder quelque société nouvelle. Et dans le domaine économique proprement dit, qu'il s'agisse d'ouvrir un magasin, de planter des vignes ou d'exploiter une mine, partout aussi nous voyons se créer des associations commerciales, industrielles ou agricoles qui portent le nom de sociétés par actions. En un mot, il n'est plus, pour ainsi dire, un seul mode de l'activité humaine qui ne soit représenté par quelque forme d'association éclose spontanément.

La loi naturelle de l'association se trouve donc parfaitement vérifiée par une analogie qui se poursuit jusque dans les moindres détails. Il y a toutefois une différence à noter : c'est que les atomes, qui par leur groupement constituent les corps bruts ou inorganiques, sont des êtres dépourvus de volonté et la fonction qu'ils ont à remplir s'accomplit d'une façon inconsciente et fatale, tandis que les individus qui constituent les diverses formes d'associations humaines sont au contraire, ou doivent devenir du moins, *conscients* de la tâche qu'ils ont à remplir ; et la fonction sociale qui leur est dévolue s'accomplira d'autant mieux qu'ils se sentiront plus clairement agents et coopérateurs dans l'œuvre commune et qu'ils y apporteront le concours d'une activité réfléchie.

Or, cette condition, il faut l'avouer, est encore très imparfaitement remplie dans nos sociétés modernes. Ces formes de l'association que je signalais tout à l'heure, en particulier ces grandes sociétés par actions qui tendent à absorber peu à peu tout le domaine de la production, ne peuvent être considérées que comme des formes encore très imparfaites de l'association et tandis que bon nombre d'économistes se plaisent à y voir la forme définitive de l'évolution sociale, nous n'y saurions voir, en ce qui nous concerne, qu'une forme imparfaite et transitoire qui nous rapproche sans doute de l'association normale, mais qui en est encore fort éloignée.

Considérez, en effet, une de ces associations, par exemple une Compagnie de mines, que ce soit de Bessèges ou d'Anzin, peu importe ici les noms. Je vois bien là des milliers d'hommes réunis dans une entreprise commune par certains intérêts : d'un côté quelques milliers de travailleurs fouillant la terre ; de l'autre quelques milliers d'actionnaires ayant versé leurs capitaux ; mais où y a-t-il, là dedans, une association proprement dite, dans le sens vrai de ce mot ? Y a-t-il association entre les travailleurs d'une part et les actionnaires d'autre part ? En aucune façon. Travailler pour le compte d'autrui, ce n'est point être associé à autrui. Je vois au contraire entre eux non point affinité naturelle, mais antagonisme, les uns se plaignant de toute élévation du salaire qui diminue les dividendes, les autres se plaignant de toute distribution de dividendendes qui diminue d'autant leurs salaires, les uns travaillant à une entreprise dont ils ne recueillent point les fruits, les autres recueillant les fruits d'une entreprise dans laquelle ils ne travaillent point : — étrange association en vérité, où les uns n'apportent que leurs bourses, où les autres n'apportent que leurs rancunes et où personne n'apporte son cœur ! Y a-t-il du moins association entre les travailleurs, association dans la bonne et dans la mauvaise fortune, association pour la vieillesse, pour les accidents, pour les infirmités ? Quelquefois, mais dans une mesure fort imparfaite. — Y a-t-il association enfin entre les actionnaires eux-mêmes ? Association sur le papier, oui, en ce sens qu'il ont tous dans leur portefeuille des titres de même couleur et revêtus des mêmes dessins, qu'on appelle des actions ; mais point de solidarité juridique, car la responsabilité de chacun est limitée au montant de sa mise ; point de solidarité de fait entre les actionnaires, car ils ne se connaissent nullement entre eux. Souvent même ils ne connaissent pas l'entreprise à laquelle ils sont soi-disant associés ! Parmi les actionnaires d'Anzin, je suis bien sûr que le plus grand nombre n'a jamais vu les mines d'Anzin, et en tous cas, parmi les 400.000 actionnaires qui constituent la compagnie dite du canal de Panama, croyez bien qu'il y en a un grand nombre qui ne sauraient pas même dire si Panama est en Asie ou en Amérique !

Est ce donc là être associés ? Non vraiment, c'est profaner ce nom ; il ne suffit pas qu'il y ait union apparente pour qu'on ait le droit de dire qu'il y a solidarité. L'arbre et le lierre qui l'entoure sont unis aussi puisqu'ils enlacent leurs rameaux et marient leur feuillage, ils s'embrassent, mais c'est pour s'étouffer. Dans les sociétés capitalistes aussi nous ne pouvons voir qu'une simple juxtaposition d'éléments hétérogènes qui, non seulement ne se combinent pas, mais se repoussent. La vraie association, la seule qui mérite ce nom, suppose l'identité des intérêts, la réciprocité des services rendus, le concours empressé et joyeux des bonnes volontés, le sentiment de coopérer à une œuvre commune qui est à la fois celle de tous et de chacun, en un mot tout ce qui caractérise l'association coopérative, celle que vous pratiquez vous-mêmes. Oui, vous avez cet honneur de représenter dans votre modeste sphère la forme d'organisation industrielle qui, par la force même des choses, deviendra celle de l'avenir et de pouvoir vous dire que vos petites sociétés sont déjà l'image de ce que sera un jour la grande Société.

III

Voilà donc pourquoi nous croyons à l'avenir de la coopération. C'est parce que nous y voyons le résultat d'une loi naturelle, plus puissante que les hommes, et qui agit spontanément malgré leurs hésitations et leurs défaillances.

Mais il ne faudrait pas en conclure que vous n'avez qu'à laisser faire et vous croiser les bras, et que la force même des choses, sans que vous ayez besoin d'y prendre peine, assurera le triomphe des idées coopératives. Les lois sociales n'agissent point d'une façon mécanique et fatale, elles ne servent les hommes qu'autant que ceux-ci savent se servir d'elles. Elles peuvent bien les pousser en avant, mais à la condition que ceux-ci pousseront aussi de leur côté et coopèreront en quelque sorte avec elles. Si un peuple ou une classe, par indifférence ou ignorance, ne fait rien pour atteindre le but où l'évolution le mène, soyez sûrs qu'il ne l'atteindra pas ; il restera en route et d'autres plus heureux y arriveront avant lui.

Je ne vous parlerai pas de l'Angleterre, vous savez quelle ampleur a pris dans ce pays le mouvement coopératif; il embrasse aujourd'hui 1 million environ de personnes, ou plutôt 1 million de familles, par conséquent 5 ou 6 millions de personnes, la sixième partie de la population des Iles Britanniques. Vous savez que tous les ans ces sociétés se réunissent dans des congrès, qui sont un des évènements de la vie publique en Angleterre. On vous a dit que ces sociétés avaient entre leurs mains pour plus de 200 millions de capitaux, qu'elles consacrent en partie à fonder des industries coopératives et qu'elles destinent même à acheter des terres et des fermes sur lesquelles ces sociétés produiront elles-mêmes toutes les denrées alimentaires, blé, légumes, fruits, viande, volaille, lait, beurre, œufs, nécessaires à la consommation de leurs membres.

Mais je voudrais insister un peu plus sur le mouvement coopératif aux Etats-Unis, parce qu'il vous est peut être moins connu et parce qu'il présente un caractère plus démocratique qu'en Angleterre. Vous n'êtes pas sans avoir entendu parler de cette grande association d'ouvriers américains qui porte le nom un peu solennel de « Noble et Saint-Ordre des Chevaliers du Travail » et qui constitue une sorte de franc-maçonnerie fondée par un tailleur, Uriah Stephens, il y a dix-neuf ans ; elle compte aujourd'hui plus de 500.000 adhérents, et voici le but qu'elle s'est assignée par son programme :

Nous déclarons que nos vues sont :

1° de considérer la valeur morale et industrielle plutôt que la richesse comme la véritable base de la grandeur d'un pays ;

2° d'assurer aux travailleurs la pleine jouissance des richesses qu'ils produisent.... ainsi que tous les bénéfices, plaisirs et récréations que peut donner l'association.

Et pour atteindre ce but, ils commencent par énumérer diverses mesures législatives à réclamer de l'État, telles que création de Bureaux de Statistique du Travail, assurances contre les accidents dans les usines, abolition du système d'entreprise dans les travaux de l'État ou des municipalités, prohibibition de la main-d'œuvre étrangère, défense de faire travailler dans les ateliers les enfants au-dessous de 15 ans, et enfin le programme se termine par cet article sur lequel j'appelle votre attention :

Pendant que nous présenterons les demandes ci-dessus aux gouvernants, nous essaierons de réunir nos propres efforts pour établir des institutions coopératives qui, grâce à l'introduction d'un nouveau système industriel, nous permettront d'arriver à l'abolition du salariat.

Et ce qu'ils ont dit là n'est pas resté à l'état de vaine parole ; ils l'ont fait ou du moins se sont appliqués à le réaliser. Ils ont créé un bureau coopératif ; ils fondent, partout où ils le peuvent, des associations coopératives de production et ont ouvert récemment à New-York un magasin pour la vente de leurs propres produits. Je relève dans un travail très-récent et très complet du professeur

Ugo Rabbeno une douzaine d'associations de production fondées par les Chevaliers du Travail, cordonnerie, imprimerie, gants, vêtements confectionnés, faïences, élastiques, etc. Il est à remarquer en effet, qu'à la différence des sociétés coopératives anglaises, qui se constituent d'une façon indépendante ou qui du moins ne versent dans la caisse de la Fédération qu'une cotisation minime, les associations coopératives des États-Unis fondées par les Chevaliers du Travail doivent verser dans la caisse générale de l'Ordre une grande partie de leurs bénéfices, quelquefois 1/10 seulement, quelquefois le tiers, quelquefois même la totalité ! et ces bénéfices sont employés à subventionner et à fonder de nouvelles entreprises coopératives.

Le journal de l'Ordre, les *Knights of labor*, déclare qu'il faut porter ce fonds à 30 millions de francs et il ajoute : « Plus de fonds pour les grèves et tout pour le fonds coopératif ! *Down with the strike fund and up with the cooperative fund !* »

Par là, l'entreprise coopérative se trouve constituée non point au profit d'un groupe de travailleurs, mais au profit de la masse toute entière ; elle ne sert pas à faire passer quelques ouvriers de la condition de salariés à celle de patrons, mais tend à élever le niveau de la classe ouvrière dans son ensemble.

En France, malheureusement, nous n'en sommes pas là ! Notre Fédération, qui s'est constituée il y a trois ans, a dû renoncer à obtenir des sociétés adhérentes la modique cotisation de 15 centimes par membre et par an et même, après l'avoir abaissée à 5 centimes, ne la touche pas toujours !

Ce n'est point que nous ne comptions en France un nombre assez respectable de sociétés de consommation, moins sans doute qu'en Angleterre, mais autant ou plus que dans les autres pays, sans compter les syndicats agricoles dont le nombre s'accroît rapidement tous les jours. Nous avons aussi des sociétés de production. Ce n'est donc pas précisément au point de vue de la quantité que nous sommes dans un état d'infériorité, mais l'idée coopérative n'a point entraîné la masse de la population ouvrière : elle n'a même pas réussi à grouper autour d'elle un grand parti coopératif comme en Angleterre ou aux États-Unis. Ce qui fait la vie même de la coopération, je veux dire la foi, fait défaut : la classe ouvrière ne croit plus aujourd'hui à la coopération, du moins en tant que mode de transformation de l'ordre social actuel.

Pourquoi donc ce découragement ? On en a donné beaucoup de raisons, insuffisance du capital, mauvaise administration des gérants, indiscipline des associés, etc. ; toutes ces raisons ont leur valeur, sans doute, mais je crois que l'avortement du mouvement coopératif tient à certaines causes d'un ordre plus général et plus élevé.

Puisque vous avez bien voulu m'inviter à prendre la parole sur ce sujet, je pense que vous me permettrez de vous les indiquer en toute franchise.

La première de ces causes est l'esprit de division, ce fatal esprit qui semble être une infirmité constitutionnelle de notre race. Je ne sais quel mauvais génie a jeté un sort sur le berceau de notre peuple en lui disant : partout où deux Français seront assemblés, il se formera deux partis ! Je n'exagère point. Permettez-moi de vous citer une anecdote bien caractéristique. J'ai l'occasion d'aller assez souvent dans une commune qui a le privilège d'être la seule de son espèce avec Paris, en ce sens qu'elle est la plus petite commune de France comme Paris est la plus grande : elle ne compte que 7 électeurs. Vous savez que la loi fixe à 10 le nombre minimum des membres d'un conseil municipal. Il y a donc plus de conseillers à élire que d'électeurs ! Vous pensez assurément : voilà une commune où l'on ne doit pas se quereller souvent les jours d'élection. Eh bien ! c'est ce qui vous trompe : aux dernières élections municipales, il y a eu deux listes rivales en présence.... et peu s'en est fallu qu'il n'y eût ballottage.

Vous penserez peut-être que c'est là un trait bien provincial. Mais à Paris, ce ne sont pas les causes de division qui vous font défaut : ce ne sont pas les mêmes peut-être, mais il y en a tant d'autres ! On m'a prévenu, par exemple, que tous ici, vous détestez les bourgeois. « Ne leur en parlez pas, au moins ! » m'a-t-on soufflé à l'oreille. Permettez-moi au contraire de vous en parler. Je conviens que, parmi les bourgeois, il en est qui sont haïssables, comme parmi les ouvriers du reste ; mais cependant, si vous étiez un peu plus pénétrés de l'idée que je développais tout à l'heure devant vous, à savoir que les formes successives de l'organisation sociale sont déterminées par certaines lois naturelles, vous ne leur en voudriez pas, parce que vous seriez alors convaincus que tous, propriétaires, capitalistes, entrepreneurs, ne sont, comme les salariés eux-mêmes, que les produits d'un ordre de choses dont ils bénéficient, c'est vrai, mais dont ils ne sont pas responsables, car ils ne l'ont pas créé. Peut-être trouveriez-vous quelque chose à apprendre dans leur société, ne fût-ce que la façon de prendre un jour leur place.

Je ne sais pas si les ouvriers anglais ou américains ont plus de goût pour les bourgeois que vous ; peut-être bien que non ; mais ils ne les excluent pas de leurs rangs. L'Ordre des Chevaliers du Travail n'exclut de son sein que trois catégories de bourgeois, pour lesquels, si vous voulez, je passe condamnation : — les politiciens, les avocats et les marchands de vins !

Pourtant cette antipathie entre bourgeois et ouvriers peut être abolie et précisément par la coopération.

Il y a quelque temps, je traversais un boulevard de Nîmes avec mon ami de Boyve : il pleuvait et deux balayeurs de rue étaient occupés à pousser sur la chaussée, avec leurs longs râteaux, la boue liquide ; l'un d'eux s'interrompit dans sa tâche en nous voyant passer et fit à M. de Boyve un petit signe amical en lui criant : à ce soir ! — A ce soir ! fis-je un peu surpris, qu'est-ce qu'il veut dire ? Lui avez-vous donné rendez-vous au Bureau de Bienfaisance ? — Non, me répondit-il ; ces deux balayeurs sont de nos coopérateurs et nous avons ce soir notre réunion mensuelle. — Et le soir, je me rendis à cette réunion. J'y retrouvai en effet nos deux balayeurs, et avec eux des ouvriers, des bourgeois, des socialistes ; il y avait même, je m'en souviens bien, un anarchiste et un banquier. Et tout ce monde-là, je vous assure, faisait très bon ménage.

Notre société de Montpellier, au contraire, est plutôt bourgeoise ; nous avons pourtant des ouvriers — pas des balayeurs (c'est une espèce trop rare à Montpellier, malheureusement !) mais de vrais ouvriers, maçons, peintres en bâtiments, typographes ; je vous assure qu'ils ne se laissent pas mener par nous, et que nous ne nous laissons pas mener par eux non plus, ce qui est une condition de bonne amitié. Nous nous réunissons aussi de temps en temps, le soir, dans notre magasin, où il n'y a pas assez de chaises pour tous, et, quand le gaz allumé et les volets fermés, nous nous mettons à discuter, les uns assis sur des chaises, les autres sur le comptoir, quelques-uns sur des sacs de pommes de terre, mais tous, même le plus pauvre, ayant le sentiment de se sentir chez soi et dans un magasin où il peut se dire le maître au même titre que les autres et dans une maison qu'il peut appeler « ma maison ! » — eh bien ! je puis vous dire que j'ai senti plus d'une fois passer en moi comme le frémissement d'un légitime orgueil, en pensant que dans cette arriére-boutique, notre petite association présentait tous les caractères qui font les démocraties honnêtes, laborieuses, pacifiques, réalisant dans la véritable acception de ces mots et bien mieux que sur tant de devises menteuses, l'égalité des droits, la liberté des opinions, la fraternité des services rendus, et telle en un mot que les plus grandes républiques pourraient s'estimer heureuses et fières de lui ressembler !

La seconde cause qui a détourné le parti ouvrier de l'idée coopérative, ç'a été l'influence des idées socialistes et en particulier du collectivisme. Les socialistes ont représenté les coopérateurs comme n'étant que de vulgaires bourgeois. Cela dépend du point de vue. Il y a quelques semaines, les épiciers et bouchers de Montpellier, effrayés du développement que prenait notre association coopérative, ont fait venir un orateur tout exprès de Paris pour la combattre dans une conférence publique. Et leur avocat a développé cette thèse que nous tous, coopérateurs, nous n'étions en réalité que des collectivistes et que nous faisions consciemment ou inconsciemment le jeu des socialistes — je ne me plains pas du reste de son argumentation, puisqu'elle nous a valu 200 adhérents de plus, - mais enfin, il faudrait s'entendre sur ces épithètes contradictoires qui nous sont adressées. J'avoue que j'ai toujours eu une certaine confiance dans les gens qui se trouvent lapidés de deux côtés à la fois.

Je dois dire d'abord en quoi nous différons du parti collectiviste. Je ne veux pas avoir l'air de mettre ici notre drapeau dans ma poche. Nous en différons sur deux points très importants.

Le premier, c'est que nous ne voyons pas la nécessité d'abolir la propriété individuelle, même pour les instruments de production, surtout, dirai-je, pour ceux-là. Nous voulons au contraire arriver à rendre l'ouvrier propriétaire de ses instruments de production. Il l'était autrefois, alors qu'on ne connaissait d'autre instrument de production que l'outil. Alors, il était un artisan indépendant, autonome ; il a cessé de l'être depuis que l'instrument de production est devenu la machine : depuis lors, l'instrument de production, trop coûteux pour l'ouvrier, est devenu la propriété du capitaliste, et ainsi s'est consommé le divorce fatal entre le producteur et l'instrument de production. Et nous voudrions tout simplement que le divorce cessât et que l'ouvrier redevienne, non plus à lui seul, car il ne le pourrait plus, mais par l'association, co-propriétaire de ses instruments de production.

La seconde différence avec le collectivisme, c'est que nous nous défions un peu de la contrainte, des procédés coercitifs, qui seraient nécessaires pour le réaliser ; nous admettons bien l'intervention de l'Etat — j'appartiens du moins, à la différence d'autres coopérateurs, à l'école qui admet l'intervention du législateur pour protéger les individus — mais nous ne croyons pas beaucoup à l'efficacité de la révolution ou même de la loi pour créer par voie d'autorité un ordre social nouveau. Nous avons un peu peur, je l'avoue, de toute grande machine dans laquelle nous serons tous engrenés, bon gré mal gré.

Mais ces réserves faites, nous sommes d'accord avec l'école socialiste sur des points importants, notamment sur l'élimination de tout intermédiaire parasite, sur la nécessité d'attribuer la plus-value ou le profit à qui cette plus-value est réellement due, sur la substitution du travail associé au travail salarié. Rien n'empêche donc ceux d'entre vous qui appartiendraient au parti collectiviste d'entrer dans le mouvement coopératif pour faire route avec nous — au moins pendant un certain temps et sauf à nous séparer plus tard pour tourner les uns à droite et les autres à gauche. Ce carrefour est encore loin ! nous n'y arriverons, en effet, que lorsque se posera la question de l'abolition de la propriété individuelle et je vous assure qu'elle ne se posera pas de sitôt ! nous avons le temps de faire d'ici là un bout de chemin ensemble.

Le socialisme et le coopératisme sont même, on peut le dire, deux frères d'origine, en ce sens qu'ils ont eu tous deux mêmes pères, Robert Owen en Angleterre, Charles Fourier en France. Ils ont grandi ensemble ; sans doute, de bonne heure, ils ont marqué des tempéraments un peu différents, l'un plus pacifique, l'autre plus batailleur, l'un plus disposé à ne compter que sur la liberté, l'autre plus disposé à rechercher l'égalité ; mais malgré cela, on peut dire qu'ils ont marché la main dans la main jusqu'en 1879, jusqu'à ce congrès de Marseille, où collectivistes et coopératistes se sont pour la première fois pris de querelle et brouillés sur cette malheureuse question de l'appropriation collective du sol, sous-sol, usines, machines, etc. Mais je constate avec joie que depuis peu de temps les collectivistes semblent reconnaître qu'ils s'étaient un peu trop pressés de rompre avec les idées coopératives. Les citoyens Benoit Malon et César de Paepe l'ont très loyalement et très expressément reconnu. Permettez moi de vous lire quelques lignes d'un article que César de Paepe a publié il y a quelques mois dans l'*Avant-Garde*, sous ce titre . *Coopération et Socialisme :*

« On commence à comprendre que ces deux prétendus frères ennemis — le coopératisme et le socialisme — n'étaient pas aussi irréconciliables qu'on l'avait cru, qu'ils pouvaient fort bien marcher de compagnie, s'appuyant l'un sur l'autre..... En Allemagne, nous avons vu, il y a quelques semaines, le *Volks-Tribune* de Berlin, organe officieux du parti socialiste, auquel collaborent Liebknecht et Bebel, attirer l'attention de ses lecteurs sur la façon dont la coopération était pratiquée au sein du Parti ouvrier et conclure *en se demandant si les socialistes n'avaient pas eu tort de combattre le mouvement coopératif et s'il n'y avait pas lieu de revenir de cette erreur*. La même opinion est émise par la *Philadelphia Tageblatt*, organe socialiste de langue allemande aux États-Unis. »

Il est encore une troisième cause qui tend à détourner le parti ouvrier des idées coopératives. La plupart des ouvriers de France sont convaincus que, pour arriver à l'émancipation de la classe ouvrière, il y a un moyen beaucoup plus expéditif et plus sûr que la coopération : c'est la Révolution ; le peuple n'a pas foi dans la coopération tout simplement parce qu'il a foi dans la Révolution. Voilà le principal obstacle.

Je ne veux pas discuter ici la légitimité de l'idée révolutionnaire. Je ne voudrais pas nier absolument que ce moyen extrême ne puisse quelquefois s'imposer ; en tout cas, je serais mal venu à le prétendre à la veille précisément du jour où la France entière s'apprête à célébrer le centenaire de la première de ses révolutions. Je voudrais simplement vous démontrer que pour ceux-là même qui croient à la vertu de la révolution, il n'y a pas là une raison suffisante pour se détourner de la coopération ; il y aurait là, au contraire, oserais-je dire, une raison de plus pour y entrer hardiment. Entendons-nous bien : je ne veux point dire qu'il faut faire de la coopération à seule fin de se préparer à la Révolution, comme on l'a soutenu dans une certaine école — nous pensons au contraire que la coopération aura justement pour résultat de rendre la Révolution inutile ; — mais je veux dire que si jamais cette Révolution doit avoir lieu, la coopération est le seul moyen préalable qui puisse permettre à la classe ouvrière de recueillir les fruits qu'elle en attend.

Supposons, en effet, si vous le voulez, que la Révolution sociale soit faite dès demain. La sanglante journée est terminée et elle a réussi ; le peuple a triomphé sur toute la ligne ; la bourgeoisie a été supprimée en tant que classe ; la propriété individuelle a été abolie ; le sol, sous-sol, usines, machines, magasins, chemins de fer, banques et encaisse des banques, tout est dans les mains du peuple : vous voyez que je vous fais la partie belle. Vous vous êtes couchés dans les lits des bourgeois et des rêves dorés y ont bercé votre sommeil.... Et après ? Ces fermes, ces usines, ces chemins de fer, ces banques, ces magasins, il faut les faire marcher. Il s'agit de remettre en mouvement tout cet immense appareil économique, appareil de production, de circulation et de répartition qui entretient au jour le jour la vie économique du pays, et qui, s'il venait à s'arrêter un seul jour, entraînerait la mort du corps social tout entier, de même que l'arrêt dans la circulation du sang entraînerait instantanément la suppression de la vie. Et ne dites pas que cela se fera petit à petit, que vous prendrez votre temps, que vous ferez votre apprentissage. Non, non, les exigences de la vie sociale ne vous accorderont pas un jour, pas une minute ! C'est sur l'heure qu'il vous faudra prendre la direction économique et en assumer la responsabilité, sinon la société périra... ou plutôt, non, elle ne périra pas, mais, dans un spasme d'agonie, elle rejettera l'ordre de choses nouveau qui l'étouffe et reprendra son ancienne vie. Rappelez-vous que, quel que soit le parti qui arrive au pouvoir, s'il n'est pas en mesure d'assurer sans interruption la continuation de la vie économique du pays, il est condamné ! Les socialistes révolutionnaires peuvent être vainqueurs dans cent batailles, les légions ouvrières peuvent promener de capitale en capitale le drapeau rouge victorieux, si elles ne sont pas en mesure de remplacer sur l'heure les propriétaires, capitalistes, entrepreneurs, commerçants, par des hommes tirés de leur propre sein, tout cela ne servira de rien et tout sera à recommencer ! Et ce n'est pas moi qui parle de la sorte ; c'est un des pères du nihilisme, Herzen, qui écrivait : « Quand bien même la poudre (il ne connaissait pas encore la dynamite) ferait sauter aujourd'hui ce vieux monde, on le verrait renaître de ses cendres, hélas ! toujours bourgeois ! »

Eh bien ! vous sentez-vous en état de remplacer ainsi, du jour au lendemain, la classe qui a exercé jusqu'à ce jour la direction économique ? — Si vous me répondez oui, je me permettrai de penser que vous n'êtes pas modestes. Ne me dites pas, en effet, que pour la production et la fabrication des richesses, vous en saurez autant que les patrons, puisque ces richesses, c'est vous-même qui les produisez. Mais songez que la fabrication n'est aujourd'hui qu'un côté secondaire de l'entreprise : c'est la partie commerciale qui est la plus importante et qui seule décide du succès ou de la ruine. Or, cette science du commerce, cette administration des capitaux dans laquelle il suffit d'une erreur de quelques centimes sur les prévisions pour entraîner des différences de plusieurs centaines de mille francs dans les résultats, cet art si parisien qui consiste à épier les caprices de la mode, à deviner et au besoin même à faire naître les demandes du public et de consommateurs qui se trouvent peut-être à l'autre extrémité du monde, les possédez-vous? Et la classe ouvrière, au lendemain d'une Révolution et encore dans la première ivresse du triomphe, saura-t-elle s'assujettir librement et instantanément à cette discipline et à cette régularité dans le travail qui est la condition indispensable de toute entreprise collective ?

Et ne me dites pas que vous l'apprendrez bien parce que vous êtes aussi intelligents que les bourgeois. Je le crois, je ne suis pas de ceux qui pensent que la direction patronale suppose des mérites transcendants ; mais, encore une fois, où et comment l'apprendrez-vous ? Ce ne sera pas en travaillant comme salariés ; ce ne sera pas non plus par l'enseignement gratuit et obligatoire, ni même par l'enseignement intégral que l'on réclame dans certains programmes, comme si l'on prêtait à ce mot une vertu magique. Permettez à un professeur qui, comme moi, a déjà fait passer pas mal d'examens dans sa vie, d'être assez sceptique à l'endroit de ce qu'on peut apprendre sur les bancs de l'école en fait d'enseignement pratique. Il n'y a qu'une seule façon, pour la classe ouvrière, de s'exercer au maniement des capitaux, à la pratique commerciale, au mécanisme des entreprises collectives, c'est d'apprendre à faire elle-même ses affaires pour son propre compte, c'est-à-dire de s'organiser en associations coopératives. Et ce sont ces associations coopératives de consommation, de crédit ou de production qui fourniront à la classe ouvrière, au jour voulu, les cadres dont elle aura besoin. Je parlais au début de cette conférence des avantages pratiques de la coopération ; le principal avantage pratique, le voilà ! c'est de faire l'éducation économique des travailleurs ; c'est de leur conférer les connaissances techniques et les hautes facultés morales sans lesquelles jamais ils ne réussiront à occuper dans l'ordre social la place à laquelle ils aspirent et à laquelle ils ont droit !

J'ai déjà exprimé cette opinion, il y a deux ans, au Congrès de Lyon, et j'ai été heureux de la voir confirmer presque dans les mêmes termes par un témoignage venu il a quelques jours à peine des États-Unis. C'est une brochure publiée par le secrétaire du Bureau coopératif des Chevaliers du Travail, John Samuel. Il énumère les diverses raisons qui doivent déterminer un ouvrier à se faire coopérateur et il termine par celle-ci :

Parce que, dit-il, c'est la seule voie que j'aperçoive par laquelle les travailleurs puissent s'élever à la position qu'ils peuvent et qu'ils doivent occuper..... parce que le magasin coopératif leur donnera, avec le capital, l'habitude des affaires, leur apprendra le mécanisme de la grande production collective dans toutes ses parties, leur donnera les moyens d'exercer une action de propagande par des conférences, congrès, centres régionaux, leur donnant la puissance et leur apprenant en même temps à user de cette puissance pour leur plus grand avantage et pour le plus noble des desseins.

Ceux donc qui vous disent que l'ordre économique existant peut être changé en un tour de main, se trompent, ou vous trompent. Quand il s'agit d'une révolution politique, c'est possible ; trois jours peuvent suffire pour renverser un trône, c'est chose si fragile qu'un trône ! Mais quand il s'agit de remplacer l'organisme économique tout entier par un organisme nouveau, il y faut le travail d'une longue élaboration préalable, semblable à ce travail lent et silencieux dont je vous parlais tantôt, qui fait surgir du sein de l'Océan Pacique, par une poussée invisible et ininterrompue, les îles de coraux, ou qui élève au fond d'un vase l'architecture mystérieuse des cristaux.... à la condition toutefois qu'on ne trouble pas le liquide !

Je me rappelle à cette occasion une conversation que j'eus un jour avec un des chefs du parti socialiste. Il me parlait de la nécessité de la Révolution : je lui disais : « Vous croyez à l'évolution (il y croyait en effet), c'est-à-dire vous croyez que la société ne peut se transformer que par le jeu des lois naturelles et que ces transformations sont toujours lentes et insensibles. Que de siècles n'a-t-il pas fallu pour passer de l'esclavage au servage et du servage au salariat ! Comment pouvez-vous penser que la Révolution sociale se fera en un jour ? »

Il me répondit : « L'Évolution n'est nullement incompatible avec la Révolution et la nature elle-même nous en donne l'exemple. Voyez le poussin dans l'œuf : il se forme suivant les lois naturelles qui président à l'évolution de tout être vivant, mais un jour vient où, pour sortir de l'œuf, il doit briser à coups de bec la coquille qui lui sert de prison. C'est sa révolution à lui ! Et de même aussi la classe ouvrière, le jour où elle voudra s'émanciper définitivement et sortir à la lumière du soleil, devra briser par la force cette croûte épaisse de lois, de préjugés, de monopoles que le temps a formée autour d'elle et qui l'enferme dans une véritable prison ; ce sera là notre révolution à nous, et elle sera parfaitement conforme aux lois naturelles. »

Ce n'était pas mal répondu. Voulez-vous me permettre de vous dire ce que je lui répondis à mon tour ? « Sans doute le poussin pour éclore est forcé de faire sa petite révolution, comme vous l'appelez, mais il a soin de ne briser sa coquille que le jour où il est déjà tout formé, où il a plumes, bec et ongles ; aussi, à peine sorti de l'œuf, le voyez-vous qui va picorer comme père et mère ? S'il cassait sa coquille quelques jours trop tôt, il mourrait. Or, la question est justement de savoir si la classe ouvrière est en ce moment toute formée pour cette nouvelle vie et pour ces conditions d'existence auxquelles elle aspire ? Elle fera donc bien de ne casser la coquille que quand elle aura pris, elle aussi, plumes, bec et ongles.... et c'est la coopération qui les lui donnera justement, en lui donnant ses instruments de production et en lui apprenant à s'en servir ! La classe bourgeoise, le Tiers-État, comme on l'appelait, était prête, elle, à prendre la direction économique de la société et l'exerçait en fait depuis longtemps déjà, quand elle a fait Quatre-vingt-neuf. »

IV

Si je cherche à me représenter l'organisation de la société future, dans la mesure toutefois où notre science à courte vue peut nous permettre de prévoir l'avenir, elle m'apparaît sous l'aspect d'une multitude d'associations de toutes sortes et de toutes proportions, les unes immenses, les autres petites, et dont tous les hommes, en dehors de quelques sauvages, feront partie librement ; — associations dans lesquelles les travailleurs toucheront l'intégralité du produit de leur travail parce qu'ils possèderont leurs instruments de production ; – associations qui supprimeront les intermédiaires, parce qu'elles échangeront leurs produits directement entre elles ; — associations qui ne mutileront pas l'individu, parce que l'initiative individuelle restera comme le ressort caché qui fera mouvoir chacune d'elles, mais qui protègeront au contraire l'individu contre les hasards de la vie par la solidarité, — associations enfin qui, sans supprimer cette émulation qui est indispensable au progrès, atténueront la concurrence et la lutte en supprimant la plupart des causes des conflits qui mettent aujourd'hui les hommes aux prises. On ne remarque pas assez en effet que toute forme coopérative n'est autre chose que la solution d'une sorte de duel :

qu'est-ce en effet que la société de consommation, sinon la suppression du duel entre le vendeur et l'acheteur ?

qu'est-ce que la société de crédit ? la suppression du duel entre le prêteur et l'emprunteur.

qu'est-ce que la société de production ? la suppression du duel entre le patron et le salarié.

Voilà mon rêve : je souhaite qu'il devienne aussi le vôtre. On m'a reproché plus d'une fois, peut-être me reprocherez-vous à votre tour, de montrer trop souvent dans la coopération des perspectives lointaines et l'on m'a dit qu'au lieu d'égarer ainsi les coopérateurs dans les étoiles — à la suite de l'ami Balline, — je ferais bien mieux de leur indiquer les moyens de faire de bonnes affaires, de manger mieux et surtout de ne pas manger leur argent. Il y a du vrai dans ces critiques, je ne m'en offusque pas. Il est certain que lorsqu'on veut marcher en avant, il ne suffit pas de regarder dans le bleu, car on risque ainsi de se casser le cou. Au dernier Congrès des sociétés coopératives, qui a eu lieu à Tours, l'année dernière, le président d'honneur, M. Frédéric Passy, terminait son éloquent discours en recommandant aux coopérateurs qui l'écoutaient la sagesse et la prudence : « Ne regardez pas trop haut, disait-il, et en montant à l'échelle ne levez pas un pied avant que l'autre soit solidement assuré. » Je me disais : ce sont là de sages conseils, et pourtant tout en l'écoutant, je me rappelais une histoire qu'on m'avait souvent contée, celle d'un mousse qui montait pour la première fois à l'échelle du grand mât ; il suivait justement le conseil que je viens de vous répéter ; il regardait à ses pieds et ne les détachait pas de l'échelon sans avoir bien regardé où il les posait..... et voilà qu'il sentait le vertige le gagner et la chute devenir imminente. Il allait tout lâcher, quand le capitaine prit son porte-voix et lui cria : Regarde en haut, tu ne tomberas pas !

Voilà pourquoi je dirai à mon tour aux coopérateurs, toutes les fois que j'aurai l'honneur de leur adresser la parole : Regardez en haut, vous ne tomberez pas ! C'est un crime sans doute de bercer le peuple d'illusions chimériques, mais c'est un devoir de montrer le but à tous ceux qui sont aux prises avec les labeurs et les aspérités de la route et qui, s'ils n'entrevoyaient pas de temps en temps, à travers les nuages qui le leur dérobent, le sommet, sentiraient leurs forces et leur courage s'user dans une ascension sans terme !

DE LA COOPÉRATION

ET DES TRANSFORMATIONS QU'ELLE EST APPELÉE A RÉALISER DANS L'ORDRE ÉCONOMIQUE (1)

I

MM. — Quatre ans seulement sont passés depuis que le premier congrès des sociétés coopératives de consommation en France s'est réuni dans cette capitale, à Paris, grâce à l'initiative de M. de Boyve et du petit groupe dévoué des coopérateurs de Nimes. Quatre ans, c'est quelque chose dans la vie d'un homme, ce n'est rien dans la vie d'une institution : et pourtant ce laps de temps si court a suffi pour donner à la coopération en France une face nouvelle. Non seulement le nombre des sociétés coopératives s'est beaucoup accru, mais surtout ce que j'appellerai l'esprit coopératif s'est éveillé en elles. Jusqu'alors nos sociétés vivaient d'une vie isolée, égoïste, s'ignorant les unes les autres et, par une

---

(1) Discours d'ouverture du Congrès international des Sociétés coopératives de consommation tenu à Paris, au Palais du Trocadéro, le 8 septembre 1889, pendant l'Exposition universelle. — Publié dans le compte rendu officiel du Congrès.

L'Angleterre était représentée par MM. Vansittart-Neale et Holyoake ; — l'Italie, par MM. Ugo Rabbeno, Wollemborg et Ponti ; — la Suisse, par MM. Wuarin et Racine ; — la Belgique, par M. le professeur Denis, le Dr César de Paepe, les représentants de presque toutes les sociétés de consommation socialistes de Belgique, Delwarte délégué des Chevaliers du Travail, Vandervelde, Demblon, etc. ; — le Brésil, par M. Santa Anna Néry, délégué officiel de son gouvernement.

étrange inconséquence, semblaient continuer au cours même de leur existence coopérative les pratiques et le programme du système individualiste « chacun pour soi ! » — Aujourd'hui, nous ne pouvons dire encore que ces mœurs aient tout à fait disparu parmi nous. Nous savons que le nombre des sociétés coopératives de France qui ont consenti à s'entendre et à se fédérer est encore bien petit et dans cette enceinte, si bien remplie pourtant, c'est à peine si le sixième de nos sociétés françaises se trouve représenté ! N'importe : ce sont du moins les plus vivantes que nous voyons ici. Il en est dont la foi dans l'idée coopérative ne s'est pas démentie depuis le premier jour et que nous sommes heureux de voir revenir, toujours fidèles, de congrès en congrés. La présence, nouvelle cette fois, de presque toutes les sociétés coopératives de consommation de Paris, que nous sommes heureux de saluer ici, nous prouve que bien des préjugés se sont dissipés, que bien des petites querelles se sont apaisées, et que nos sociétés françaises acquièrent, d'année en année, une plus claire conscience du lien qui les unit, de leurs intérêts collectifs et du but commun aussi qu'elles sont appelées à poursuivre ensemble. Enfin, le fait sans précédent de cette réunion de coopérateurs éminents venus de tous les pays du monde pour rehausser ce Congrès par l'autorité de leurs noms et l'éclat de leur présence, démontre désormais aux plus aveugles que la coopération ne veut plus longtemps rester enfermée dans un magasin d'épiceries, comme un rat dans un fromage ; on sent qu'il lui pousse des ailes et, frémissante déjà, mais encore indécise, elle cherche vers quel point du ciel elle va prendre son vol.

Mais de quel côté faut-il diriger cet essor ? Quel est le but qu'elle doit poursuivre ? Quelles sont les transformations économiques qu'on peut en attendre ? Sans entrer ici dans des détails d'organisation pratique qui trouveront beaucoup mieux leur place dans les discussions contradictoires, je voudrais seulement vous présenter quelques considérations générales.

Cette recherche du but de la coopération est peut-être plus nécessaire chez nous que dans tout autre pays. En Angleterre, par exemple, toutes les sociétés coopératives se sont formées plus ou moins sur le modèle de celle de Rochdale et ont reçu, pour ainsi dire en naissant, leur forme et leurs statuts. En France, comme je le disais tout à l'heure, les sociétés coopératives ont poussé çà et là, isolément, au hasard des circonstances locales, et comme elles doivent leur naissance à des causes très diverses, il en résulte que chacune d'elles se fait de la coopération une idée différente et lui assignerait, si on l'interrogeait, un but différent.

Celles-ci, par exemple, se sont formées uniquement pour échapper aux exactions et aux vexations des marchands de la localité.

Celles-là se sont formées dans les grandes villes surtout, pour permettre à l'ouvrier de mieux vivre et de consommer davantage avec un même salaire.

Les uns voient dans la coopération une machine à produire des dividendes. « Quel sera le dividende, cette année, demandent-ils? — 10, 12 p. 0/0? — Bravo ! Excellente chose que la coopération ! Vous pouvez compter sur nous. — 2, 3 p. 0/0? — Bonsoir : nous retournons chez l'épicier du coin. »

Les autres voient dans la coopération un moyen de constituer des institutions de prévoyance, sociétés de secours mutuels, caisses d'épargne ou caisses de retraite, qui auront l'avantage de n'imposer à leurs membres aucun sacrifice.

Quelques-uns, et ce ne sont pas les moins avisés, ont fait de leurs sociétés des espèces de cercles ouvriers, de réunions de famille, destinés à apporter quelque distraction ou quelque instruction dans l'existence souvent bien terne du travailleur.

Et quelques-uns enfin, à l'exemple des Pionniers de Rochdale, cherchent dans la coopération un moyen d'émancipation sociale, un mode nouveau d'organisation industrielle, et le soir, la journée de travail finie, réunis dans l'arrière-boutique de leur magasin, tout en fumant leur pipe, ils s'enchantent eux-mêmes de cette espérance.

Sans me prononcer pour le moment sur le degré d'importance de ces différents buts, il me suffit de constater qu'on ne saurait les poursuivre tous à la fois, car plusieurs sont tout à fait contradictoires. Par exemple, il est évident que si l'on vise simplement à diminuer les dépenses des associés, si l'on poursuit le bon marché, il faudra vendre les denrées au prix coûtant : on ne pourra faire aucun bénéfice ni accumuler aucun capital, et par conséquent on devra renoncer à fonder quoi que ce soit. Si, d'autre part, on vise à fonder une caisse de retraite ou toute autre institution de prévoyance, il est clair qu'on ne pourra songer à employer les fonds disponibles à toute autre fin, telles par exemple que des dépenses d'éducation ou la constitution d'associations de production.

Vous me direz peut-être qu'il n'est pas nécessaire de faire un choix entre ces buts différents, qu'il suffit de laisser chaque société suivre sa voie ? — D'accord ; il va sans dire qu'après comme avant nos discussions, chaque société reste libre d'agir à sa guise. Nos congrès ne sont pas des assemblées législatives — vous vous en apercevrez, je l'espère, à la courtoisie de nos discussions, — et leurs décisions n'enchaînent la liberté de personne. Mais cependant, dans notre congrès, de même que dans l'un quelconque des quatre-vingt congrès qui se succèderont ici, il faut bien arriver à formuler un programme d'action.

Nous ne voulons pas donner ici le spectacle de la confusion des langues. Nous sommes bien venus pour bâtir une tour, mais il ne faut point que ce soit la Tour de Babel!

Non, nous la voulons plutôt pareille à cette tour Eiffel qui domine toute cette Exposition et dont tous, de bien loin, vous avez déjà salué la gigantesque silhouette. — Permettez-moi de vous y montrer le symbole de l'édifice social que nous voulons bâtir.

A son premier étage, à sa base large et carrée, elle porte les restaurants, les cafés, tout ce qui sert à la satisfaction des besoins matériels. A son deuxième étage, voici la presse et l'imprimerie (celle du *Figaro)*, un bureau télégraphique d'où tout visiteur, glorieux, s'empresse de lancer une dépêche, des concerts aussi. A son troisième étage, voici l'observatoire avec les instruments de météorologie. Est-ce tout? non, pas encore et en montant encore — oh! par un escalier quelque peu vertigineux — vous arriverez au phare d'où un prodigieux rayon de 80 kilomètres de rayon balaye, chaque soir, tout le pourtour de l'horizon... Et il semble que toute cette charpente de fer et le vertigineux élancement de ces courbes qui convergent vers un seul point, n'aient d'autre destination que de porter ce point lumineux.

Le premier étage de notre édifice coopératif, ses larges et solides assises, ce seront les sociétés coopératives de consommation. Mais notre monument serait incomplet s'il n'était que cela. Nous voulons aussi qu'on puisse y trouver la satisfaction des besoins intellectuels — l'instruction tient une large place dans la sollicitude et dans le budget des sociétés coopératives anglaises. Nous voulons monter plus haut encore, nous voulons aussi allumer un phare pour porter la lumière et pour montrer le chemin à tous ceux qui dans la nuit sombre cherchent le port! Et jamais la coopération ne fera lever vers elle les yeux des foules indifférentes si elle n'arbore à son sommet une flamme rayonnante, un idéal social, qui peut parfois s'éteindre — les feux des phares sont à éclipses — mais qui toujours reparaîtra pourvu que quelques gardiens fidèles entretiennent la lampe!

II

Un fait me frappe tout d'abord. Nous apportons tous ici, ai-je dit tout à l'heure, des intérêts différents. Mais n'avons-nous pas pourtant tous un intérêt commun? — Si : ouvriers ou bourgeois, employés de chemin de fer ou de commerce, coopérateurs de Paris ou de province ou même des extrémités du monde, n'avons-nous pas tous ce caractère commun d'être des CONSOMMATEURS? — Or, je n'en demande pas davantage ; ce caractère commun suffit pour nous montrer la voie où nous devons nous engager et pour nous permettre de tracer un programme, un très vaste programme, en vérité, comme vous allez le voir, car il ne tend à rien moins qu'à mettre sens dessus dessous l'ordre de choses existant — pacifiquement, cela s'entend.

Il y a cent ans, Siéyès écrivait cette phrase qui fut comme le signal de cette Révolution dont nous célébrons cette année le centenaire : « Qu'est-ce que le Tiers Etat? Rien. Que doit-il être? Tout. » Eh bien! voici l'heure de reprendre, en le modifiant un peu, ce mot fameux pour en faire le programme d'une Révolution nouvelle, en répétant à notre tour : « Qu'est-ce que le consommateur? Rien. Que doit-il être? Tout. »

Oui, le consommateur est tout, en ce sens que c'est

pour lui que la société est faite : tous, nous sommes faits pour consommer et nous ne produisons que pour pouvoir consommer : la consommation, c'est le but, c'est la fin de tout le mécanisme économique : la production n'est que le moyen. Dans un ordre de choses bien réglé, la production doit être au service de la consommation par la même raison que les bras sont au service de l'estomac : toute société où cet ordre de choses est renversé périra.

Or, dans le mécanisme économique actuel, c'est le producteur qui est tout et le consommateur n'est compté pour rien ! Ouvrez au hasard l'un quelconque des traités classiques d'économie politique, vous y verrez la plus grande partie du volume consacrée à la production, mais quant à la consommation quelques pages à peine. Du reste, on ne peut guère en faire un reproche aux économistes, car ils sont bien obligés de parler de ce qui est, de ce qu'ils voient : or ce qu'on voit, c'est que l'ordre social actuel est organisé en vue de la production et nullement en vue de la consommation, ou si vous aimez mieux, *en vue du gain individuel et nullement en vue des besoins sociaux*. S'il y a des bouchers et des boulangers, des marchands de vin et des propriétaires de terres à blé, ce n'est point pour nous fournir au plus bas prix possible et en plus grande quantité possible le blé, le pain, la viande, le vin, — ce qui semble pourtant la seule raison d'être en ce monde des bouchers, des boulangers, des marchands et des propriétaires de terres ! — mais cela est ainsi à seule fin que tout ce monde-là prospère et fasse ses petits bénéfices. Il y a un dicton français qu'on entend souvent répéter : « il faut bien que tout le monde vive ! » Les honorables étrangers qui m'écoutent s'imaginent peut-être qu'en disant que *tout le monde vive* on veut parler d'abord des consommateurs? Point du tout : vous n'entendez rien aux finesses de la langue française ; c'est des producteurs seulement qu'il s'agit. On veut dire par là que nous devons nous serrer un peu pour faire de la place à quiconque veut ouvrir une nouvelle boutique dans la rue et vivre.... à nos dépens. Quant au consommateur, sa fonction en ce monde n'est pas précisément de vivre — ce dont nul ne s'occupe — mais de faire vivre les autres. C'est sur lui, débonnaire, que vit et pâture l'immense légion des producteurs, fournisseurs et intermédiaires de toutes catégories, et quand il se révolte — hypothèse chimérique d'ailleurs, car il ne se révolte jamais ! — mais enfin si quelque malavisé, comme nous ici, s'avise de prendre en main ses intérêts, il faut voir comment on le traite ! Ici même, il y a peu de semaines, le congrès du syndicat des boulangers a invité le gouvernement, par un vote formel, « à tenir l'œil ouvert sur les agissements des sociétés coopératives. » Merci bien ! nous nous chargeons, nous — tout seuls et sans avoir besoin de les recommander d'une façon aussi gracieuse à l'attention du gouvernement — d'avoir l'œil ouvert sur les agissements des boulangers. Nous demanderons, par exemple, à nos amis de Londres ou de Bruxelles d'où vient qu'ils paient leur pain 20 centimes le kilo, alors qu'en France, qui est de tous les pays d'Europe celui qui produit le plus de blé, nous le payons 35 centimes ? MM. les marchands de vin ne nous ont pas oubliés non plus dans leur congrès ; ils ont engagé le gouvernement — toujours le gouvernement ! — à nous faire payer patente, en faisant observer « que du jour où nous aurons fait disparaître tous les débitants de vin, il faudra bien que le gouvernement retrouve son argent quelque part, et que mieux vaudrait pour lui commencer tout de suite. » Le jour où nous aurons fait disparaître tous les marchands de vin, dites vous ? — Eh bien ! mais ce sera un beau jour que celui-là ! Nous en acceptons l'augure et nous engageons le gouvernement à ne pas s'effrayer de cette éventualité au point de vue de ses recettes, car en ce cas il les retrouvera amplement dans l'accroissement de la richesse publique !

Pauvre consommateur ! Se doute-t-il seulement qu'il y a en ce moment dans le monde une baisse générale des prix qui fait le désespoir des producteurs et l'étonnement des économistes ? Non, il ne le soupçonne pas et n'en profite pas : il continue à payer tout aussi cher. Je le comparais tout à l'heure au Tiers-Etat avant la Révolution. Hélas ! cette comparaison était bien trop flatteuse pour lui ! C'est à Jacques Bonhomme qu'il fallait le comparer, à ce pauvre peuple taillable et corvéable à merci et toujours résigné ! Il y a eu un 89 pour Jacques Bonhomme, mais quand y en aura-t il un pour le consommateur ?

Mais voici qui est plus grave peut-être. Ce même état de choses, qui crée un antagonisme permanent entre producteurs et consommateurs, crée aussi un antagonisme permanent entre les producteurs entre eux. Il semblerait cependant qu'avec les dépouilles des consommateurs, il dût y avoir assez large butin pour que tous fissent bombance. Mais non : par un juste retour des choses d'ici-bas, il arrive que les producteurs, après avoir mangé les consommateurs, en sont réduits à se manger entre eux. Chacun produisant isolément pour son propre compte, chacun cherchant à faire sa fortune et disant : après moi, le déluge ! chacun n'ayant d'autre préoccupation que de produire plus et à meilleur marché (je ne dis pas de meilleure qualité) que son concurrent et à prendre sa place sur le marché du monde, il en résulte que la production prend une allure désordonnée, intermittente : tantôt elle ne produit pas assez pour les besoins, plus souvent elle produit beaucoup trop; elle marche par saccades et par à-coups, comme les malheureux atteints de cette affreuse maladie qu'on appelle l'ataxie locomotrice et que les médecins n'ont rien trouvé de mieux que de traiter par la pendaison ! De là, toutes ces maladies, car ce sont bien de véritables maladies, en effet — bien connues des économistes et souvent étudiées par eux sous les noms de crises, de baisses de prix, de surproduction, d'engorgement général.

Nous avons tous ici l'imagination remplie par les merveilles de cette Exposition et en particulier par cette Galerie des machines qui est bien le temple le plus splendide que l'industrie humaine ait jamais élevé à sa propre gloire. Eh bien ! en la parcourant, on ne peut se défendre d'un sentiment de tristesse et de découragement bien connu, du reste, de tous ceux qui ont quelque peu médité sur ces questions : c'est qu'en somme, ce déploiement énorme de puissance productive donne plus de satisfaction à l'orgueil de l'homme qu'à ses véritables besoins. Il semble que l'industrie humaine, aujourd'hui qu'elle est si puissamment armée, qu'elle a domestiqué toutes les forces naturelles et qu'elle pétrit à son gré la matière, ne devrait pas être en peine pour assurer à chaque homme au moins le nécessaire et même une large part dans tous ces trésors dont elle éblouit nos yeux. Il n'en est pourtant pas ainsi. Cette foule qui, chaque jour, se presse autour de ces colossales machines, témoigne plus d'étonnement que de reconnaissance. Elle a raison : qu'ont fait, en effet, ces machines pour la masse du peuple ? Lui ont-elles procuré une plus large aisance et plus de garanties de bien-être ? — C'est une question. — Ont-elles donné du moins aux travailleurs ce bien qu'elles semblaient faites exprès pour lui donner, je veux dire un peu plus de loisir et de repos ? Un illustre économiste, Stuart Mill a déclaré qu'elles n'avaient pas ajouté une seule minute à leurs loisirs. Hélas ! Il se trompe ; elles ne leur donnent que trop souvent et à des intervalles trop rapprochés, le loisir, mais sous cette forme désespérément ironique et cruelle qui s'appelle le chômage ! Et quant aux capitalistes , aux producteurs, savez-vous de quel œil ils les considèrent, ces merveilleuses machines ? — avec terreur. Elles leur apparaissent plus redoutables que les machines de guerre qui sont exposées non loin de là, à l'Exposition du ministère de la guerre, et elles sont bien, en effet, de fabricant à fabricant et de peuple à peuple, de véritables machines de guerre, redoutables en raison même de leur puissance productive, et telle machine qui fabrique à chaque minute des centaines d'articles manufacturés ne causera pas moins de ravages sur le marché industriel et ne fera peut-être pas moins de victimes que telle mitrailleuse Gattling ou Maxim qui, à chaque minute, vomit sur le champ de bataille des centaines de projectiles ! C'est que ce n'est pas un jeu que d'avoir affaire à ces redoutables appareils de l'industrie de notre temps : si l'ouvrier laisse quelquefois dans leurs engrenages son bras ou sa jambe, le fabricant y laisse aussi sa fortune. Ils se demandent avec angoisse, les producteurs, en les contemplant, comment ils pourront assurer des débouchés suffisants à une semblable production qui dépasse de beaucoup les capacités de la consommation : ils se disent que ces appareils, qui coûtent des millions, ne peuvent s'arrêter un jour sans entraîner leur ruine, qu'il faut les faire marcher coûte que coûte, sous peine de faillite, qu'à toute heure il faut leur jeter et charbon à consommer et matière première à triturer. C'est la pâture quotidienne qu'ils réclament, tous ces monstres ! et s'il arrive, un beau jour, qu'ils n'aient plus rien à se mettre sous la dent, sous leurs dents voraces de bronze ou d'acier, les voilà tout prêts à se retourner et à dévorer leurs propriétaires !

Voilà l'image fidèle de l'ordre des choses actuel : une puissance de production énorme, mais qui n'étant pas mise à sa véritable place, c'est-à-dire au service exclusif de la consommation, ne travaille que d'une façon désordonnée et dans laquelle, par une terrible contradiction, la puissance même de production finit par aboutir à l'arrêt de toute production. J'ai pris un exemple dans la production industrielle, mais j'en pourrais trouver dans tout autre domaine, dans celui de l'échange, par exemple. Vous avez tous entendu parler de la grève des ouvriers des docks à Londres ? Les navires ne pouvant débarquer leurs chargements, on a dû jeter à l'eau ces jours-ci 80.000 moutons, 16.000 quartiers de bœufs, des cargaisons entières de légumes, de fruit, de lapins même... ; ainsi par une amère ironie, en même temps que la Tamise est empestée par ces montagnes d'aliments décomposés, sur ses quais, cent mille hommes luttent et souffrent pour obtenir le droit de ne pas mourir de faim ! Il y a une école qui s'intitule anarchique ! elle est bien difficile si, en fait d'anarchie, elle ne peut se contenter de l'ordre de choses existant !

Les producteurs, du reste — qui ont toujours été beaucoup plus intelligents et plus avisés que les consommateurs — ont si bien le sentiment des périls que cette situation anarchique leur fait courir à eux-mêmes, qu'ils ont cherché et su trouver un remède. Ils sont en train de constituer dans tous les pays du monde de grandes associations bien connues sous divers noms, *syndicats* en

France, *rings* ou *trusts* en Angleterre et aux Etats-Unis, *kartelles* en Allemagne et en Autriche, et qui ont justement pour but de régler la production par une entente préétablie entre tous les producteurs d'une même marchandise : ceux-ci s'engagent à n'en fabriquer ou à n'en livrer qu'une quantité déterminée à l'avance, afin d'en maintenir ou d'en relever les cours sur le marché. Qui n'a entendu parler du syndicat des cuivres et de celui des sucres ! mais il y en a bien d'autres ! et la plupart des économistes s'accordent à penser qu'il faut voir dans ces coalitions non point un caractère accidentel, mais une forme désormais permanente de la production. Certes, tout n'est pas à blâmer dans cette institution nouvelle : en tout cas, il faut reconnaître qu'elle est fort bien imaginée pour sauvegarder les intérêts des producteurs, mais qu'adviendra-t-il de nous, pauvres consommateurs? Dans la concurrence acharnée que jusqu'à ce jour les producteurs se faisaient entre eux, les consommateurs trouvaient encore quelque chance de passer par mailles, comme on dit, mais du jour où les producteurs se seront tous entendus et où le consommateur se trouvera en face de ces formidables coalitions capitalistes investies d'un monopole de fait, il sera livré pieds et poings liés et ne pourra plus même essayer de se défendre. Si déjà sous le régime de la concurrence, il est victime, que sera-ce donc sous le régime du monopole ?

Que faire alors ?

III

Le remède est bien simple et il est temps maintenant de l'indiquer. Si nous ne le connaissions pas déjà, il nous serait clairement révélé par les producteurs eux-mêmes, par l'exemple qu'ils nous donnent et que je viens de vous rappeler. En présence de ces gigantesques associations de producteurs qui surgissent de toutes parts et qui, je le répète, tendent à devenir une forme normale de l'organisation économique, il n'y a qu'une chose à faire : c'est d'opposer des associations de consommateurs plus puissantes encore et résolues à défendre contre les empiètements du monopole les intérêts généraux et permanents de la Société ! Ces associations de consommateurs vous les connaissez, vous les pratiquez depuis longtemps : elles s'appellent les sociétés coopératives de consommation, et pour qu'elles soient aptes à remplir la haute fonction sociale que je viens d'indiquer, il suffit seulement de leur donner une ampleur proportionnée à l'importance du but à atteindre. Nos associations répondent donc à un des besoins les plus urgents de notre époque : si elles n'existaient pas, il faudrait les inventer : — mais pourquoi parler ici d'invention ? le mot n'a pas de sens et il est absurde de voir ici une invention anglaise ou française : ce qu'il faut y voir, c'est le produit d'une évolution spontanée, une sorte de poussée apparaissant au jour et au moment voulus par la nature, comme celle qui fait monter le lait aux mamelles de la mère sitôt que le petit crie et a faim.

Seulement dans l'évolution sociale la nature ne se passe pas de notre concours, et il faut l'aider si nous voulons qu'elle nous aide. On peut donc bien penser que ce n'est pas en restant isolées, incohérentes, et intérieurement en état anarchique, que nos petites associations coopératives pourront suffire à ce grand œuvre de défense sociale et lutter efficacement contre les grandes associations capitalistes. Il faut faire un plan de campagne : ou plutôt il n'y a pas à le faire, il est tout indiqué.

Se réunir entre elles, faire masse, prélever sur

leurs bénéfices le plus possible pour fonder de grands magasins de gros et opérer les achats sur grande échelle, voilà la première étape;

Continuer à constituer, par des prélèvements sur les bénéfices, des capitaux considérables et avec ces capitaux se mettre à l'œuvre pour produire directement et pour leur propre compte tout ce qui est nécessaire à leurs besoins, en créant boulangeries, meuneries, manufactures de draps et de vêtements confectionnés, fabriques de chaussures, de chapeaux, de savon, de biscuits, de papier — voilà la seconde étape;

Enfin, dans un avenir plus ou moins éloigné, acquérir des domaines et des fermes et produire directement sur leurs terres le blé, le vin, l'huile, la viande, le lait, le beurre, les volailles, les œufs, les légumes, les fruits, les fleurs, le bois, qui constituent la base de toute consommation, voilà la dernière étape.

Ou, pour tout résumer en trois mots, dans une première étape victorieuse faire la conquête de l'industrie *commerciale*, dans une seconde, celle de l'industrie *manufacturière*, dans une troisième, enfin, celle de l'industrie *agricole* — tel doit être le programme de la coopération par tout pays. Il est d'une simplicité héroïque et j'ai la conviction qu'un jour ou l'autre, en dépit même de nos faiblesses et de nos doutes, il finira par se réaliser. En Angleterre, et même en Belgique, on peut dire que les sociétés coopératives ont poussé fort avant cette campagne et déjà franchi quelques-unes des étapes que je viens d'indiquer. Dans le domaine commercial, les magasins de gros de Manchester et de Glascow et ceux des fonctionnaires civils ou militaires de Londres (que je suis bien loin, du reste, de citer comme modèles parce qu'ils sont organisés d'une façon fort incorrecte au point de vue des principes coopératifs) sont des établissements qui ne peuvent être comparés, par leurs proportions colossales et le chiffre de leurs affaires, qu'à nos magasins du Bon Marché ou du Louvre. Dans le domaine de l'industrie manufacturière, les sociétés coopératives sont moins avancées, mais cependant elles produisent déjà par leurs propres moyens pour 50 millions de francs de produits manufacturés. et déjà même elles commencent à exercer cette haute fonction sociale dont je parlais tout à l'heure et à tenir tête aux coalitions de producteurs. Il y a peu de temps, on a essayé en Angleterre de faire un syndicat pour relever le prix des farines : mais grâce aux sociétés coopératives qui, non seulement ont refusé de s'associer à cette coalition, mais encore ont fait marcher à outrance leurs propres moulins, la tentative a échoué. Enfin, même dans le domaine de la production agricole, les sociétés coopératives anglaises s'exercent à faire quelques pas, quoique timides encore ; elles ont déjà mis en exploitation et cultivent pour leur propre compte environ 3.000 acres (1.200 hectares). Mais elles se proposent — un vote formel d'un des derniers congrès l'a décidé — d'engager dans cette voie les nombreux capitaux dont elles disposent. L'entreprise est particulièrement difficile en Angleterre par suite de circonstances spéciales à ce pays. D'autres pays, au contraire — il semble que le Danemark soit dans ce cas — pourraient trouver plus de facilités à commencer par la production agricole avant même la production manufacturière.

Je sais bien qu'il peut paraître singulièrement utopique et même impertinent de prétendre que quelques sociétés de consommation puissent faire ainsi, étape par étape, la conquête de toutes les forces productives d'un pays. Mais ce scepticisme tient simplement à ce qu'on ne se fait pas une idée suffisante du degré de puissance auquel peuvent atteindre des consommateurs réunis ; cette puissance est irrésistible, surtout si l'on suppose, comme on doit le faire, que ces associations des consommateurs se recrutent non pas seulement dans les classes ouvrières, mais dans tout l'ensemble de la nation, embrassant aussi par conséquent les classes riches. Supposons — par une hypothèse que je ne donne d'ailleurs que pour mieux illustrer ma pensée — que tous les habitants de la France adhèrent un jour à des sociétés coopératives de consommation et s'y approvisionnent de tout ce qui sera nécessaire à leurs besoins. Quel sera en ce cas le chiffre des affaires de ces sociétés ? — Il sera évidemment égal au chiffre total de la consommation de la France, et ce chiffre est de 20 millards au moins, égal d'ailleurs, à peu de choses près, au chiffre total de sa production. Eh bien ! du jour où les sociétés coopératives seraient en mesure d'acheter tout le montant de la production annuelle de la France, il est évident qu'elles seraient absolument maîtresses non seulement du commerce, cela va sans dire, mais de toutes les industries productives et qu'elles auraient désormais le choix soit de les acheter, soit de les éliminer, soit tout au moins de les dominer.

Et quels seraient les résultats d'une semblable révolution économique ?

Par là d'abord, l'organisation économique actuelle, dont nous avons signalé les vices, sera totalement changée. Au lieu d'être réglée, comme elle l'est aujourd'hui, en vue du producteur et du profit individuel, elle sera réglée désormais en vue du consommateur et des besoins sociaux. La pyramide qui était posée sur la pointe, ce qui donnait un équilibre instable, sera retournée sans dessus dessous et assise désormais sur sa base, ce qui donnera un équilibre stable. La production, au lieu d'être maîtresse du marché, redeviendra, ce qu'elle n'aurait jamais dû cesser d'être, servante, obéissant docilement aux ordres de la consommation — ou, pour employer un langage plus scientifique, redeviendra une simple *fonction*, trouvant désormais sa raison d'être et sa fin non point en elle-même, mais simplement dans les besoins qu'elle est destinée à satisfaire.

Par là, la production ne travaillant désormais que sur commande et ne fournissant que ce qu'on lui demande, ne produira ni trop, ni trop peu — sauf les erreurs inhérentes à toutes prévisions humaines ; — et par conséquent, on doit arriver à prévenir tout encombrement, surproduction, crises, chômage et ces brusques intermittences du travail qui cassent les bras au travailleur en le faisant passer tour à tour d'une période d'activité fiévreuse à une période d'oisiveté démoralisante.

Par là, cette multiplicité innombrable d'intermédiaires et de petits ou gros fournisseurs, légion parasite, se trouve désormais supprimée, le mécanisme de la production simplifié, les rouages réduits au minimum et l'effet utile porté au maximum.

Par là encore, cette terrible question de la concurrence internationale qui avive les haines des peuples, se trouvera résolue, de la façon la plus simple, par une entente entre les associations coopératives de consommation des différents pays, traitant directement les unes avec les autres pour tous les produits dont elles ont besoin et qu'elles jugent plus avantageux de se procurer au dehors que de produire elles-mêmes. Et pourquoi donc, puisque nous voyons les associations de producteurs s'entendre de pays à pays et devenir internationales en vue de relever les prix des marchandises, pourquoi donc les associations de consommateurs ne deviendraient-elles pas internationales aussi et ne s'entendraient-elles pour les abaisser ?

Par là, enfin, et c'est le point capital, un grand progrès moral se trouvera réalisé. En faisant disparaître à la fois l'antagonisme entre les producteurs et le consommateur et l'antagonisme entre les producteurs entre eux — qui désormais ne font qu'un, puisque les consommateurs produisent pour leur propre compte — on fait disparaître du même coup toutes les conséquences de cet antagonisme, les falsifications de marchandises, les mensonges commerciaux, les réclames aussi coûteuses que grotesques, le marchandage, la spéculation éhontée, la concurrence acharnée, la lutte pour la vie, la guerre au couteau et ce « malheur aux vaincus » qui est devenu aujourd'hui le seul droit économique ! A ce conflit perpétuel qui, dans nos sociétés, met aux prises le vendeur et l'acheteur, le propriétaire et le locataire, le prêteur et l'emprunteur, l'entrepreneur et l'ouvrier — il sera mis forcément un terme du jour où, par l'effet de la coopération élargie, nous, consommateurs, nous serons à nous-mêmes nos propres vendeurs, nos propres banquiers, nos propres entrepreneurs. Les consommateurs réunis en associations ne peuvent pas avoir des intérêts hostiles entr'eux : ils n'ont qu'un seul intérêt, le même pour tous, se procurer la plus grande abondance de biens avec le moins de frais possibles : et cet intérêt n'est autre que celui de la Société dans son ensemble et de l'humanité tout entière. Et c'est par là que la coopération deviendra forcément une école de paix, de solidarité et d'harmonie, non point par la magie de quelque formule sonore, mais par la force même des choses, c'est-à-dire par l'identité désormais établie entre les intérêts particuliers et l'intérêt général.

IV

Mais le résultat le plus considérable et le plus imprévu peut-être, celui en tout cas qui est de nature à intéresser le plus directement la classe ouvrière, c'est que l'idéal qu'elle poursuit, qu'elle formule dans tous les manifestes de ses congrès ouvriers et que les écoles socialistes lui promettent depuis longtemps, sans beaucoup de succès, semble-t-il, — je veux dire la prise de possession de tous les instruments de production, se trouvera indirectement réalisé. Si, en effet, on suppose, comme je viens de le faire, que les sociétés coopératives s'étendant à tout l'ensemble d'un pays et produisant pour leur propre compte tout ce qu'elles consomment, se trouvent devenues propriétaires de tout ou de la plus grande partie de l'outillage commercial, industriel ou agricole du pays, — quels seront donc ses véritables propriétaires, sinon les classes ouvrières qui constituent la grande majorité de la population par tout pays et constituent déjà par le fait la grande majorité des membres des sociétés coopératives? Si invraisemblable que paraisse un tel résultat, il ne doit pas nous surprendre : il est un effet nécessaire de cette transformation sociale à laquelle la coopération doit nous amener et dont je déroule sous vos yeux, par anticipation, les surprenantes conséquences. Aussi longtemps que le régime économique est organisé, comme il l'est aujourd'hui, au profit de la production, c'est le CAPITAL qui fait la loi et l'ouvrier n'est et ne saurait être qu'un instrument d'une importance après tout secondaire : du jour au contraire où on suppose un régime économique organisé en vue de la consommation et pour les consommateurs, c'est le NOMBRE qui fait la loi : or, le peuple, c'est le nombre ! Aussi longtemps que l'ouvrier ne se présente sur le marché que comme salarié et offrant ses bras à l'enchère, c'est précisément le nombre qui fait sa faiblesse puisqu'elle le met à la discrétion de l'entrepreneur; mais du jour où il se présente comme consommateur, c'est le nombre qui fait sa force et lui assure la victoire.

Je sais bien ce qu'on peut répondre. On me dira que si les sociétés coopératives comprennent surtout des ouvriers, elles peuvent cependant aussi compter dans leurs rangs des bourgeois, que même, dans mon hypothèse de sociétés coopératives embrassant tout l'ensemble d'une nation, toute la classe riche ferait nécessairement partie de ces associations et, leur richesse compensant leur petit nombre, ce sont elles qui, en fait, deviendraient propriétaires de la plus grande partie de l'outillage commercial, industriel ou agricole, par conséquent la situation actuelle n'en serait guère modifiée? — Ecartons cette objection, car elle dénoterait une grossière ignorance de la constitution des sociétés coopératives. Il est de règle dans toutes les sociétés coopératives de consommation que chacun, riche ou pauvre, ne peut posséder que le même nombre d'actions, une seule le plus souvent, cinq à dix au plus ; que du reste, quel que soit le nombre des actions possédées par un membre, il n'a qu'une seule voix dans les délibérations, et que par conséquent il n'est pas au pouvoir d'un quelconque des associés, si riche fût-il, d'accaparer le fonds social. Un Rothschild lui-même, si jamais il fait partie d'une société coopérative, — on ne sait pas ce qui peut arriver! — ne pourra être propriétaire que pour la même quote part que ses co-associés. Voilà la différence essentielle entre les sociétés coopératives et les sociétés capitalistes par actions où, rien ne limitant le nombre des actions possédées par une seule personne, il peut très bien arriver que quelques riches capitalistes acquièrent à eux seuls une part de la fortune collective beaucoup plus considérable que celle de milliers de petits actionnaires, et réduisent ceux-ci au rôle de zéros. Le caractère essentiel de la société coopérative, son trait original, révolutionnaire même si vous voulez, c'est que le capital y est, non point supprimé ou méprisé — les coopérateurs sont gens trop pratiques pour s'imaginer qu'on peut se passer du capital où l'obtenir gratis, — mais réduit à son véritable rôle, c'est-à-dire d'instrument au service du travail et payé en tant qu'instrument. Tandis que dans l'ordre de choses actuel, c'est le capital qui, étant propriétaire, touche les bénéfices, et c'est le travail qui est salarié, — dans le régime coopératif, par un renversement de la situation, c'est le travailleur ou le consommateur qui, étant propriétaire, touchera les bénéfices, c'est *le capital qui sera réduit au rôle de simple salarié !*

Sans doute, les associations coopératives étant et devant rester ouvertes à tous, les capitaux et les instruments de production possédés par ces associations n'appartiendront pas exclusivement aux classes ouvrières, mais à tous : néanmoins les classes ouvrières y auront la part de copropriété la plus considérable, proportionnelle à leur nombre et à leur importance sociale : elles ne peuvent rien demander de plus. Au reste les programmes socialistes, même les plus avancés, ne demandent pas davantage ; ils ne disent pas : « Les instruments de production doivent être la propriété des ouvriers, » ils disent : « Les instruments de production doivent appartenir à la collectivité. » Eh bien ! du jour où les instruments de production appartiendraient aux consommateurs, à raison de leur qualité de consommateurs et indépendamment de leur qualité de capitalistes, ce desideratum serait réalisé autant qu'il puisse l'être.

Peut-être trouvera-t-on qu'il le serait presque trop ! Je crois bien, en effet, que le tableau que je viens de vous esquisser ne sera pas du goût de tout le monde et qu'il ne nous vaudra pas beaucoup de compliments. On trouvera que nous aboutissons à une sorte de communisme. Et il est certain que le « coopératisme » — si vous voulez me permettre ce néologisme — poussé à ses dernières limites, aboutit à une organisation sociale qui présente de grandes analogies avec l'idéal collectiviste. Je le reconnais, et je reconnais aussi qu'il présente quelques-uns des mêmes dangers : cependant, ce qui me rassure, c'est que ce n'est pas de l'intervention de l'Etat ni d'un pouvoir coercitif quelconque que nous attendons la réalisation de l'ordre social que je viens de vous décrire, mais seulement des libres initiatives individuelles s'exerçant par la voie d'associations contractuelles et agissant sur le marché conformément au droit commun. Notre système présente donc cet avantage, incomparable à nos yeux, de ne sacrifier rien de la liberté des individus et rien des droits légitimement acquis : si c'est un collectivisme, c'est un collectivisme volontaire, et si, dans ces conditions, il arrive que nous faisons campagne avec les socialistes, eh bien ! nous ne sommes pas de ceux qui en seront effrayés : je n'aurai plus peur même des socialistes les plus révolutionnaires, du jour où ils auront passé par l'école de la coopération !

V

Peut-être quelques-uns d'entre vous auront-ils été surpris que, dans ce programme de la coopération, je n'aie point encore parlé de l'association de production. L'association coopérative de production ne doit-elle pas être considérée comme la forme la plus élevée et le couronnement de l'édifice coopératif ?

Non. J'ai déjà dit que le programme des sociétés coopératives de consommation, c'est la production, et encore la production! mais non point précisément la fondation d'associations coopératives de production. Les deux idées sont assez différentes.

Vous savez que depuis longtemps, en France surtout depuis plus de cinquante ans, on a espéré pouvoir arriver à l'émancipation de la classe ouvrière et à l'abolition du salariat par l'association coopérative de production, c'est-à dire par la formation de groupes d'ouvriers s'entendant pour se passer du patron et pour fabriquer en commun et vendre pour leur propre compte les produits de leur travail. Cela semblait même la voie la plus directe et la plus sûre pour arriver au but. Malheureusement, l'expérience de la France, pas plus que celle des autres pays, n'a justifié ces espérances et elle semble démontrer, au contraire, que l'association de production, en tant qu'association autonome et fonctionnant par ses propres moyens, est impuissante à apporter aucune modification notable dans l'ordre de choses actuel. La plupart de ces associations, malgré des efforts héroïques et qui, bien dirigés, auraient dû suffire à soulever un monde, ont échoué; et, ce qui est un symptôme beaucoup plus grave encore, celles même qui ont réussi ont dû payer leur succès plus cher qu'il ne vaut, en sacrifiant plus ou moins le principe qui est l'âme même de la coopération et qui avait inspiré leurs fondateurs, à savoir l'émancipation progressive de la classe ouvrière. On les a vues, en effet, se transformer en associations de petits patrons faisant travailler sous leurs ordres et pour leur compte un nombre plus ou moins considérable d'ouvriers salariés : leur seul résultat, c'est donc d'avoir facilité à un petit nombre d'ouvriers d'élite le moyen de s'élever au rang de patrons.

Est-ce donc là la bonne nouvelle que nous venons annoncer aux hommes ? Et la noble ambition que nous voulons inspirer aux ouvriers se réduirait-elle à ce triste espoir qu'après avoir longtemps travaillé pour le profit d'autrui, ils pourront avoir un jour la chance de faire travailler à leur tour d'autres hommes pour leur propre profit ! Il faut reconnaître que ce progrès, si c'en est un, ne saurait avoir pour résultat de résoudre la question sociale, mais seulement de la perpétuer ! Et même, si vous voulez le fond de ma pensée — je me trouve justement sur ce point en parfait accord avec les idées que mon illustre collègue, M. le professeur Marshall a exposées dans son discours d'ouverture au dernier Congrès des sociétés coopératives en Angleterre — ce n'est pas sans quelque tristesse que je verrais la classe ouvrière ainsi appauvrie et comme écrémée au profit de la classe bourgeoise, ce qu'elle contient de mieux en fait d'individualités énergiques et fortes se trouvant comme pompé par en haut et ne laissant dans la masse que les éléments les moins susceptibles de développement. Ce que je voudrais, au contraire, c'est voir cette élite rester dans la masse et servir comme un levain à faire lever toute la pâte. Non, non ! l'idéal trop souvent poursuivi par les philantropes qui cherchent à faire sortir des rangs quelques ouvriers pour les transformer en petits bourgeois, petits capitalistes, petits rentiers, ne saurait être l'idéal du coopérateur. Nous nous faisons une plus haute idée de la condition et de la dignité du travail manuel ; ce que nous voulons, c'est d'élever l'ouvrier *en tant qu'ouvrier*, de telle sorte qu'il puisse s'estimer assez honoré et assez fier de sa condition pour ne pas chercher à en sortir et pour n'envier celle de personne !

C'est là mon premier grief contre l'association de production, en tant qu'association indépendante et autonome. J'en ai un second. Proudhon a défini l'association « un groupe dont on peut dire toujours que les membres n'étant associés que pour eux-mêmes sont associés contre tout le monde. » Cette définition s'applique en effet à toute association, *hormis à l'association de eonsommation*, précisément parce que celle ci représente les intérêts de tout le monde. Il est vrai que toute association de producteurs, c'est à-dire toute association d'individus exerçant le même métier et ayant par conséquent les mêmes intérêts professionnels, qu'elle s'appelle corporation professionnelle, chambre syndicale ou association coopérative de production, a nécessairement une tendance à l'égoïsme, j'entends par là à faire prédominer ses intérêts particuliers sur l'intérêt général. L'égoïsme corporatif, il ne faut pas se faire d'illusion à cet égard, est encore plus développé et plus tenace que l'égoïsme individualiste. Non seulement ces associations coopératives de production seront en état de guerre contre le consommateur ; mais elle seront en état de guerre entr'elles, comme le sont aujourd'hui les fabricants, et feront revivre ainsi l'état d'anarchie industrielle que nous nous appliquons justement à faire disparaître. Si donc il devait arriver un jour que les associations coopératives de production dûssent se développer et embrasser tout ou partie considérable du domaine de la production, j'avoue que je ne serais pas sans inquiétude — les mêmes inquiétudes, du reste, que celles que j'exprimais en commençant au sujet des associations de producteurs capitalistes. Je craindrais que ces associations, une fois puissantes et maîtresses du marché, ne cherchâssent à relever les prix et ne prîssent peu à peu des allures de monopoles, hostiles par conséquent à l'intérêt du public. Et voilà pourquoi je préfère de beaucoup voir la propriété des instruments de production et de l'outillage économique du pays passer entre les mains des associations de consommation. J'estime que les instruments de production doivent appartenir non pas tant à ceux qui sont appelés à les manier qu'à ceux qui sont appelés à en profiter, car c'est pour ceux-ci, en somme, qu'ils ont été faits.

Ce n'est point à dire que nous devions nous abstenir d'aider les associations ouvrières qui pourraient se fonder et qui voudraient vivre autonomes. Au contraire, nous devons leur fournir tout à la fois des capitaux et des débouchés, nous inscrire comme leurs premiers commanditaires et leurs premiers clients — car ce ne sera guère que par ce double appui que celles-là même pourront vivre — mais ce sera surtout par leurs propres moyens, par la création de fabriques et de fermes leur appartenant, que les sociétés de consommation devront aborder la production. Et qu'importe après tout aux ouvriers, que leur importe de faire la conquête de l'industrie en tant qu'ouvriers producteurs ou en tant qu'ouvriers consommateurs ? Si les deux voies sont différentes, le point d'arrivée est le même. Et pourquoi s'obstiner à suivre la voie dangereuse et où l'on ne compte plus les naufrages, alors qu'une voie plus sûre s'ouvre devant eux ? Aussi longtemps qu'au xve siècle les navigateurs cherchèrent du côté du soleil levant le pays mystérieux des mines d'or, les écueils du Cap des Tempêtes ou les solitudes de l'Océan Pacifique leur barrèrent la route, mais un jour vint où Christophe Colomb eut l'idée de chercher sa route du côté du soleil couchant et marchant en sens inverse de ses prédécesseurs, il arriva avant eux aux rivages du Nouveau-Monde ! Faisons comme lui, changeons nos amures et mettant le cap sur la direction opposée, nous découvrirons plus sûrement et plus vite notre Amérique !

VI

Tel est donc — du moins pour moi et pour un certain groupe de coopérateurs amis qui constituent notre petite école de Nimes — tel est le véritable but de la coopération. Permettez moi de le résumer une dernière fois en ces termes : — elle doit servir à modifier pacifiquement, mais radicalement le régime économique actuel, en faisant passer la possession des instruments de production, et avec elle la suprématie économique, des mains des producteurs qui les détiennent aujourd'hui entre les mains des consommateurs. — Et comme moyens pratiques d'organisation : une fédération de sociétés aussi nombreuses que possible, l'accumulation des bonis dans un fonds de réserve aussi gros que possible, la création de magasins de gros fabriquant autant que possible tout ce qu'ils vendent. D'ailleurs ces moyens ne sont autres que ceux déjà employés en Angleterre.

Il va sans dire que ceux qui, comme nous, se font cette idée de la coopération, ne sauraient approuver qu'on la détourne de ce but pour éparpiller ses forces dans d'autres directions, par exemple pour employer ses ressources à la constitution de caisses de retraite ou d'assurances qui auraient pour résultat de transformer la coopération en institution de prévoyance. C'est une bonne chose que la retraite, mais chaque chose doit venir en son temps, et ce sera seulement quand la coopération aura organisé la production qu'elle pourra prélever sur les profits de cette production de quoi assurer une retraite aux ouvriers qu'elle emploie. La constitution de ces pensions de retraite est très facile quand cette pension est prélevée sur les bénéfices de l'industrie — voyez la maison Leclaire qui sert à ses membres des pensions qu'elle prélève sur ses bénéfices et qui peuvent s'élever jusqu'à 1.200 fr. par an ! — mais elle exige au contraire des capitaux énormes quand il faut constituer d'abord un fonds et une caisse spéciale. — De plus cette destination ne saurait en aucun cas être assignée comme un but général pour tous les coopérateurs, attendu qu'il ne saurait convenir à nombre d'entre eux, soit pour des raisons personnelles, soit parce que l'industrie dans laquelle ils sont employés leur assure déjà des retraites, par exemple les employés de chemins de fer, très nombreux dans nos sociétés. Dans certains pays même, par exemple en Allemagne, l'Etat s'est mis à assurer lui-même des retraites aux travailleurs. — Enfin, je dois faire remarquer encore que la préoccupation de s'assurer du pain pour ses vieux jours, très légitime assurément, doit être considérée cependant comme une fin individualiste et même — en prenant ce mot dans son sens purement étymologique et sans y attacher aucune pensée de blâme — une fin égoïste. On travaille ici uniquement pour soi — pas même pour ses enfants, s'il s'agit d'une pension viagère : — or, le but de la coopération, c'est de travailler pour soi sans doute, mais aussi pour les autres. J'estime donc que c'est rabaisser le rôle de la coopération que de la faire servir à des fins individualistes et que son véritable rôle est de servir à des fins collectives. Ce que la coopération doit poursuivre, ce n'est pas une œuvre de protection individuelle, mais de relèvement social.

En somme, il faut savoir ce qu'on veut. Si l'on pense que l'ordre économique actuel est bon, ou, en tout cas, le meilleur possible, étant donnée la nature humaine, et qu'il n'y a rien autre chose à faire que de tâcher de s'en accommoder de son mieux, en mettant seulement un peu de ouate sur les aspérités pour ceux qui se sentent décidément les os trop meurtris — eh bien ! alors, on ne cherchera dans la coopération qu'un moyen d'améliorer la condition des plus déshérités : on s'en servira pour capitonner un peu leur existence. — Si l'on estime, au contraire, que l'ordre de choses actuel n'est pas suffisamment conforme à la justice, ni même à la raison, si on ne se résigne pas à l'accepter comme définitif ; eh bien ! dans ce cas, on cherchera dans la coopération un mode nouveau d'organisation sociale, embrassant tous les phénomènes de la vie économique, et devant nous fournir un moyen de faire participer un plus grand nombre d'hommes aux bienfaits matériels et moraux de cette civilisation dont on étale ici sous vos yeux les merveilles. Il est vraiment impossible de supposer que des êtres raisonnables, vivant en société, n'arriveront pas à résoudre le problème social qui consiste à concilier la justice avec la liberté : — et il m'est impossible d'imaginer par quel autre moyen ils pourront y arriver, sinon par des associations libres, s'organisant elles-mêmes en vue du résultat à atteindre, proclamant et mettant en pratique, dans leur constitution intérieure, le droit social nouveau et se multipliant par la contagion de l'exemple : — c'est-à-dire, quel que soit le nom ou la forme qu'on leur donne, par des associations coopératives. Sans doute, nous ne savons pas ce que sera l'avenir. Nous n'y voyons guère clair. Nous sommes comme errants dans une impasse obscure où nous cherchons vainement une issue : nous nous heurtons à une porte sur laquelle il y a écrit : Coopération, et à travers laquelle nous voyons filtrer un rayon de lumière et d'espérance. Voici longtemps déjà que nous la poussons de nos épaules et de nos têtes cette porte : elle finira bien par s'ouvrir toute grande. Vainement les représentants de la science classique nous regardent avec ironie nous escrimer, et nous raillent en disant : Ils ne passeront pas ! Nous passerons, en vérité, et par quelle autre porte voulez-vous donc que nous passions ?.... Est-ce par celle sur laquelle je vois écrit : Révolution ?

Nous l'avons eue déjà notre Révolution, celle dont nous commémorons cette année le centenaire. Nous nous garderons bien de la renier et d'en proclamer la banqueroute, comme il est de mode de le faire aujourd'hui dans certaines écoles, mais nous nous garderons aussi de la recommencer : il nous suffit de la continuer. Elle a réalisé la démocratie dans l'organisation politique : il reste à réaliser la démocratie dans l'organisation industrielle. Or, la coopération telle que nous l'avons décrite, c'est bien cela, puisque c'est la conquête de l'industrie par les classes populaires. En travaillant donc aujourd'hui à étendre la coopération, nous restons fidèles aux traditions de nos pères et nous célébrons leur mémoire de la seule façon qui soit digne d'eux et de nous, c'est-à-dire en nous inspirant de leur esprit et en faisant pour nos fils ce qu'ils ont fait pour nous. Et quand reviendra le second centenaire de Quatre-vingt-neuf, — qu'aucun de nous ne verra, mais que nos sociétés toujours vivantes et innombrables alors, fêteront comme aujourd'hui — peut-être alors nos petits fils pourront-ils voir le couronnement de l'édifice et saluer l'avènement de ce que j'appellerai la RÉPUBLIQUE COOPÉRATIVE. Heureux ceux qui la verront, mais heureux aussi ceux qui y auront cru sans l'avoir vue et qui, en vrais coopérateurs, pourront se rendre ce témoignage qu'ils ont préparé l'avenir et travaillé pour autrui ! (1)

---

(1) Le programme exposé dans cette conférence donna occasion à de nombreuses critiques dont les plus importantes furent développées par M. Paul Leroy-Beaulieu dans des articles sur la *Coopération* publiés dans la *Revue des Deux-Mondes* et reproduits plus tard dans son grand *Traité d'Economie politique*. Tome II, ch. 18.

LE MOUVEMENT COOPÉRATIF EN FRANCE

§ I. *Historique et état actuel des sociétés coopératives.*

Le mouvement coopératif en France, quand on le suit depuis ses origines, présente tous les traits distincts de notre caractère national : d'impétueux élans, suivis de longues périodes de piétinement ou même de recul qui font perdre tout le terrain conquis, des actes de foi héroïques auxquels succèdent le découragement et les railleries, le parti ouvrier brûlant ce qu'il avait adoré, et somme toute, après un demi-siècle de travaux et de peines, moins de résultats obtenus dans notre pays qu'en Angleterre, en Allemagne, en Belgique, en Italie.

Trois fois déjà on a vu une brusque poussée des idées coopératives en France ; trois fois elle a avorté, après avoir produit quelques fruits éphémères et qui n'ont pas eu le temps de mûrir.

La première, la plus forte et la plus connue, a été celle qui coïncide avec la Révolution de 1848. Elle s'est manifestée uniquement sous la forme de sociétés de production. Sur plus de 200 fondées à cette époque, à peine si une douzaine subsistaient trois ans après.

La seconde se manifesta vers 1863, non plus sous l'influence des idées révolutionnaires, mais sous le patronage bienveillant de Napoléon III qui avait conservé, comme on le sait, de sa longue carrière de conspirateur, certaines velléités socialistes. Ce mouvement coopératif fut plus étendu que le pré-

(1) Publié par la *Revue d'Economie politique* de janvier 1893.

cédent : il partit non seulement de Paris, mais de la province ; il embrassa non seulement la production, mais la consommation et le crédit, mais il manquait de souffle et s'arrêta bientôt. Cependant il laissa après lui quelques Sociétés de consommation très viables et dont quelques-unes (la Société du XVIIIe arrondissement de Paris, la « Revendication de Puteaux, » etc.), sont encore aujourd'hui très prospères.

La troisième se produisit en 1876 et 1877, lors de la réunion des premiers Congrès ouvriers de Paris et de Lyon. Le parti socialiste français, amputé, par la sanglante répression de la Commune, de tous ses éléments révolutionnaires et internationaux, n'était dirigé que par des hommes modérés et revenait aux traditions pacifiques et « associationistes » des vieux chefs d'école d'avant 1848 : il se montrait de nouveau coopératiste et mutuelliste. « A l'unanimité, citoyens, votre commission s'est prononcée en faveur de l'association coopérative comme moyen radical d'affranchissement du travail et de suppression du paupérisme. » (Rapport de la sixième commission au Congrès de Paris). Au Congrès ouvrier de Lyon de 1878, même affirmation : « Considérant que le salariat n'est qu'un état transitoire entre le servage et un état inommé, les chambres syndicales *devront mettre tout en œuvre* pour l'établissement des Sociétés générales de consommation, de crédit et de production. » Mais ce programme resta à l'état de pure déclaration de principes et n'eut pas le temps de se réaliser dans des faits. En effet, le parti collectiviste, qui s'était reconstitué sous la direction d'un chef jeune et ardent, M. Jules Guesde, ressaisit la majorité au Congrès de Marseille en 1879, et faisant écarter la solution coopératiste par ce considérant dédaigneux : « que les Sociétés de production ou de consommation ne pouvant améliorer le sort que d'un petit nombre de privilégiés, ne peuvent aucunement être considérées comme des moyens assez puissants pour arriver à l'émancipation du prolétariat » — fit adopter, par 73 voix contre 27, la solution collectiviste, c'est-à-dire l'appropriation collective du sol. Il est vrai que la minorité coopératiste ne se tint pas pour battue et essaya d'organiser de son côté d'autres Congrès ; mais sans chef et sans programme suffisamment défini, elle ne tarda pas à se dissoudre.

L'histoire des trois périodes que nous venons de rappeler en quelques mots est suffisamment connue (1) : nous n'avons pas l'intention d'y revenir. Mais depuis 1885 le mouvement coopératif a commencé à entrer dans une quatrième phase qui paraît devoir être plus féconde et plus durable que les précédentes : son histoire n'a pas encore été écrite et c'est elle qui va faire l'objet de cette étude.

***

Cette fois, c'est de la province, chose rare en France! que l'impulsion est venue.

La ville de Nimes compte une population ouvrière considérable mais qui, depuis quelques années, traverse une période difficile ; la fabrication des tapis, des lacets, des tonneaux, qui sont ses principales industries, avait été plus ou moins atteinte par suite de diverses causes dont nous n'avons pas à nous occuper ici. Les ouvriers avaient, depuis longtemps, l'habitude de se grouper en *chambrées*, c'est-à-dire en petits cercles d'une vingtaine de membres, où on lisait les journaux et on discutait

---

(1) Voyez notamment : *Les associations coopératives en France et à l'étranger*, par Hubert Valleroux, et surtout le livre si documenté de Ugo Rabbeno, *Le società cooperative di produzione.*

politique ; l'esprit d'association était donc entretenu dans une certaine mesure. L'une d'elles, la *Solidarité*, comptait parmi ses membres un homme d'un caractère fort original et dont l'influence, bien que souvent occulte, a été grande dans les évènements que nous avons à raconter, Auguste Fabre. C'est un bourgeois qui s'était fait ouvrier, métamorphose assurément peu commune. Lecteur assidu de Fourier, il avait abandonné une filature de soie qu'il dirigeait comme patron, pour aller passer un an au Familistère de Guise et était revenu s'établir à Nimes comme mécanicien. Dans les soirées de la chambrée, le samedi soir en particulier, il racontait à ses camarades les résultats obtenus par M. Godin. Esprit froid et pratique d'ailleurs, il ne les enchantait point d'espoirs chimériques et il organisa avec eux (en 1878) une Société coopérative de consommation qui prit le nom de la chambrée, la *Solidarité*.

Dans cette même ville, par une heureuse rencontre, se trouvait une autre personne dont le nom restera attaché à ce chapitre de notre histoire coopérative, M. de Boyve. Né d'une mère anglaise, familier avec la langue et les habitudes d'esprit de ce pays, dans une situation très indépendante qui lui permettait de consacrer tout son temps à des œuvres philanthropiques ou charitables, il avait fondé, de son côté, avec un dévoué ouvrier maçon Besson, en 1883, une nouvelle Société coopérative, l'*Abeille*, et aussitôt après tous les deux organisèrent une *Société d'économie populaire ;* cette institution, qui aura bientôt près de dix ans d'existence, (1)

(1) Cette Société a disparu volontairement en 1899 pour faire place à une Université populaire créée dans la Bourse du Travail de Nimes. En fait, la *Société d'Economie populaire* de Nimes, quoiqu'elle n'en ait pas porté le nom, a été la première Université populaire fondée en France.*(Note ajoutée)*.

qui convoque à des discussions familières des personnes appartenant à toutes les classes de la société et compte parmi ses membres les plus assidus des banquiers et des balayeurs de rue (ce n'est pas une figure de rhétorique, nous les y avons vus), est une des œuvres les plus bienfaisantes qu'il nous ait été donné de rencontrer; il n'en est point dont la multiplication fut plus souhaitable. (1)

C'est ainsi que vers 1883, Nimes était devenu un petit foyer coopératif. M. de Boyve, encouragé par les bons résultats dus à l'union des trois associations nimoises, conçut le projet d'étendre les bienfaits de cette union à toutes les Sociétés coopératives de France en les réunissant dans une Fédération. Déjà à Paris, depuis 1883, il existait un Syndicat des Sociétés coopératives pour l'achat en gros. Néanmoins ce projet, évidemment suggéré par l'exemple des Sociétés coopératives anglaises, paraissait d'autant plus chimérique qu'à vrai dire on ignorait complètement combien il pouvait y avoir de Sociétés coopératives en France et où elles se trouvaient. Il y en avait en réalité, comme l'expérience l'a prouvé plus tard, un nombre assez respectable, mais elles vivaient incognito. La première chose à faire était donc de les forcer à se montrer.

A cet effet, un appel leur fut adressé par les journaux, les invitant à se réunir à Paris le 26 juillet 1885. La réunion eut lieu en effet, au jour dit, à la Mairie du IVe arrondissement : 85 associations s'y trouvaient représentées, parmi lesquelles on remarquait le Familistère de Guise et toutes les sociétés socialistes de Paris : les Sociétés anglaises y figuraient dans la personne de leurs deux plus illustres vétérans, Vansittart-Neale et Holyoake. M. de Boyve

(1) Voyez, pour plus de détails, *Histoire de la Coopération à Nimes*, par de Boyve, chez Guillaumin.

en fut naturellement nommé président. Les discussions y furent très orageuses. Le projet de Fédération fut voté, avec deux Chambres électives, l'une dite *consultative* destinée à devenir le Conseil de gouvernement, l'autre dite *économique* destinée à devenir centre d'achat pour les sociétés fédérées. (Ces deux qualifications assez inintelligibles ont été remplacées depuis avec avantage par les noms de *Comité central* et de *Magasin de gros).* (1)

Il fut décidé aussi qu'un Congrès se tiendrait tous les ans, comme en Angleterre, et que, comme en Angleterre aussi, il s'ouvrirait par un grand discours sur les avantages ou le but de la coopération Voici les dates de ces Congrès avec les noms des orateurs qui ont été chargés de prononcer les discours d'ouverture. En 1886, à Lyon, M. Gide ; en 1887, à Tours, M. Frédéric Passy ; en 1889, à Paris, M. Gide ; en 1890, à Marseille, M. Siegfried, actuellement ministre du commerce ; en 1891, à Paris, M. Cernesson, professeur. Les comptes-rendus (2) de chacun de ces Congrès ont été publiés séparément : quelques-uns sont devenus assez rares. Il est inutile de donner ici la liste des questions qui y ont été discutées ; à peu près toutes les questions qui touchent à la coopération y figurent et il faut rendre aux coopérateurs français ce témoignage que, contrairement aux usages de beaucoup de Congrès ouvriers, on n'y a guère admis que des questions ayant un intérêt pratique. Tous ces Congrès, mais surtout celui de 1889, convoqué à l'occasion de l'Exposition Universelle, ont eu un caractère international : l'Angleterre a été représentée à tous et l'influence de M. Vansittart-Neale, qui n'en

---

(1) Ce *Magasin de Gros* a disparu quelques années après que cet article avait été écrit.

(2) En 1893, à Grenoble, M. Doumer, député ; en 1894, à Lyon, M. Desmons, sénateur ; en 1898, à Paris, au Musée Social, M. Clavel.

a pas manqué un seul et dont nous déplorons la perte récente, s'est exercée en mainte occasion dans un sens très utile. L'Italie était représentée au Congrès de Lyon par Francesco Vigano et M. Rabbeno, et au Congrès de Paris, par MM. Wollemborg et Rabbeno ; la Belgique, au Congrès de Paris, par César de Paepe et de nombreux délégués ; la Suisse, au Congrès de Lyon, par M. Edmond Pictet, et l'Espagne, au Congrès de Marseille, par deux délégués de la *Bienhechora,* près de Barcelone. On avait même constitué un Comité international chargé de publier un journal coopératif en quatre langues : français, anglais, allemand, italien, mais ce projet n'a pu aboutir.

La coopération a trois publications périodiques : *La Fédération nationale*, organe officiel du Comité central et du Magasin de gros, qui donne surtout les comptes rendus des séances du Comité et le cours des marchandises, avec quelques documents législatifs ; l'*Emancipation* (mensuelle), fondée à Nimes, en 1886, par M. de Boyve et qui traite non seulement de coopération, mais de toutes questions sociales ; *Les Coopérateurs français* (hebdomadaire), fondé, en 1885, par M. Fougerousse, et qui s'occupe surtout de directions pratiques à donner aux sociétés coopératives. Ces deux derniers journaux représentent des tendances non seulement différentes, mais, comme nous le verrons tout à l'heure, hostiles. (1) Ajoutez le *Bulletin de la participation aux bénéfices,* revue trimestrielle publiée par M. Ch. Robert depuis 1879.

Des conférences de propagande ont été organisées dans différentes villes et ont eu pour conséquence la création de quelques sociétés nouvelles ;

(1) Ce dernier journal a disparu depuis que cet article a été écrit. Ce premier porte aujourd'hui le nom de *Bulletin de l'Union coopérative* et a pour rédacteur en chef M. Cernesson, professeur à Sens.

quelques brochures ont été publiées aussi, en petit nombre toutefois, étant données les modiques ressources du Comité central : une notamment, intitulée *Guide pour l'organisation et l'administration des Sociétés coopératives de consommation*, par son président, M. Clavel, un des doyens de la coopération française, et tout récemment un *Almanach de la Coopération française.*

Le mécanisme semble donc assez bien monté et fonctionne d'une façon satisfaisante. Néanmoins, ceux-là même qui le font marcher ne se font pas beaucoup d'illusions sur les résultats obtenus : ils sont encore assez maigres et, ce qui est pire, ils paraissent stationnaires. Il est vrai que le nombre des sociétés adhérentes à la Fédération est le triple aujourd'hui de ce qu'il était lors du premier Congrès, il y a sept ans ; il dépasse 150. Cependant nous allons voir qu'il existe plus de 1.000 Sociétés coopératives en France. Le principal but visé, à savoir l'organisation générale de la coopération, n'a donc été atteint que dans une bien faible mesure. Celles-là même qui ont adhéré ne font preuve que d'un esprit de solidarité assez mince : la cotisation de 10 centimes par membre et par an, qu'on leur demandait pour assurer le bon fonctionnement de la Fédération, a dû être réduite à 5 centimes et, même à ce taux dérisoire, elle est assez irrégulièrement payée.

Le chiffre des ventes du Magasin de gros a été de 1.190.000 francs pour le premier semestre 1892, ce qui suppose pour l'année entière un chiffre d'affaires d'environ 2.400.000 francs. C'est bien peu à côté des 160 millions du Magasin de gros d'Angleterre ou même des 70 millions de celui d'Ecosse : il est vrai qu'en 1890 le chiffre d'affaires n'était que de 1.720.000 francs et en 1891 de 2.136.000 francs : il y a donc un progrès, mais lent.

Voici les renseignements statistiques qui ont été recueillis à l'occasion de la publication de l'Almanach de 1893 et qui, bien que tout à fait embryonnaires, sont tout ce que nous possédons.

Sociétés coopératives de consommation : 942. (1) Elles se trouvent réparties sur tous les points de la France, sauf dans 6 départements (Côtes-du-Nord, Finistère, Orne, Tarn-et-Garonne, Lozère, Corse) (2). Les centres les plus importants sont :

1° Le groupe des Charentes, 126 sociétés, toutes (sauf 3 ou 4) des boulangeries, créées à l'imitation de la célèbre boulangerie de la Flotte (île de Ré) qui date de 1864, qui vend pour plus de 500.000 fr. de pain par an et fait économiser en moyenne à chacun de ses adhérents 80 francs par famille. Cela prouve qu'en fait de propagande coopérative rien ne vaut l'exemple ; (3)

2° Celui du Rhône (Lyon), Saône-et-Loire (Mâcon) et Loire (Saint-Etienne). Ces trois départements limitrophes ne comptent pas moins de 174 sociétés coopératives (4) dues probablement à l'exemple de Lyon. Cette grande cité a toujours été un des centres importants des associations ouvrières ;

3° Celui de la Seine (Paris), 84 sociétés, (5) ce qui est peu, étant donné le chiffre de la population, mais ce qui est beaucoup si l'on tient compte de ce fait que les capitales ne sont pas des milieux favorables au développement de la prévoyance : Londres même a été appelé un « désert coopératif » ;

4° Celui du Nord (Nord, Pas de Calais, Aisne,

---

(1) En 1899, le nombre était de 1418 (dont 612 boulangeries).

(2) En 1899 il ne reste plus que trois départements sur les six (Côtes-du-Nord, Lozère et Corse), qui ne comptent pas de coopérative.

(3) En 1899 ce groupe des Charentes et Vendée compte plus de 200 sociétés, presque toutes boulangeries.

(4) En 1899 ce groupe en compte 244.

(5) En 1899 le chiffre est de 120.

Ardennes), 99 sociétés, grand centre industriel et minier. (1)

Nous n'avons aucune statistique d'ensemble sur le nombre des adhérents et le chiffre des affaires de ces sociétés, sinon quelques chiffres relatifs aux principales d'entr'elles. (2)

La plupart des Sociétés françaises appartiennent à ce qu'on appelle le type de Rochdale qui, comme on le sait, a pour traits essentiels : 1° la vente au prix du détail, de façon à laisser des bénéfices ; 2° la répartition du boni entre les consommateurs au prorata des achats (les actions ne touchant qu'un simple intérêt, ordinairement de 4 p. °/o) ; 3° la vente au comptant. Toutefois un certain nombre de sociétés, surtout les boulangeries (notamment celles des Charentes), préfèrent vendre au prix de revient;

---

(1) En 1899 le chiffre est de 234.

(2) Un premier essai de statistique a été fait en 1888. Il portait sur 317 sociétés : il avait donné, comme moyenne, 540 membres et 230.000 fr. de vente par société.

Une statistique générale a été faite en 1894. Il y avait à cette date un peu plus de 1000 sociétés sur lesquelles 400 environ ont répondu au questionnaire envoyé par le *Comité Central de l'Union coopérative*. Nous avons dressé et publié les résultats généraux de cette enquête dans la *Revue d'Economie politique* de septembre 1894 et dans l'*Almanach de la Coopération française* pour 1895.

En voici le sommaire :

Nombre des membres (y compris les *adhérents*) : 220.000 soit en moyenne 552 par société.

Chiffre des ventes : 4 millions de francs, soit en moyenne 242.000 fr. par société et 411 fr. par tête.

Capital : 11 millions de fr., soit en moyenne 31.000 fr. par société.

Le chiffre des bonis a été impossible à évaluer, beaucoup de sociétés vendant au prix de revient.

Une nouvelle enquête faite en 1898, mais à laquelle une centaine de sociétés seulement ont répondu, a confirmé à peu près les moyennes ci dessus — pourtant un peu inférieures parce que plusieurs grosses sociétés s'étaient abstenues de répondre.

Il importe de remarquer en effet que les sociétés qui ont répondu à ces enquêtes étant les plus prospères, il serait imprudent de généraliser ces moyennes pour toutes les sociétés de consommation françaises. *(Note ajoutée.)*

en ce cas il n'y a pas de bénéfices à partager entre les associés, et le seul avantage que lenr procure la Société est une économie sur la dépense, ou plutôt la possibilité de consommer un peu plus sans dépenser davantage. Là où le salaire des ouvriers est à peine suffisant pour leur procurer le nécessaire, cette façon de faire devient une nécessité. Quelques sociétés aussi s'écartent de la règle en vendant à crédit. D'autres, mieux inspirées, tout en maintenant strictement la règle de la vente au comptant, créent à côté d'elles une caisse de prêts destinée à faire l'avance des fonds aux sociétaires trop pauvres pour payer argent en poche.

Un grand nombre de ces sociétés admettent leurs employés à une certaine participation aux bénéfices.

Nous n'avons relevé sur la liste que 17 boucheries — dont une précisément à Nimes, assez prospère après beaucoup de revers (on sait combien cette forme de coopération est malaisée). (1)

Sociétés de production. Elles sont au nombre de 81, (2) dont 40 à Paris, les autres dispersées sur tous les points de la France sans qu'on puisse remarquer rien de particulier dans leur distribution. Les industries sont aussi très variées et échappent à toute classification méthodique ; on remarque toutefois 3 associations coopératives de mineurs pour exploiter des houillères, ce qui est assez remarquable.

Si les sociétés de consommation et de production sont en nombre assez respectable, en revanche les sociétés de *crédit* et de *construction* sont en nombre

---

(1) Pas davantage, peut-être moins aujourd'hui.

(2) Au nombre de 246 au 1er juillet 1899 — plus que dans tout autre pays.

infime : 18 des premières (dont quelques-unes n'ont absolument que l'étiquette) et 3 des secondes. (1)

La France retrouve une place plus honorable avec la *participation aux bénéfices*. Le nombre des établissements qui ont adopté ce système est de 115 (dont 60 à Paris). (2)

§ 2. *Législation sur les Sociétés coopératives*

L'histoire et le tableau du mouvement coopératif ne seraient pas complets si nous n'y ajoutions quelques renseignements sur les modifications de la législation sur cette matière.

Jusqu'en 1867, les Sociétés coopératives n'avaient guère d'autre ressource que de se constituer en *Sociétés civiles*, conformément aux prescriptions du Code civil, et c'était bien du reste la forme adéquate à leur véritable caractère, du moins pour les associations de consommaton, parce que celles-ci n'ont point pour but de faire le commerce. Mais cette forme est fort incommode pour diverses raisons, notamment parce que la société civile n'a pas une personnalité distincte de la personne des associés, et qu'elle est dissoute par la mort de l'un d'eux ; que chaque associé est responsable sur ses biens personnels de tous les engagements de la société, etc. Pour échapper à ces difficultés, il aurait fallu

---

(1) En 1899 les sociétés de crédit urbain ou *banques populaires* s'élèvent à une trentaine et les caisses de crédit agricole ou *caisses rurales* à quelques centaines.

Les sociétés de construction n'ont guère fait de progrès, quoiqu'une loi spéciale ait été votée pour les encourager. (19 en 1899).

Il y a bien en France certains sociétés pour la construction de maison ouvrières et même une *Société pour la construction de maisons à bon marché* (qui a pour but non de construire elle-même, mais de fournir les renseignements nécessaires aux entreprises qui se constitueront à cet effet) — mais ce ne sont pas des Sociétés coopératives.

(2) En 1899 le nombre n'a presque pas augmenté — 120.

prendre la forme des sociétés commerciales, c'est-à-dire la *Société par actions* ; cela sans doute ne leur était pas défendu, mais elles tombaient de Charybde en Scylla, car alors il fallait émettre des actions de 500 fr., dont un quart payable immédiatement, payer des frais de publicité considérables, etc., toutes opérations absolument inaccessibles à de petites bourses.

La loi de 1867 sur les Sociétés, qui nous régit encore, a constitué un progrès notable en créant pour les Sociétés coopératives une forme nouvelle sous le nom de « Sociétés à capital variable ». Le législateur a préféré ce nom, non pas par peur du mot d'association coopérative, comme on l'a dit bien à tort, mais par scrupule de juriste et parce que l'expression d' « association coopérative » lui a paru un pléonasme. Les Sociétés à capital variable, ou coopératives, pour employer le terme courant, acquirent désormais la faculté d'émettre des actions de 50 fr. seulement, dont 1/10 payable comptant, soit 5 fr. (de 125 fr. chiffre ancien à 5 fr. la différence est notable) et d'avoir une personnalité juridique. Cette faveur, du reste, n'était accordée qu'aux sociétés dont le capital était inférieur à 200.000 francs.

C'est sous ce régime de la loi de 1867 que se sont constituées la plupart des Sociétés coopératives (consommation ou production) existant à ce jour.

En dehors du privilège relatif au montant de leurs actions, résultant de la loi elle-même, les Sociétés de consommation en avaient conquis deux autres que la jurisprudence, non la loi, avait fini par leur reconnaître après d'interminables contestations et de nombreux procès soutenus contre le fisc. Le premier, c'était d'être affranchies de l'impôt de la *patente* auquel sont assujettis tous les commercants en France ; le second, c'était d'être affranchies de l'impôt 4 p. °/₀ sur le *revenu*, sorte d'*income tax* auquel sont soumises chez nous toutes les sociétés. Les motifs qu'elles avaient fait valoir en faveur de la première exemption, c'est qu'elles ne faisaient point le commerce, elles ne jouaient point le rôle d'intermédiaires, puisqu'au contraire elles avaient pour but de supprimer tout intermédiaire en achetant directement au producteur et en partageant les marchandises achetées entre leurs membres. Bien entendu, cette exemption impliquait que la Société ne vendait qu'à ses propres membres et jamais à des étrangers (1). En faveur de la seconde exemption, elles alléguaient que les dividendes distribués à leurs membres ne constituaient point de véritables bénéfices, mais de simples remboursements de ce qu'ils avaient payé en trop, une *ristourne*, comme on dit.

Les associations de production avaient, de leur côté, conquis certains privilèges, notamment d'être préférées à leurs concurrents, à égalité de prix, dans les adjudications de travaux publics faits par l'État, d'être dispensées de fournir un cautionnement préalable et d'avoir le droit de réclamer des à-comptes tous les quinze jours.

Néanmoins, et malgré ces privilèges, la constitution légale des Sociétés coopératives était encore difficile et le besoin d'une nouvelle législation se faisait vivement sentir.

Les principaux griefs des Sociétés coopératives étaient les suivantes :

1° Formalités trop onéreuses pour la constitution de la Société. Bien que la loi de 1867 n'exige pas positivement la rédaction d'un acte notarié et

---

(1) D'où il résulte que la dispense ne s'appliquait pas à l'intérêt payé au capital-action, qu'il ne faut pas confondre avec le boni distribué aux consommateurs.

et qu'elle se contente d'un acte sous seing privé en double original (1), les formalités sont telles qu'il est presque impossible, et qu'en tout cas il serait fort imprudent, de se passer du ministère du notaire. D'ailleurs, quand les Sociétés de production veulent traiter avec une administration publique, celle-ci exige toujours la production d'un acte notarié (2). De là des frais qui varient de 4 à 700 fr. ;

2° Le chiffre trop élevé de l'action. Bien qu'il ait été abaissé de 500 à 50 fr., c'est encore trop pour l'épargne d'un ouvrier.

3° En sens inverse, les associations de production se plaignaient du chiffre trop réduit imposé au capital social, 200.000 fr. Ce maximum devait rendre absolument inaccessible à l'association coopérative la grande production ; (3)

4° L'emploi abusif du titre de coopératif par certaines entreprises purement commerciales, désireuses de profiter des exemptions que ce titre conférait.

A la suite de ces diverses réclamations, exprimées particulièrement dans l'enquête qui a eu lieu en 1883, un projet de loi spécial aux sociétés coopératives fut déposé le 30 mai 1888. Depuis lors, partageant la malheureuse fortune de tous les projets de loi qui n'ont qu'un caractère purement économique — c'est-à-dire toujours rayé de l'ordre du jour et ajourné pour laisser place à quelque interpellation destinée à mettre un ministère sur la sellette — il fait péniblement la navette entre la Chambre des

(1) Au reste, si la loi n'exige pas la forme authentique pour l'acte de société proprement dit, elle l'exige positivement pour constater que le capital a été versé effectivement,

(2) Il y a aussi des frais de publicité, annonces légales dans les journaux, etc.

(3) Enquête de la Commission des Associations ouvrières, 3 vol. 1883-1888.

députés et le Sénat. Déjà voté deux fois par la Chambre, une fois par le Sénat, il semble cependant approcher du port ; mais comme la législature approche aussi de sa fin, il n'est pas dit qu'il n'aille pas rejoindre dans les limbes la foule innombrable des projets de loi morts sans baptême. (1)

Ce projet de loi apporterait les améliorations suivantes destinées à satisfaire aux griefs ci-dessus énumérés.

1° Les formalités seraient simplifiées : l'acte notarié devient simplement facultatif ; les annonces et la publicité sont remplacées par un simple dépôt des statuts au greffe du Tribunal (Justice de paix pour les associations de consommation, Tribunal de commerce pour les associations de production) ;

2° La valeur des actions pourrait être abaissée à 20 francs et ne pourrait être supérieure à 100 francs. On permet même aux sociétés de s'adjoindre des membres non actionnaires, sous le titre d'*adhérents*, qui n'auront à payer qu'un droit d'entrée de 2 francs et pourront tout de même participer aux bénéfices (2) : seulement ils ne prendront pas part au gouvernement de la société ;

3° Aucune limite ne serait fixée au capital social : il suffit qu'il soit stipulé dans l'acte que ce capital est toujours variable ;

4° Afin d'éviter l'usurpation du titre coopératif par les entreprises de pure spéculation, usurpation d'autant plus à craindre que la limite d'un capital maximum serait supprimée, il est dit expressément qu'aucun sociétaire ne pourra posséder dans le

---

(1) Il n'a pu en effet en sortir jusqu'à présent !

(2) Ce n'est que la confirmation d'une pratique déjà très générale. Les bénéfices ne sont pas remis aux adhérents en espèces, mais inscrits à leur compte et capitalisés jusqu'à concurrence d'une somme égale à la valeur d'une action.

capital social une part supérieure à 5.000 francs. De plus, les actions ne pourront jamais être au porteur;

5° Les privilèges relatifs à l'exemption de l'impôt des patentes, de l'impôt sur le revenu et de quelques impôts spéciaux sur les boissons, sur le transfert des actions, sur le timbre, etc., seraient expressément confirmés.

Toutefois il n'est pas sûr que ces diverses exemptions, au moins celle concernant les patentes, passent dans le texte de loi définitif. Celle-ci a soulevé de très vives réclamations de la part de quelques députés qui se sont faits l'organe des doléances des petits commerçants et des marchands de vin, et comme l'influence électorale de ceux-ci est beaucoup plus grande que celle des coopérateurs, ils ont des chances pour l'emporter. Au reste, cette question, à laquelle les sociétés coopératives attachent une grande importance, n'en a qu'une bien petite à nos yeux. Les motifs qu'elles font valoir à l'appui de ces exemptions, bien qu'ils aient une valeur juridique assez sérieuse pour avoir converti les tribunaux et le législateur, ne sont point assez simples pour frapper le public. Celui-ci y verra toujours un privilège, et dans un pays aussi jaloux de l'égalité que le nôtre, un privilège est toujours une cause d'impopularité et même de faiblesse. Nous croyons donc qu'elles auraient tout avantage à rentrer dans le droit commun, comme en Angleterre du reste, et puisque leur mission est de lutter contre le commerce et les intermédiaires, mieux vaut pour elles accepter la lutte à armes égales. Il ne faut pas oublier, d'ailleurs, que le paiement de la patente leur rend la liberté de vendre au public, si elles le veulent, comme leurs concurrents, et c'est là un avantage qui fait plus que compenser un petit sacrifice.

Il faut noter encore que les associations de production seraient soumises par le projet de loi à une condition qui n'existait pas autrefois, celle de faire participer aux bénéfices, dans la proportion d'au moins 50 p. °/₀, tous ceux de leurs ouvriers qui n'ont pas la qualité d'associés. Du moins, c'est à cette condition seulement qu'elles pourront bénéficier des privilèges spéciaux accordés par la loi. Nous ne pouvons qu'approuver cette mesure en principe, parce qu'elle donne aux associations de production une leçon salutaire dont nombre d'entre elles avaient grand besoin, mais en fait elle donnerait lieu à d'assez graves difficultés, notamment pour les boulangeries coopératives.

Si ce projet de loi est adopté, la coopération en France sera dotée d'une législation au moins aussi favorable que celle de n'importe quel pays. Tout obstacle de ce côté sera donc levé, mais il en reste d'autres et bien plus graves : ce sont ceux que nous devons maintenant examiner.

§ 3. *Obstacles au développement des sociétés coopératives*

Les sociétés coopératives se sont d'abord trouvées aux prises avec ces difficultés que l'on peut appeler externes, parce qu'elles viennent du milieu, et au premier rang l'hostilité des débitants et du petit commerce. Cela s'est vu par tout pays ; mais, dans le nôtre la lutte a été peut-être plus vive qu'ailleurs, parce que c'est celui où le petit commerce occupe la place la plus importante. Innombrable est le nombre des petits boutiquiers ; ouvrir une petite boutique est l'idéal auquel aspirent une foule de Français, ouvriers, domestiques, paysans. Comme ils s'étouffent par leur concurrence même, ce serait leur rendre service que de faucher dans ces rangs trop serrés ; mais ils ne sont point disposés à se laisser éliminer, et comme ils exercent une influence électorale considérable, le gouvernement et les municipalités ont tout intérêt à les ménager. Il y a quelques mois, au Conseil municipal de Paris, M. Georges Berry, se faisant l'organe de leurs griefs, déposait un vœu ainsi conçu :

« Considérant que la plupart des sociétés coopératives, créées dans le but d'être utiles à l'ouvrier, sont, pour la plupart, de véritables sociétés d'exploitation :

» Emet le vœu que la Chambre place ces sociétés sous le régime du droit commun ».

Et le vœu a été pris en considération. Nous avons fait personnellement l'épreuve de cette hostilité à Montpellier, où nous avions fait une conférence pour aider à la fondation d'une société de consommation. Les bouchers et les épiciers de Montpellier firent venir, en le payant fort cher, un avocat de la Cour d'assises de Paris pour faire une conférence contre les sociétés coopératives, et la ville fut dans un état d'effervescence et presque de guerre civile pendant plusieurs mois. Bien que le public eût pris au début notre parti, petit à petit les commerçants ont repris l'avantage en détachant de la société coopérative tous les hommes un peu influents qui avaient souci de ménager leur popularité et en détournant aussi les ouvriers par des griefs imaginaires, analogues à ceux exprimés dans le vœu de M. Georges Berry.

Cependant, là n'est pas l'obstacle le plus grave, car, dans nombre d'autres cas, cette lutte a eu, au contraire, l'effet salutaire de développer, chez les coopérateurs, la bosse de la combativité : il faut le chercher surtout dans la faible capacité « associative » des Français. Dès qu'il s'agit chez nous de grouper les individus en associations et les associations en fédérations — ces organisations qui s'adaptent si facilement au tempérament de la race anglo-saxonne ou germanique et surgissent, semble-t-il, comme en vertu de générations spontanées — on rencontre des résistances invincibles. Ce sont des divisions politiques ou religieuses ou simplement des questions de personnes ; on ne veut pas de celui-ci parce qu'il va à la messe ; on ne veut pas de celui-là parce qu'il porte un chapeau noir... et si on cherche à constituer l'association avec des personnes de la même condition sociale et de la même couleur politique, la tâche n'en est pas plus aisée, car les gens, en France, et notamment les ouvriers, n'aiment pas être gouvernés par leurs pairs. Mêmes résistances, quand il s'agit de grouper les sociétés de la province avec celles de la capitale, celles de Lyon avec celles de Marseille, les catholiques avec celles qui ne le sont pas. Au Congrès de Lyon, le délégué des sociétés ouvrières de Saint-Etienne demanda que les sociétés dont les statuts contiendraient une clause religieuse quelconque fussent exclues de la Fédération; celles-ci, justement vexées, s'exclurent d'elles-mêmes. Aucune ne se soucie d'abandonner le plus petit atome de son indépendance ou le plus petit sou de sa caisse au profit d'un gouvernement central. On est tenté de se demander quelquefois si la race française est susceptible de comprendre et de s'adapter à toute autre forme d'association que celle qui s'appelle l'Etat. Celle-ci, au contraire, lui convient à merveille, et tel qui n'acceptera nullement d'être gouverné par son camarade obéira le plus docilement du monde aux injonctions d'un garde champêtre ou d'un employé d'administration.

On espérait pouvoir réunir les sociétés coopératives et les Syndicats agricoles. On sait que ces syndicats — dont le nombre augmente rapidement en France et dont la puissance, quoique fort exagérée par certains auteurs, est réelle — ne sont au fond que des sociétés coopératives achetant en gros les engrais, semences et instruments agricoles et quelquefois, quoique plus rarement, vendant directement au public certains produits ; vins, beurre, bière, viande de boucherie. Ils jouent donc en somme tantôt le rôle de sociétés coopératives de consommation (ce qu'on appelle en Allemagne d'achats de matière première), tantôt celui de Sociétés coopératives de production. Leur union avec les Sociétés coopératives n'était-elle pas tout indiquée ? On faisait même remarquer que les Sociétés de consommation pourraient s'adresser directement aux syndicats agricoles pour toutes les denrées alimentaires, blé, viande, vin, beurre, œufs, volaille, fruits, légumes, etc., et réaliser ainsi la mise en relation directe et immédiate du producteur et du consommateur. Une tentative fut faite en ce sens au Congrès de Tours et un rapport fut présenté sur la question par M. Georges Maurin. Mais ces beaux projets n'ont pas abouti, du moins jusqu'à présent. Sans parler des difficultés matérielles et de l'organisation encore embryonnaire des syndicats agricoles en ce qui touche la production, il faut remarquer que les syndicats agricoles sont tous protectionnistes et les sociétés de consommation au contraire toutes libre-échangistes. Les uns et les autres se trouvent donc marcher sous des drapeaux ennemis.

Enfin la foi coopérative, cette foi qui fait de l'idée coopérative en Angleterre une véritable religion, n'existe que dans un bien petit nombre de Sociétés coopératives. Beaucoup n'y voient qu'une question de boutique et il suffit qu'une année la distribution du boni vienne à faire défaut pour qu'on voie tous les associés se disperser comme un vol de moineaux effarouchés.

Mais outre ces obstacles extérieurs, ces querelles intérieures et cette absence de discipline, il s'est produit dans le mouvement coopératif des divergences de doctrine et qui ont abouti à un véritable schisme. Ces dissentiments n'existaient pas au début. A côté des coopérateurs nimois dont nous avons parlé et de M. Charles Robert, l'apôtre bien connu de la participation aux bénéfices, on voyait M. Brelay, rédacteur de l'*Economiste français* (le journal de M. Paul Leroy-Beaulieu) et M. Fougerousse, rédacteur de la *Réforme sociale* (le journal de l'école de Le Play). Ce dernier avait même été nommé secrétaire général de la Fédération des Sociétés coopératives et avait pris une part active aux Congrès de Lyon et de Tours. Le premier, par ses nombreuses études sur les Sociétés coopératives de France et de l'étranger, écrites avec verve, le second par sa grande connaissance de la pratique coopérative et en particulier de toutes les questions juridiques et législatives à ce relatives, s'étaient acquis une réputation méritée de spécialistes en matière coopérative.

Ils ne tardèrent pas à trouver que « l'école de Nimes, » comme on l'appelait, allait beaucoup trop loin et versait dans le socialisme. Ce fut surtout le discours prononcé au Congrès coopératif de 1889 qui détermina la rupture. Rappelons brièvement, en le dépouillant de la forme ou des idées personnelles à l'auteur, en quoi consistait le programme exposé dans ce discours et qui ne faisait en effet qu'exprimer les idées des coopérateurs nimois.

La coopération est, pour nous, non pas simplement une institution destinée à améliorer l'existence des salariés en leur permettant de dépenser un peu moins ou de gagner un petit peu plus, mais destinée à transformer complètement et même à éliminer graduellement le salariat lui-même, en donnant aux travailleurs la propriété de leurs instruments de production, et à supprimer les intermédiaires, y compris l'entrepreneur. Elle ne vise pas à supprimer le capital, mais simplement à supprimer son droit sur les profits ou dividendes en le réduisant à la portion congrue, l'intérêt. Elle s'efforce surtout de donner à la coopération un idéal et de soulever les âmes en leur montrant un but qui vaille du moins la peine d'être conquis.

Comme voies et moyens, nous préconisions non premièrement l'association de production, comme on l'avait fait jusqu'alors sans succès en France, mais avant tout l'association de consommation, comme on l'a fait avec tant de succès en Angleterre : — et cela non seulement par cette raison empirique que l'association de production étant beaucoup plus difficile que l'association de consommation ne doit venir qu'après, mais aussi par cette raison intuitive que les associations de consommation représentant l'intérêt général, tandis que les associations de production représentent toujours des intérêts corporatifs et particuliers, celles-ci doivent être subordonnées à celles-là. Des associations de consommation, puissamment organisées, sont d'ailleurs la condition préalable pour que des associations de production puissent vivre, car elles seules pourront leur fournir les trois éléments qui leur ont fait défaut jusqu'à présent, à savoir des *gérants*, des *capitaux* et des *débouchés*. Toutefois, il faudra, pour pouvoir leur fournir des capitaux, qu'elles cherchent à en amasser plus qu'elles ne l'ont fait jusqu'à cette heure, et, pour leur ouvrir des débouchés, qu'elles ouvrent dans leurs magasins d'autres rayons que l'épicerie.

Les coopérateurs qu'on pourrait appeler de l'école conservatrice, protestèrent vivement contre ce « coopératisme collectiviste. » Ils déclarèrent ce programme tout à fait chimérique et dangereux par les illusions qu'il créait dans la classe ouvrière. M. Brelay nous comparait à des pompiers qui, pour éteindre l'incendie, mettent du pétrole dans leurs pompes. M. Fougerousse démontrait qu'il serait absurde de la part des Sociétés de consommation de consacrer leurs bénéfices à commanditer des Sociétés de production ; que le meilleur usage qu'elles pussent en faire était de les employer à des pensions de retraite pour leurs membres, à des assurances sur la vie, à la construction de logements ouvriers ou à d'autres institutions de prévoyance ou de mutualité ; — quant aux Sociétés de production, elles devaient se constituer d'elles-mêmes, par leurs propres moyens, et rester absolument indépendantes.

M. Brelay se retira donc de la rédaction de l'*Emancipation*, tout en conservant des sentiments bienveillants pour ses anciens frères d'armes, et M. Fougerousse fit campagne isolément dans le journal *Les coopérateurs français* dont nous avons déjà parlé. Du reste, les Sociétés coopératives de Paris avaient refusé de voter pour lui en 1889, en sorte que ses fonctions de secrétaire général prirent fin forcément et la Fédération fut ainsi privée de son concours « aussi éclairé que sincère. » (1) Peu de temps après, à l'occasion d'une circulaire où il se jugeait diffamé, M. Fougerousse intenta un procès aux coopérateurs de Nimes, réclamant 10.000 francs de dommages-intérêts — et le perdit d'ailleurs. La rupture était donc complète. Elle a été regrettée par le petit nombre de ceux qui mettent les intérêts généraux au-dessus des questions personnelles et qui pensent que la

(1) Ce sont les termes employés par M. Fougerousse lui-même (*Les coopérateurs français*, novembre 1891).

divergence des buts n'empêche pas une certaine communauté d'action.

M. Charles Robert, au contraire, qui depuis quarante ans dirige en France le mouvement de la participation aux bénéfices et qui est un des conseillers de la maison Leclaire, adhéra au groupe de Nimes dès 1886 et lui a prêté depuis le puissant appui de son expérience et de son autorité. Il est aujourd'hui secrétaire du Comité central. (1) M. Charles Robert voit aussi dans la participation aux bénéfices, conduisant à l'association de production, un mode de transformation complet de l'ordre économique.

Il y a donc actuellement en France deux partis bien tranchés que l'on pourrait appeler, l'un, le coopératisme conservateur, l'autre, le coopératisme socialiste (mais nullement révolutionnaire, cela s'entend). Ce dernier, par l'influence de *l'Association protestante pour l'étude des questions sociales*, dont M. de Boyve est président, a rallié un certain nombre de jeunes pasteurs, notamment M. Comte, pasteur dans le grand centre houiller de Saint-Etienne : la Revue publiée par cette association, le *Christianisme pratique*, peut être considérée comme l'organe de cette tendance, en même temps que l'*Emancipation*. Il a fait, d'ailleurs, une recrue considérable et qui en entraînera beaucoup d'autres, en la personne de M. le professeur Secrétan qui, dans ces derniers ouvrages, n'a cessé de déclarer et de s'efforcer de prouver que « l'association coopérative libre est l'avenir, si toutefois la civilisation moderne possède réellement un avenir ». (2)

---

(1) Nous avons eu le regret de perdre Charles Robert en 1899 et c'est une perte dont le mouvement coopératif en France se ressentira longtemps.

(2) *Etudes sociales*, p. 176. M. Secrétan voit aussi dans la coopération l'élimination, non seulement du patron, mais aussi du propriétaire

Malgré les quelques brillantes adhésions que nous venons de signaler, le mouvement coopératif en France, nous l'avons déjà dit, n'a rencontré que peu de sympathies; l'attitude des trois grandes écoles économiques à son égard vaut la peine d'être étudiée. En dehors de quelques exceptions, on peut dire que l'école libérale a manifesté une indifférence dédaigneuse, l'école socialiste une hostilité ouverte, l'école catholique une sourde opposition.

Pour l'école libérale d'abord, on aurait pu être tenté de croire qu'elle pousserait de toutes ses forces au mouvement coopératif : il n'en est rien. Dans son livre sur l'*Evolution économique au* XXe *siècle*, M. de Molinari, étudiant les divers perfectionnements que l'avenir pourra réaliser dans le mécanisme de la production, de la distribution et de la consommation, ne mentionne même pas les sociétés coopératives ! Un autre des chefs de l'école, M. Paul Leroy Beaulieu, déjà dans sa première publication, *La question ouvrière au* XIXe *siècle*, malmenait fort les sociétés coopératives et la participation aux bénéfices, et il ne s'est pas montré plus tendre depuis lors. C'est à lui qu'on doit cette définition spirituelle de la participation aux bénéfices, « un condiment du salariat ». A propos des théories émises dans notre discours de Lyon, il raillait fort la coopération, tout en se défendant d'aucun sentiment d'hostilité contre elle : « cet enfant qui est encore au berceau, qui ayant peine à bégayer et à agiter ses petits membres, nourrit dans son cœur plus gros que sa tête les plus vastes ambitions. Il

---

foncier : « ces deux monopoles sous lesquels gémissaient nos pères », ainsi s'exprime le héros de la société future mis en scène dans *Mon Utopie* (p. 34). Toutefois, l'éminent philosophe de Lausanne n'adhère pas tout à fait à cette partie du programme exposé tout à l'heure qui subordonne les associations de production aux associations de consommation ; il craint que ce fédéralisme n'aboutisse à une sorte de collectivisme. — M. Secrétan est mort aussi en 1895.

ne lui suffit pas d'être quelque chose, il veut être tout. » (1)

Pourquoi tant de raillerie ou de sévérité ? La coopération n'est-elle pas en conformité avec l'idéal de l'école libérale ? N'a-t-elle pas pour moteur l'initiative individuelle, pour moyen la libre association, pour but une transformation légale et pacifique ? N'est-elle pas innocente de tout pacte avec l'Etat ? — Sans doute, mais elle se propose, du moins le parti avancé, de transformer le salariat, de supprimer les intermédiaires, même de réduire le capital à son tour au rôle de simple salarié. Voilà ce qu'on ne saurait tolérer ! — Pourtant si on prétend n'y arriver que par la liberté ? N'importe, il ne faut pas oublier que l'école française a toujours été encore plus conservatrice (du présent, pas du passé) que libérale. Dans ce même article que je citais tout à l'heure, M. Leroy-Beaulieu déclarait le salariat un mode normal, définitif, « la forme par excellence du contrat libre, une libération ! » (2) On n'admet pas davantage que les sociétés coopératives se donnent pour mission de bouleverser le commerce ou de rogner les ongles au capital. La véritable fonction, la seule à peu près qu'on concède aux sociétés coopératives de consommation, est de servir de caisses d'épargne pour la classe ouvrière, ou de la protéger contre la falsification des denrées.

L'école catholique n'a jamais marqué d'hostilité ouverte contre le mouvement coopératif, mais n'a rien fait non plus pour le propager, et, par le fait, nous croyons qu'on ne trouverait qu'un bien petit nombre de Sociétés coopératives qui aient été constituées sous son influence. C'est un fait digne de remarque, que dans sa fameuse encyclique *De*

(1) *Economiste français*, 1886, t. II, p. 430.
(2) *Economiste français*, 1886, t. II, p. 430 et 507.

conditione opificum, le Pape, indiquant les diverses formes d'associations ouvrières propres à aider à la solution de la question sociale, énumère « les Sociétés de secours mutuels, les institutions diverses dues à l'initiative privée qui ont pour but de secourir les ouvriers, le patronage, et par dessus tout les corporations ouvrières qui, en soi, embrassent à peu près toutes les œuvres », mais il passe sous silence les sociétés coopératives de toute nature. On comprend aisément que l'Eglise ne goûte guère les doctrines coopératistes qui tendent à faire disparaître le salariat et à éliminer le patronat, puisqu'elle a justement pour caractéristique de maintenir et de justifier cette division entre patrons et salariés : « les deux classes, dit la même encyclique, étant destinées par la nature à s'unir harmonieusement et à se maintenir mutuellement dans un parfait équilibre. » Et, d'ailleurs, elle prend en mains les intérêts de la petite bourgeoisie et du petit commerce contre toutes les formes commerciales nouvelles, les grands magasins comme les magasins coopératifs. Mais on s'explique moins pourquoi elle ne les recommande pas tout au moins comme rentrant dans « ces institutions diverses dues à l'initiative privée et ayant pour but de secourir l'ouvrier. »

L'école de Le Play a observé au début le même silence significatif ; le fondateur de l'école, dans sa *Réforme sociale*, dans son *Organisation du travail* et même dans sa *Constitution de l'Angleterre*, condamne expressément l'associaton de production : « elle ne joue aucun rôle appréciable parmi les ateliers européens. Rien n'indique qu'il en doive être autrement dans l'avenir. » (1) Et lui non plus ne dit pas un mot des sociétés coopératives de consomma-

(1) *Organisation du travail*, p. 1·9.

tion, à moins qu'on ne doive les faire rentrer dans cette « multitude de formes de communauté inventées par l'ignorance ou la fantaisie ». (1)

Le fait que Le Play a pu consacrer deux volumes à l'étude de l'Angleterre, dont un chapitre sur « la part faite en Angleterre aux quatre solutions du problème social », sans apercevoir un fait aussi gros que celui de la coopération ou sans vouloir le remarquer, est assez significatif et en dit long sur la prévention de l'école catholique libérale à l'égard de ce mode de réforme sociale.

Avec son disciple, M. Claudio Jannet, le point de vue a bien changé, car celui-ci déclare que « les sociétés coopératives de consommation sont, en somme, la seule expérimentation sociale qui ait réussi en ce siècle » ! Et, citant l'exemple des catholiques belges, qui, dans ce pays, élèvent coopératives contre coopératives, le *Volksbelang* contre le *Vooruit*, « en France, dit il, nous ne saurions trop exhorter nos amis à entrer dans cette voie ». (2)

MM. Hubert-Valleroux (3) et Urbain Guérin (4) tiennent à peu près le même langage, et deux hommes appartenant à la même école, M. Fougerousse, déjà nommé, et le père Ludovic de Besse, ont déjà mis la main à l'œuvre : on sait que ce dernier a consacré spécialement son activité à la création de sociétés coopératives de crédit.

Cependant, on ne voit pas encore en France les catholiques s'associer au mouvement coopératif déjà existant, ni même chercher, comme en Belgique, à le détourner à leur profit. Le fissent-ils, qu'il restera toujours un abîme entre leur conception de la coopération et celle de l'école de Nimes ou même

(1) *La Constitution de l'Angleterre*, tome I, p. 264.

(2) *Le Socialisme d'Etat*, p. 417, 422.

(3) *Les Associations coopératives en France et à l'étranger.*

(4) *L'évolution sociale*, ch. III.

de l'école anglaise. La société coopérative, telle que nous la concevons et que nous nous efforçons de la réaliser, est une petite république gouvernée par les consommateurs et où le capital ne joue qu'un rôle subordonné, une sorte de microcosme, image de la société future que nous attendons, et comme nous le disions au Congrès de Paris, « proclamant et mettant en pratique dans sa constitution intérieure le droit social nouveau ». La société coopérative, telle que l'accepte l'école catholique, est une sorte d'économat dirigé par des patrons ou par des capitalistes qui restent maîtres de l'institution et ne laissent aux ouvriers qu'une part de gouvernement de pure forme. « Elle doit fournir, dit celui-là même qui la recommande, aux classes favorisées sous le rapport de la fortune et de l'instruction, un des meilleurs moyens d'exercer le devoir de patronage qui leur incombe. » (1) Eh bien ! l'expérience a prouvé au contraire que, sauf de rares exceptions, ces économats ont toujours été des sources de conflits entre le patron et ses ouvriers, et quant aux Sociétés coopératives fondées par l'initiative du bourgeois, une expérience personnelle et amère nous a appris qu'elles inspiraient aux ouvriers une insurmontable défiance. Ils appliquent ici leur critérium : « Quand les bourgeois conseillent de faire blanc, nous devons faire noir ».

Passons à l'école socialiste : il semble que ses sympathies pour la coopération devraient être en raison directe du dédain des écoles conservatrices. Ce n'est pas tout à fait le cas. La coopération a cette malheureuse chance d'être beaucoup trop bourgeoise pour les socialistes, tout en étant beaucoup trop socialiste pour les libéraux et trop libérale pour les catholiques.

---

(1) Claudio Jannet : *Le Socialisme d'Etat*, p. 422.

Le fait est que depuis la grande volte-face du Congrès de Marseille de 1879, dont nous avons parlé, il n'y a guère que des bourgeois en France qui aient pris une part importante au mouvement coopératif, et l'école de Nimes ne fait guère exception à la règle. Un très grand nombre de sociétés coopératives existantes sont composées sinon de bourgeois, du moins d'employés et de petits artisans. Même les sociétés purement ouvrières paraissent prendre assez vite des allures bourgeoises, témoin le fait si curieux qui s'est passé récemment à la *Moissonneuse.* On a vu cette Société, uniquement composée d'ouvriers d'un faubourg de Paris, le faubourg Saint-Antoine, mettre à la porte la moitié de ses employés parce qu'ils avaient manifesté l'intention de constituer un syndicat ! Les socialistes prétendent que la coopération et la soi-disant suppression du salariat n'est qu'un appât tendu par les bourgeois pour détourner les ouvriers de la poursuite de leurs véritables intérêts et les engager sur une fausse piste, qui n'aura d'autre issue que de conduire quelques-uns d'entr'eux dans les rangs de leurs exploiteurs.

Il est à remarquer du reste que les ouvriers semblent désirer beaucoup moins la suppression du salariat que la suppression de la propriété, quoique pourtant ils soient salariés et ne soient point propriétaires. On pourrait en conclure, si l'on était tant soit peu misanthrope, que l'homme est beaucoup plus désireux de supprimer le bien de son prochain que son propre mal.

Voici du reste ce que vient de déclarer en propres termes, ces jours-ci, le Congrès socialiste de Berlin :

« Le parti ne peut approuver la fondation de Sociétés coopératives que là où elles ont pour but d'assurer l'existence sociale à des compagnons sans travail par suite de leur participation à une lutte politique ou économique — ou là où elles servent à faciliter l'agitation. Dans les autres circonstances, les compagnons auront à *s'opposer à l'organisation des Sociétés coopératives* et notamment à combattre l'idée que la coopération est à même d'influencer les conditions de la production capitaliste, d'améliorer la situation des ouvriers en tant que classe, de supprimer ou seulement d'atténuer la lutte économique dans laquelle les travailleurs sont engagés. »

Certains faits aussi contribuent à entretenir cette défiance.

D'abord, l'histoire de presque toutes les Sociétés coopératives de production : beaucoup de celles qui n'avaient pas échoué se sont transformées en sociétés de petits patrons faisant travailler pour leur compte des ouvriers salariés et par conséquent ont perpétué le mal qu'elles prétendaient guérir. En fait, les quarante associations de production de Paris, non seulement sont en dehors du mouvement socialiste, mais même ne cherchent pas à faire cause commune avec les sociétés coopératives de consommation ; elles ne participent pas à leurs congrès. Elles sont, au contraire, en très bons termes avec l'Etat dont elles sollicitent les commandes. Elles invitent volontiers les ministres à leurs banquets. Or, jusqu'à ces dernières années, l'idéal coopératif en France, il faut bien le dire, était toujours présenté sous la forme de Sociétés de production, et la défaveur attachée aujourd'hui par la classe ouvrière à ce genre de sociétés a été étendue abusivement à la coopération tout entière. Nous avons vu toutefois que l'école nouvelle, renversant cette vieille conception, tendait aujourd'hui, au contraire, à considérer l'association de consommation comme le véritable instrument de révolution sociale, n'accordant à l'association de production qu'un rôle auxiliaire. Par là, elle pourra arriver à faire mieux apprécier la coopération par la classe ouvrière, mais les impressions fâcheuses ne s'effacent pas de sitôt.

De plus, la faveur témoignée par le gouvernement non seulement aux Sociétés de production, mais aux Sociétés coopératives de toute espèce, bien loin de servir l'idée coopérative auprès de la population ouvrière et notamment de la population parisienne, a contribué à la discréditer. Le gouvernement avait créé au Ministère de l'intérieur un Bureau des associations ouvrières, dont le directeur est M. Barberet, bien connu par ses intéressantes *Monographies professionnelles*. Mais la première pensée d'un ouvrier parisien en voyant le Ministre de l'intérieur s'occuper de ce qu'il fait, c'est de se défier et de se tenir à l'écart ; il pense qu'on veut le « moucharder. » De là, par exemple, l'extrême difficulté que rencontrent toutes les commissions officielles pour recueillir des renseignements statistiques auprès des ouvriers ; de là, les pauvres résultats obtenus par notre Office du travail récemment créé, quand on les compare à ceux obtenus aux Etats-Unis et en Angleterre. Le Bureau des associations coopératives fut donc mis en suspicion et les organisateurs du premier congrès de Paris et de la Fédération, sans partager cet absurde préjugé, furent cependant obligés de se priver du concours très précieux de l'honorable directeur de ce Bureau officiel, sous peine de voir leur bateau coulé avant d'être sorti du port.

Non seulement le parti socialiste, mais même celles des Sociétés coopératives de consommation ouvrières qui revêtent un caractère tant soit peu socialiste, ont beaucoup de peine à se rallier à la Fédération. J'ai dit qu'avant la création de la Fédération, il existait déjà à Paris un syndicat des Sociétés de consommation. Ce syndicat se montra assez sympathique, dans les premiers temps, à l'égard de la nouvelle organisation ; plus tard, lors du Congrès de Lyon, il fit paraître une note dans les journaux, la désavouant en termes aigres et lui déniant le droit de prendre le titre de Fédération nationale. En fait, il n'y a que 3 ou 4 sociétés de consommation de Paris qui soient restées fidèles à l'Union coopérative.

Pourtant on peut, depuis quelque temps, constater une certaine détente dans l'attitude générale du parti socialiste vis-à-vis de la coopération. Cet heureux changement est dû à l'influence des socialistes belges. On sait que dans ce pays le socialisme et le coopératisme, au lieu de former des camps hostiles ou du moins rivaux, marchent sous un même drapeau, et que le Vooruit de Gand, par exemple, est à la fois une des plus grandes Sociétés coopératives et un puissant instrument de propagande socialiste. Nous n'avons pas à en faire ici l'histoire, mais nous rappellerons le mot d'Anseele, que les Sociétés coopératives de consommation doivent être « les forteresses d'où la classe ouvrière bombardera la société capitaliste à coup de pommes de terre et de pains de quatre livres. » Elles se placent donc sur le terrain de la lutte des classes et tendent à jouer le rôle de machines de guerre. Il est vrai que ce n'est pas le but visé par l'école nouvelle française qui espère en faire au contraire des instruments de paix sociale ; néanmoins, bien que les buts soient différents, les moyens sont assez semblables puisqu'ils consistent de part et d'autre à organiser les classes ouvrières, à les munir de capitaux, à faire leur éducation commerciale et industrielle pour les rendre aptes, quand le moment sera venu, à prendre en main le gouvernement économique, et finalement à préparer cette conquête en éliminant les intermédiaires, commerçants ou capitalistes, et en subordonnant la production à la consommation. Aussi, les délégués belges, qui étaient présents en grand nombre au Congrès de Paris de 1889, exprimèrent par l'organe du plus illustre d'entr'eux, César de Paepe, leur adhésion, avec quelques réserves, au programme énoncé dans le discours d'ouverture. Le même César de Paepe, un des fondateurs du collectivisme, à plusieurs reprises dans la *Revue socialiste*, prit la défense de la coopération : « Au sein du mouvement ouvrier contemporain, le trade-unionisme, le coopératisme, le mutuellisme, l'interventionisme, le collectivisme, le communisme, au lieu de nous apparaître comme autant de mouvements ou de conceptions antagoniques, sont à nos yeux des tentatives de réalisation de plus en plus complètes d'une même idée : l'association, la solidarité, la socialisation. Autant d'étapes d'un même voyage vers cet idéal : *Chacun pour tous, tous pour chacun.* » (1) On sait que telle est la devise des Sociétés coopératives.

Ces déclarations n'ont pas été sans produire quelque impresion sur le parti ouvrier. M. Malon a cru pouvoir constater dans la *Revue socialiste* un rapprochement entre l'école socialiste et l'école coopérative et un vote récent du dernier congrès socialiste de Paris semble bien justifier cette manière de voir, car appelé à se prononcer sur l'utilité des sociétés coopératives, le congrès, au lieu de les frapper d'excommunication, comme l'avait fait le congrès allemand dans la déclaration que nous avons reproduite, s'est borné à condamner les so-

(1) *Le communisme relatif.* — *Revue socialiste*, mai 1890.

ciétés de production, mais a fait exception pour les sociétés de consommation.

Voilà un symptôme d'heureux augure que nous sommes heureux de noter en terminant cette revue en somme assez décourageante.

Un autre fait sera peut-être de nature à stimuler le mouvement coopératif tant dans la classe ouvrière que dans la classe bourgeoise, je veux parler de l'épidémie protectionniste qui sévit dans le monde et en France en particulier. Jusqu'à cette heure, les consommateurs, avec l'inertie particulière qui caractérise cette catégorie sociale, se sont bornés à faire entendre quelques faibles protestations, mais du jour où ils se sentiront directement touchés par la hausse des denrées, il est probable qu'ils chercheront dans la coopération de consommation un moyen de défense, — et peut-être aussi les ouvriers chercheront-ils dans l'association de production un moyen de partager le gâteau que les droits protecteurs réservent, sous forme de supplément de profit (*unearned increment!* c'est bien le cas de le dire), aux industriels. Si cette prévision se réalise, on pourra répéter le dicton : à quelque chose malheur est bon.

L'IDÉE DE SOLIDARITÉ

EN TANT QUE PROGRAMME ÉCONOMIQUE [1]

MM. — Les hommes de ma génération, ceux qui, étudiants il y a quelque vingt-cinq ans, ont applaudi aux cours de Laboulaye et aux articles de Prévost-Paradol, se rappellent combien le mot de Liberté sonnait fort de leur temps, combien de vertus on lui prêtait. Ce mot suffisait à tout, il répondait à tout, il justifiait tout : il était dans tous les discours « le mot de la fin », celui après lequel il ne reste plus qu'à s'asseoir. Mais depuis quelques années, la sonorité de ce mot décroît, comme les vibrations d'une cloche à mesure qu'on s'éloigne du rivage, et à mesure que nous nous rapprochons du tournant de ce siècle, voici qu'un autre mot se fait entendre, emplissant l'air à son tour d'une vibration grandissante et répétée et qui finit même par devenir assourdissante : c'est celui de Solidarité. Lui aussi, dans tous les discours, manifestes, circulaires, devient le mot de la fin.

Les ouvrages publiés sous ce titre deviennent tous les jours plus nombreux. Il y a quatre ans, à une époque où ce mot n'était pas encore aussi répandu, nous avions cru pouvoir le prendre comme devise de « l'école nouvelle » en économie politique, mais aujourd'hui toutes les écoles sociales, anarchisme, collectivisme, socialisme chrétien, le revendiquent.

---

(1) Conférence donnée au « Cercle des Etudiants protestants de Paris » en mars 1893 et publiée dans le N° d'octobre 1893 de la *Revue Internationale de Sociologie.*

Et même dans les programmes électoraux, que viennent de publier les deux mille candidats à la députation en France, on le trouvera au moins mille fois. Il est incontestable que si la devise républicaine « liberté, égalité, fraternité » était à refaire, notre mot prendrait la place de l'un de ces trois termes et peut-être même, à lui seul, les remplacerait tous les trois.

Je n'ai nullement l'ambition de présenter ici une théorie de la solidarité. Je me propose simplement de rechercher quelles causes ont valu à ce vocable un si grand crédit (en France surtout, car il est beaucoup moins employé à l'étranger), et si sa fortune promet d'être plus durable que celle de tant d'autres devises qui ont servi à résumer à un moment donné les aspirations d'une époque et ont été oubliées du jour où ces aspirations se sont trouvées réalisées ou déçues.

C'est d'abord à la science, et plus particulièrement aux sciences naturelles, que l'esprit moderne va demander ses inspirations. Et ce sont elles en effet qui ont provoqué d'abord ce changement de formule. Les sciences naturelles ne croient guère à la *liberté* et, en tous cas, laissant aux métaphysiciens le soin de discuter sur le libre arbitre, ne connaissent et n'acceptent sur leur domaine que le déterminisme. Elles ne croient pas davantage à l'*égalité*, puisque la théorie darwinienne fait au contraire des inégalités naturelles ou acquises le point de départ de la sélection et du progrès. Quant à la *fraternité*, ce vieux mot n'a plus cours. On laisse à ceux qui y croient encore le soin de la démontrer par des embrassades, mais les gens sérieux ne lui donnent pas plus de place dans la science que dans les affaires : ils ne croient qu'à l'intérêt personnel. D'une façon générale tous ces droits naturels dont se grisaient nos pères, et la Justice elle-même, ont été rélégués par la science dans la région des entités. Mais pour la solidarité, c'est une autre affaire! La solidarité est un fait, un fait d'une importance capitale dans les sciences naturelles, puisqu'il caractérise la vie. Si l'on cherche en effet à définir l'être vivant, « l'individu », on ne saurait le faire mieux que par la *solidarité* des fonctions qui unit des parties distinctes, et la mort n'est autre chose que la rupture de cette solidarité entre les divers éléments qui constituent l'individu et qui, désormais désagrégés, vont entrer dans des combinaisons nouvelles, former des êtres nouveaux. Et si une pierre n'est pas un individu, si elle ne vit pas, c'est simplement parce que ses parties constitutives, reliées uniquement par le fait de l'attraction moléculaire, ne paraissent pas soutenir entr'elles ces rapports de dépendance réciproque qui s'appellent la solidarité. Et quand, obéissant à une tendance assez à la mode aujourd'hui, on soupçonne et on cherche jusque dans les minéraux quelque trace de vie obscure, c'est par la solidarité des parties telle qu'elle paraît se manifester dans certaines formes minérales, — les cristaux, par exemple — qu'on essaie d'en donner la preuve.

Il est vrai que si les sciences naturelles et économiques se sont comme entendues pour mettre en lumière l'idée de solidarité, elles semblent aussi s'être données le mot pour mettre en lumière une idée qui paraît assez en contradiction avec la précédente, celle de concurrence et de lutte. Cependant la contradiction est plus apparente que réelle, car c'est précisément par l'association et la solidarité étroite des associés que se gagne le plus souvent la victoire : barbares marchant au combat après s'être fait attacher les uns aux autres par des chaînes de fer, soldats d'Alexandre ou de Napoléon, liés ensemble dans ces formes terribles de solidarité militaire qui se sont appelées la phalange ou le régiment, si bien qu'à la bataille des Pyramides, Mourad-Bey croyait que les fantassins français, formés en carrés, étaient réellement enchaînés ensemble — et ils l'étaient, en effet, par cette invisible chaîne plus difficile à rompre que les chaînes de fer et qui s'appelle la discipline. Et de plus, il y a une tendance bien marquée dans la nouvelle école naturaliste à considérer, même dans le règne animal, « le développement de l'esprit de coopération, d'amour et de sacrifice, non plus comme de simples utopies, mais comme la plus haute expression du procès de l'évolution dans la nature ». (1)

L'économie politique est venue à son tour — et peut-être même avant la biologie — démontrer la solidarité naturelle qui se manifeste dans toute société, en mettant en lumière le grand fait de la division du travail, cette division du travail qui, rendant chaque individu incapable de se suffire par lui-même, le réduisant au rôle d'organe chargé d'une fonction spéciale, le force à attendre des autres membres de la société la satisfaction de ses besoins et noue ainsi entr'eux tous les liens d'une dépendance mutuelle et d'une commune destinée. Edgard Quinet, dans *la Création*, a appelé cette rencontre de la biologie et de l'économie politique sur le terrain de la solidarité : « le plus grand évènement scientifique de notre temps » et peut-être ne se trompait-il pas de beaucoup.

Mais ce n'est pas seulement par des théories scientifiques que la solidarité a été démontrée, c'est dans la pratique de la vie de chaque jour que, peu à peu, elle s'est révélée à nous. Chaque découverte nous montre que son rôle est plus grand encore que nous ne le soupçonnions et chaque invention

(1) Geddes, article *Evolution*, dans l'Encyclopédie Britannique.

nouvelle, à la regarder de près, ne semble avoir d'autre résultat que d'étendre les frontières de cet empire. Ainsi la découverte la plus importante peut-être de ce siècle, au point de vue de ses applications pratiques, celle du rôle des microbes dans la propagation des maladies, a fait pénétrer l'idée de solidarité non plus seulement dans les intelligences, mais dans les préoccupations journalières et intimes de chacun de nous. Chacun sait désormais que sa santé et sa vie dépendent dans une large mesure non seulement de la santé de ses voisins, de ses concitoyens, mais de tel ou tel acte insignifiant de leur part, du fait de cracher à terre, par exemple, et d'y semer les bacilles de la tuberculose. L'arrêté pris récemment par la Préfecture de police de Paris (10 juillet 1893) et qui défend « de cracher sur le parquet dans les bureaux de tramways et d'omnibus », n'est-il pas une curieuse apparition de la solidarité dans la loi ?

Dans un conte admirable des *Mille et une Nuits*, un marchand qui mange paisiblement des dattes et en jette les noyaux en l'air, voit surgir soudain un génie, le cimeterre au poing, qui lui déclare qu'il va être jugé et exécuté sur l'heure parce qu'en lançant les noyaux de datte autour de lui, l'un de ces noyaux a atteint et tué un des habitants de l'air. L'histoire merveilleuse du conteur arabe est reconnue aujourd'hui être la réalité : elle se lit en toutes lettres sur les affiches de police.

Un médecin citait, dans un rapport récent, le fait d'une sage-femme qui avait l'habitude d'insuffler de l'air dans la bouche des nouveaux-nés pour faciliter la première respiration. Comme elle était phthisique sans s'en douter, il s'est trouvé qu'elle leur a soufflé à tous la mort. Effroyable responsabilité que celle qui fait dépendre la vie et la mort de nos semblables d'un souffle de notre bouche !

Et ces inventions qui font l'orgueil de ce siècle,

chemins de fer, télégraphes, téléphones, phares à foyers électriques, ponts métalliques jetés sur les bras de mer, tunnels creusés sous les Alpes, isthmes percés et aussi journaux quotidiens à un sou, presses à vapeur... à quoi sert tout cela en fin de compte ? Est-ce à rendre les hommes plus heureux ? Rien n'est moins certain ! mais tout cela sert à resserrer les liens de la solidarité nationale ou internationale entre les hommes, en leur permettant de communiquer plus rapidement, en les mettant en contact, et en les faisant vibrer à l'unisson et instantanément dans la communauté des mêmes intérêts, des mêmes émotions, en donnant au genre humain la conscience de son unité. A les regarder sur la carte, on voit leur réseau de lignes noires, rouges ou bleues, se resserrer de plus en plus comme pour envelopper le globe tout entier d'un gigantesque réseau qu'on a comparé très justement au système nerveux. Non seulement les inventions mécaniques, mais les conventions internationales, les traités, concourent au même résultat. Il y a quelques mois, la Chambre des députés a dû renoncer à appliquer une taxe sur les étrangers, parce qu'un traité conclu avec le Transvaal ne le permettait pas et que, en vertu de la clause dite « de la nation la plus favorisée », la plupart des pays d'Europe auraient pu invoquer l'exemption conférée, probablement par distraction, à cette lointaine République ! La « clause de la nation la plus favorisée », voilà donc encore la solidarité ! tous les pays appelés à bénéficier de l'avantage accordé à un seul. Et si aujourd'hui une réaction protectionniste a pu entraver les progrès de cette solidarité internationale, ce n'a été qu'en lui opposant (ainsi qu'elle le déclare dans tous ses manifestes) la prétendue solidarité des intérêts nationaux.

Enfin l'école de la solidarité s'est grossie encore

d'un affluent venant d'une source tout opposée, je veux parler de la philosophie et de la théologie chrétienne. Ce n'est pas d'hier assurément que l'on avait remarqué les fortes expressions de saint Paul : « nous sommes tous membres d'un même corps ». Toutefois, ceci pourrait n'être qu'une affirmation énergique de la fraternité des hommes, mais quand l'apôtre dit : « De même que c'est par la chute d'un seul homme que tous les hommes sont tombés dans la condamnation, de même c'est par la justice d'un seul que tous les hommes reçoivent la justification.... De même que tous meurent en Adam, de même tous revivent en Christ, » (1) — il est évident que c'est là la plus énergique expression de solidarité (dans le sens propre de ce mot) que le monde ait jamais connue. Le dogme qui fait le fond de la doctrine chrétienne, à savoir que tous les hommes nés ou à naître sont condamnés à porter éternellement la peine du péché originel d'un seul homme, le premier homme, mais qu'ils peuvent tous échapper à cette condamnation en s'appropriant les mérites d'un autre homme unique, l'Homme-Dieu, mort sur la croix, ce double dogme de la chute et de la rédemption, cette grandiose et tragique explication des origines et des destinées de l'espèce humaine, n'est autre chose évidemment que la théorie de la solidarité elle-même portée à sa plus haute puissance. C'est, comme le disait M. le professeur Secrétan, de Lausanne : « Le mystère religieux du salut en Jésus-Christ, l'imputation au fidèle des mérites de Jésus-Christ, n'est que la forme du mystère physique, l'expression éloquente de l'unité de l'espèce humaine réalisée par l'enchaînement organique des individus. » (2)

---

(1) Romains, V, 18. 1re aux Corinthiens, XV, 22.
(2) *Civilisation et croyance*, p. 442.

C'est ainsi que l'ont compris les penseurs, surtout dans la religion protestante, qui se sont efforcés de concilier les enseignements de l'Evangile avec ceux de la science, et il faut avouer que la coïncidence est saisissante.

***

Cette intervention de la religion dans la théorie de la solidarité nous amène à nous demander si l'idée de solidarité suppose quelque chose de plus qu'un simple fait, si elle a une valeur morale, si son développement implique un progrès, un bien. Il faut bien qu'on lui prête certaines vertus puisque nous avons vu qu'on tend de plus en plus à en faire une devise, un programme. Mais pourtant il ne semble pas qu'en soi la solidarité ait aucun caractère éthique : c'est une loi naturelle qui peut nous paraître juste ou injuste suivant les cas, peut-être même plus souvent injuste que juste. Ces dogmes chrétiens eux-mêmes, ce péché originel en vertu duquel tous les hommes sont condamnés en naissant par suite d'un péché qu'ils n'ont jamais commis, cette expiation en vertu de laquelle les hommes pécheurs sont appelés à bénéficier des souffrances et de la mort d'un être saint et juste qui souffre et meurt pour eux — et autour de nous cette fatalité héréditaire qui poursuit si impitoyablement dans la personne des enfants innocents, les vices ou les crimes des pères,

Delicta majorum immeritus lues,

ces épidémies en vertu desquelles tout un peuple peut se trouver décimé par suite de la saleté et de l'incurie de quelques individus, cette loi économique fameuse de *l'unearned increment* en vertu de laquelle un propriétaire oisif, un rentier fumant sa pipe, peut bénéficier, sous forme de plus-value de sa terre ou de ses loyers, de tout l'effort et de tout le travail de milliers de producteurs actifs et laborieux — toutes ces manifestations innombrables de la solidarité où l'on voit les bons payer pour les méchants et les méchants profiter de ce que font les bons, ne nous paraissent répondre à aucun idéal désirable : tout au contraire, semble-t-il! Il n'y a rien là de plus qu'une forme de l'antique fatalité, celle que les tragiques grecs nous représentaient sous les traits effroyables des Euménides ?

Il est vrai, mais en admettant même que la solidarité ne fût qu'une forme de la fatalité (et nous verrons tout à l'heure combien cette conception est loin d'être exacte), elle aurait encore du bon. Elle nous contraindrait en effet à nous occuper les uns des autres et à ne pas vivre pour nous seuls, ce qui est déjà un bien. Il est fâcheux que les microbes des quartiers pauvres empoisonnent les quartiers riches, mais depuis qu'on le sait, les riches ont pris, pour l'assainissement des quartiers pauvres, pour l'inspection des logements insalubres et pour la construction des maisons ouvrières, infiniment plus de souci qu'ils n'en auraient pris sans cela. Les maladies infectieuses sont certainement beaucoup mieux soignées depuis que chacun sait qu'il est exposé à avaler des bacilles. Il est vrai que le premier mouvement, quand on se trouve en présence d'une maladie contagieuse, c'est de la fuir ; mais le second mouvement — le bon, et qui procède pourtant du même raisonnement — c'est de chercher les moyens de la prévenir pour s'en garer. Si les nations n'avaient pas acquis une claire conscience de la solidarité fatale qui aujourd'hui les relie, bon gré mal gré, dans la bonne comme dans la mauvaise fortune, il y a longtemps que la guerre dont on nous menace aurait éclaté, mais cette crainte salutaire est le commencement de la sagesse.

Mais pourtant, c'est seulement du jour où la solidarité devient libre et volontaire qu'elle acquiert sa valeur morale. Or, cette transformation doit s'opérer ; elle se fait chaque jour, et les travaux les plus intéressants publiés sur ce sujet par Herbert Spencer, Wundt, Metchnikoff, Fouillée, Guyau, Secrétan, H. Denis, ont eu uniquement pour but de le démontrer.

Il semble que la solidarité soit appelée à passer par trois phases successives.

Dans la première, imposée par la nature, elle est fatale, inconsciente, automatique. C'est probablement ainsi que nous devons nous représenter la solidarité qui unit les cellules d'un être vivant, ou même les abeilles groupées en essaim. Mais elle peut exister sous cette forme même entre hommes et, pour eux aussi, être non moins impérieuse. « La nature, dit Metchnikoff, commande aux peuples la solidarité ou la mort », et dans son livre profond, quoique peu connu, *les Grands fleuves historiques*, il nous montre les civilisations antiques et notamment celle de l'Egypte, fondées sur la solidarité naturelle qu'établit entre les habitants de la vallée du Nil, le cours du fleuve, la nécessité de construire sur un plan général les digues et les canaux et d'exécuter à la même époque les travaux de culture et d'irrigation. Et un pouvoir despotique assurait par des mesures coercitives cette solidarité déjà imposée par la nature des choses.

Dans la seconde phase, la solidarité, tout en conservant son caractère fatal, peut devenir volontaire en ce sens que les hommes acquièrent la claire conscience du lien qui les unit et loin de regimber contre lui, y acquiescent de bonne grâce. Reconnaître une loi comme nécessaire, mais la reconnaître en même temps comme bonne et y apporter le concours empressé et joyeux d'une bonne volonté, ne pas se laisser traîner malgré soi vers un but qu'on ignore, mais vouloir cette fin, la faire sienne et coopérer dans la mesure de ses forces à la réaliser, c'est là déjà un progrès considérable. *Summa Deo servitus, summa libertas*, disaient les anciens théologiens. Tel est, par exemple, le caractère que doivent déjà revêtir dans nos sociétés modernes ces modes de solidarité qui s'appellent le service militaire, le paiement des impôts et, dans certains pays, la contribution de la part du patron aux assurances ouvrières contre les accidents, les maladies, la vieillesse. Chacun peut être contraint *manu militari* à remplir ces obligations, mais tout homme qui voit clairement à quelle fin elles tendent, les remplit spontanément et volontairement. Comme le dit une locution populaire, « il ne se fait pas prier ».

Enfin il existe une dernière phase de la solidarité où toute coercition disparaît et où il ne reste plus que cette libre coopération qui résulte du concours des volontés. C'est celle qui apparaît d'une façon si éclatante dans ces innombrables formes d'association qui s'élèvent de toutes parts, mais dont les syndicats professionnels et les sociétés coopératives sont les types les plus caractéristiques. On sait que telle est la thèse développée par M. Fouillée dans sa *Science Sociale*. Il pense que la société est un organisme régi au début par les seules lois naturelles, mais qui peu à peu se transforme en un organisme contractuel, société idéale « où tous seraient parfaitement libres et cependant parfaitement unis ». C'est cette forme de solidarité qui est la plus haute et c'est celle que nous devons nous efforcer de réaliser.

On peut très bien suivre cette évolution dans les régimes successifs d'organisation du travail, par exemple. Au début, voici le régime des castes, forme primitive de la division du travail, et par conséquent aussi d'une certaine solidarité, mais d'une solidarité coercitive, héréditaire, fatale, et même probablement inconsciente de la part de ceux qui la subissaient. Puis le régime corporatif, où la solidarité est encore imposée par la loi, mais où elle devient consciente, voulue, et où ses bienfaits sont certainement ressentis par les membres de l'association. Enfin, de nos jours, l'association libre sous forme syndicale ou coopérative, où toute contrainte a disparu — non sans peine pourtant, et peut-être prématurément, puisqu'on tend à revenir aux syndicats obligatoires.

Il est à remarquer que la thèse théologique dont nous parlions tout à l'heure s'adapte elle-même très bien à cette évolution, car elle indique clairement le passage, elle aussi, de la solidarité forcée à la solidarité voulue. La chute de tous les hommes en Adam, voilà à l'origine la solidarité fatale que chaque enfant des hommes porte dans sa chair en venant au monde : — le salut de tous les hommes en Christ, voilà pour la vie à venir la solidarité libre qui ne peut se réaliser que par le don de soi-même. Ici donc encore les écoles sociologiques et chrétiennes se sont rencontrées, et le crédit attaché au mot de solidarité en a été fort accru.

***

Reste à voir maintenant si la formule de la solidarité est assez large et assez originale pour servir de devise à une nouvelle école et quelles applications on peut en tirer, en nous limitant sur le terrain économique.

La formule de la solidarité nous permettra d'abord de nous distinguer d'une façon assez nette de l'école libérale classique. Ce n'est pas que la liberté et la solidarité soient incompatibles, puisque nous venons de voir au contraire que la solidarité tend à se réaliser dans la liberté. Mais si c'est là qu'elle tend, ce n'est pas de là qu'elle vient : elle vient des fatalités naturelles : donc l'école qui a apprécié les bienfaits de la solidarité, même sous la forme coercitive, ne fera pas de la liberté un critérium infaillible pour juger de la valeur des doctrines ou des institutions : elle n'y cherchera pas la solution unique. Par exemple, elle ne repoussera nullement l'intervention de l'Etat dans les questions économiques, car l'Etat lui apparaît comme une forme très remarquable — la forme la plus large — de la solidarité sociale, et encore que cette forme soit coercitive, elle ne l'estime pas moins d'une haute valeur morale. D'ailleurs, si l'on peut dire que l'association représentée par l'Etat n'est pas libre, puisqu'on y entre par la naissance, on ne saurait cependant dire qu'elle est coercitive, car nous y adhérons volontairement et spontanément, et tout bon citoyen ratifie mille fois dans sa vie la qualité de Français que la loi lui a conférée. Et au bout du compte, il est libre de se dépouiller de cette qualité en se faisant naturaliser étranger. Quant au fait que dans cette association qui s'appelle l'Etat, chacun de nous doit subir la loi de la majorité, autant en peut-on dire de toute association.

Elle se réjouira donc quand l'Etat forcera par des lois les propriétaires rapaces à aménager leurs immeubles dans l'intérêt de la santé publique, ou les patrons à se préoccuper de la santé de leurs ouvriers, ou les boutiquiers récalcitrants à fermer leurs magasins le dimanche pour ménager la santé de leurs employés, ou quand il soumettra à des règlements draconiens les débitants d'alcool ou les kiosques qui vendent des feuilles obscènes. Elle acceptera même, sous des conditions à discuter, le principe de l'assurance obligatoire et de l'assistance obligatoire. La loi, a-t-on dit, doit être la conscience de ceux qui n'en ont pas : c'est très bien dit, mais il faut dire de même que lorsque le sentiment de la solidarité sociale fait défaut, aussi bien que la conscience, à beaucoup de gens, la loi doit l'imposer. Ce sera d'ailleurs le meilleur procédé éducatif pour faire naître ce sentiment et l'enraciner dans les mœurs, en dépit du dicton bien vieux et bien superficiel *Quid leges sine moribus ?*

En sens inverse, l'école de la solidarité ne pourra se montrer très sympathique à la concurrence, qui est une des formes sous laquelle l'école classique aime à saluer le principe du laisser-faire. Elle ne pourra oublier que la concurrence, c'est « la lutte pour la vie » et qu'elle procède par conséquent d'un principe directement opposé à celui de « l'association pour la vie. » La concurrence produit ce que je puis appeler une solidarité *à rebours*, je veux dire que, tandis que sous le régime de la véritable solidarité le bien de l'un devient le bien de tous et le mal de l'un le mal de tous, sous le régime de la concurrence, au contraire, comme l'a dit depuis longtemps Montaigne, le profit de l'un est le dommage de l'autre ; la fortune d'un industriel s'élève sur les ruines de ses concurrents moins heureux, et c'est la défaite des uns qui peut seule assurer la victoire des autres. La solidarité la plus souvent réalisée aujourd'hui, c'est celle de la mouche et de l'araignée, ou de l'abeille et du frelon.

En fait de commerce international, l'école dont nous esquissons le programme ne saurait être protectionniste à la façon dont on l'est aujourd'hui, puisque ce protectionnisme s'efforce justement de rompre tout lien de solidarité entre nations et de réaliser, en fait de rapports internationaux, le principe « chacun pour soi ; » mais elle ne goûtera pas non plus beaucoup le *free-trade* à la mode anglaise qui n'est en somme qu'une autre forme du « Chacun pour soi », chacun devant se frayer sa voie à coups de coude. Des unions douanières entre nations fondées par des sacrifices réciproques consentis en vue d'un intérêt général — l'intérêt européen, par exemple, en face de la concurrence américaine — répondraient le mieux à son programme en faisant naître le sentiment de grandes solidarités internationales, et l'attente d'une solidarité plus universelle encore.

Même les formes d'associations préconisées par l'école classique libérale ne sont que des formes pauvres et peu faites pour nous rapprocher de l'idéal que cette école a en vue. Que penser par exemple de la Société par actions dans laquelle M. de Molinari voit le type de l'organisation économique future et qui prend en effet de nos jours un si grand développement ? Où est-elle cette solidarité que nous cherchons ? Pas assurément dans les rapports entre les ouvriers employés par la Compagnie et les actionnaires de cette Compagnie : associés de fait dans une entreprise commune, il n'existe entre eux aucun lien de droit, aucun intérêt commun ; ils sont partagés en deux classes, les uns travaillant dans une entreprise dont ils ne touchent point les fruits, les autres se partageant les produits d'une entreprise dans laquelle ils ne travaillent point ; ils ne se voient pas, ne se connaissent pas et se haïssent pourtant d'une haine anonyme, comme le nom même que porte cette forme de société. Faut-il la chercher au moins cette solidarité, dans les rapports des actionnaires entre eux ? Pas davantage ; eux non plus, dispersés aux quatre coins du monde, peut être ne sachant même pas où est située l'entreprise à laquelle ils sont soi-disant associés, ne connaissent d'elle que les papiers à beaux dessins qu'ils ont en portefeuille, ne se touchent que par le lien d'un même dividende à palper.

Inutile de multiplier ces contrastes : il est évident qu'en toutes choses, une école qui prend pour devise l'intérêt personnel et « l'aide-toi toi-même » ne saurait se placer au même point de vue qu'une école qui place son idéal dans le sentiment de notre dépendance mutuelle, dans l'adhésion joyeuse à cette dépendance et dans la bonne volonté de travailler à la réaliser.

L'école socialiste, elle, emploie plus volontiers le mot de solidarité, surtout les anarchistes, qui en font un fréquent usage. Et nous ne nions pas que ces doctrines, en effet, ne travaillent à réaliser à leur manière la solidarité, mais il ne paraît pas qu'elles emploient les moyens les mieux adaptés à cette fin. Ces moyens sont la lutte des classes, la suppression des inégalités avec toutes les institutions, telles que propriété, hérédité, prêt, entreprise individuelle, qui ont pour résultat de les augmenter ou de les perpétuer. Or, la lutte des classes ne paraît pas un moyen très propre à développer la solidarité entre membres d'une même société, mais seulement entre les membres respectifs des classes aux prises, de même que la guerre ne paraît pas un bon moyen de développer la solidarité internationale, quoiqu'elle puisse avoir pour effet de fortifier cette solidarité entre membres d'un même pays qui s'appelle le patriotisme. Quant à la suppression des inégalités, ceci surtout paraît à l'encontre des fins qu'on se propose. S'il est un fait bien démontré, c'est que la solidarité implique la diversité et l'inégalité des parties. Là où toutes les parties sont semblables, il peut y avoir juxtaposition, comme entre les grains d'un tas de sable, ou tout au plus ce que M. Durckheim appelle la « solidarité mécanique », comme entre les molécules qui constituent un cristal, mais il ne saurait y avoir de solidarité véritable, et plus au contraire les individus seront différenciés, plus leur coopération sera active. Il faudrait plutôt tendre à accroître les variations des individus, non les restreindre. J'entends bien que le socialisme ne vise qu'à supprimer les inégalités *artificielles* non les inégalités *naturelles*, mais celles-là ne sont le plus souvent que la conséquence de celles-ci.

Il faut accorder cependant qu'il y a certaines formes de l'inégalité qui, par leur caractère excessif, vont à contre-fin de la solidarité et ne sauraient par conséquent être approuvées par une école qui prend cette devise. L'extrême richesse, en effet, comme l'extrême pauvreté, peuvent avoir ce résultat fâcheux de rompre le lien qui unit l'individu à la communauté, et qui les unit entre eux. S'il y a entre Lazare et le riche un fossé aussi grand que celui qu'Abraham montrait au mauvais riche de la parabole : « Entre vous et nous s'ouvre un grand abîme afin que ceux qui veulent passer d'ici vers vous ne le puissent point et qu'on ne traverse pas non plus de vous vers nous », — il est clair qu'en ce cas la solidarité sociale est rompue. Pour le pauvre qui est très pauvre, qui couche à la belle étoile et qui vit de maraude, il n'y a pas de lien social : que lui importe que Paris brûle ! Et pour le riche qui est très riche, qui a villas au bord de la mer et châteaux sur la montagne et son portefeuille garni de titres de rentes de tous pays, celui-là aussi peut s'affranchir de tout lien social : il n'a cure de l'épidémie, de la révolution, de la guerre, ces fléaux ne l'atteignent pas ; il peut, comme on dit, s'enfermer dans sa tour d'ivoire (il faut être très riche pour se payer une tour d'ivoire) et, lui aussi, peut regarder brûler Rome, comme Néron, en jouant de la lyre.

L'école de la solidarité conclura donc qu'il est mauvais qu'un homme puisse se trouver affranchi des joies ou des douleurs communes ; et, à ce point de vue, elle repoussera les institutions ou les lois qui favoriseraient ce résultat, mais elle condamnera plus énergiquement encore, non moins fidèle en cela à son principe, tout système social qui tendrait à réaliser pour les hommes une uniformité d'éducation, de condition, de milieu, et qui, par l'identité des individus associés, ramènerait les sociétés aux types des organismes inférieurs, à ce que les naturalistes appellent des « colonies animales. »

Les socialistes et communistes nous promettent que sous leur régime aussi les faibles profiteront du du travail des forts. Seulement, comme ce régime ne paraît pas devoir laisser beaucoup de place aux initiatives individuelles, il est à craindre que les individualités découragées n'abdiquent et ne se laissent mener par les incapables ; en ce cas le résultat obtenu serait l'inverse de celui que nous cherchons ; ce ne sont pas les forts qui élèveraient les faibles en leur tendant la main, ce seraient les faibles qui feraient dégringoler les forts en montant sur leur dos. C'est bien là une forme de solidarité, si l'on veut, mais il y a du moins une nuance qui vaut la peine d'être notée !

Si l'école de la solidarité ne veut ni de l'individualisme ni du communisme, où cherchera-t-elle donc une solution pratique ? Où donc, sinon dans l'association coopérative sous ses formes infiniment diverses, mais toutes formes d'association qui réalisent pleinement l'idéal d'une solidarité consciente et librement acceptée et qui l'expriment naïvement par l'emblème populaire de deux mains jointes et par sa devise : « Chacun pour tous, tous pour chacun », ce qui est précisément la traduction populaire de l'idée de solidarité. Et si l'on demande en quoi cette forme d'association réalise mieux le principe de solidarité que toute autre forme de sociétés, il sera facile de démontrer qu'effectivement elle le serre de beaucoup plus près. Donnons-en quelques preuves.

D'abord, le but essentiel de l'association coopérative — association de consommation, de production ou de crédit — c'est la suppression des intermédiaires et la mise en contact immédiat des producteurs et des consommateurs, de ceux qui ont de l'argent à placer et de ceux qui en ont à emprunter, etc., c'est-à-dire le rapprochement de ceux qui ont besoin les uns des autres, en supprimant ou en réduisant au minimum les organes de transmission. Or, il est clair que la solidarité est d'autant plus active entre les parties que celles-ci sont plus rapprochées. Actuellement les producteurs font du bon vin et le vendent à vil prix ; les consommateurs boivent du mauvais vin et le paient cher. Actuellement, les capitalistes qui ont de l'argent à placer ont beaucoup de peine à en trouver un intérêt passable ; mais les gens qui ont de l'argent à emprunter n'en trouvent qu'à des conditions fort onéreuses. Les membres de la société qui ont besoin les uns des autres se trouvent donc séparés les uns des autres par des sortes de cloisons étanches qui empêchent ou gênent singulièrement la circulation entr'eux, et leur enlèvent jusqu'à la conscience même de la solidarité de leurs intérêts pour ne laisser entre eux que le sentiment d'un antagonisme d'intérêts.

L'association coopérative ne borne pas du reste son ambition à mettre en relations directes les parties dont les intérêts sont aujourd'hui en conflit — producteurs et consommateurs, créanciers et débiteurs, patrons et ouvriers, propriétaires et locataires. Elle tend à supprimer jusqu'à l'occasion même du conflit en confondant en une seule personne les deux antagonistes. — Dans la société de consommation, le consommateur devient son propre marchand et son propre producteur. C'est ainsi que les consommateurs, dans la boulangerie coopérative, font eux-mêmes leur pain et, dans la boucherie coopérative, abattent eux-mêmes le bétail qu'ils mangent. Et dans le puissant Wholesale anglais, ils fabriquent eux-mêmes leurs savons, leurs biscuits, leurs chaussures, leurs draps, etc. et tendent même aujourd'hui, par la création de fermes coopératives, à produire leur blé, leur lait, leur beurre, leurs fruits, leurs légumes, etc. — Dans la société de production, l'antagonisme entre capitaliste et travailleur se transforme en un régime dans lequel le travailleur sera son propre capitaliste ; — dans l'association de crédit, l'emprunteur devient son propre prêteur de deniers ; — dans l'association de construction, le locataire devient son propre propriétaire ; — et tous réalisent, sans le savoir, la théorie d'Hegel : la thèse, l'antithèse, et la synthèse qui les réconcilie, Comment, dans ces conditions, ces intérêts antagonistes ne deviendraient-ils pas forcément solidaires ? C'est bien ici le cas de dire que par cette pénétration mutuelle, ils ne font qu'un même corps.

Ce n'est pas tout. L'association coopérative aboutit à ce résultat original de permettre aux faibles de bénéficier de l'énergie des forts, ce qui est bien contraire aux théories évolutionnistes d'Herbert Spencer, mais on ne peut plus conforme à la loi de la solidarité. Tous ceux qui ont l'expérience des associations coopératives, sous une forme quelconque, savent qu'elles ne peuvent prospérer qu'autant qu'il s'y trouve une ou quelques individualités énergiques qui font réussir l'entreprise. Or, sous le régime individualiste, ces individualités bien trempées seraient probablement arrivées à se tirer d'affaire par elles-mêmes ; elles auraient réussi, comme on dit, et auraient recueilli seules les fruits de leurs succès. Mais sous le régime coopératif, elles sont obligées pour ainsi dire de traîner à la remorque une masse plus ou moins inerte d'individus qui auraient été incapables de s'élever par eux-mêmes.

Qu'on songe que les associations coopératives (du moins si elles demeurent fidèles à leur principe) restent toujours ouvertes à ceux qui voudront y entrer, aux mêmes conditions que les membres fondateurs — principe combien différent de celui qui régit nos entreprises et associations capitalistes ! — en sorte que les vétérans qui ont été à la peine et ont passé par toutes les épreuves du début verront des nouveaux venus, ceux-là même peut-être qui les ont raillés et qui leur ont jeté la pierre, recueillir les mêmes dividendes qu'eux-mêmes, et ainsi, comme dans la parabole de l'Evangile, les ouvriers de la onzième heure seront payés au même prix que les ouvriers de la première heure ! Ce n'est pas là un résultat très conforme à l'idée individualiste que nous nous faisons de la justice. Eh bien ! ce qui prouve la valeur de l'éducation coopérative, c'est que les fondateurs et les chefs de ces associations ne songent pas à se plaindre de ce rôle que nous qualifierons volontiers de dupe : ils s'y prêtent de bonne grâce; ils s'en montrent fiers et joyeux.

Mais si telles sont les vertus que le système coopératif contient en puissance, il est aisé de comprendre qu'elles ne sont pas près de se réaliser dans un milieu aussi pauvre moralement que le nôtre. Et on n'a pas de peine à comprendre non plus pourquoi les résultats obtenus par les associations coopératives ne répondent guère encore, même en Angleterre, à de si hautes ambitions. Enfin on comprend aisément pourquoi, alors que la solidarité a tant de peine encore à se constituer sous sa forme libre, qui est l'association coopérative, elle tend au contraire à se développer rapidement sous la forme coercitive — d'une valeur inférieure au point de vue moral, mais d'une pratique bien plus facile — qui s'appelle le Socialisme d'Etat !

LES ENNEMIS DE LA COOPÉRATION [1]

MM. — La première pensée qui m'était venue à l'esprit, c'était de vous parler du développement de la coopération, des succès remportés par certaines sociétés coopératives — quand j'ai fait réflexion que l'on parlait toujours des sociétés coopératives qui avaient réussi et qu'on ne parlait jamais de celles qui avaient échoué. Vingt fois, mon ami de Boyve et moi et d'autres que je vois ici, nous avons été de lieu en lieu, racontant les victoires de la coopération en France et dans le monde ; mille fois par tout pays on a redit l'héroïque histoire des pionniers de Rochdale — mais quant aux sociétés qui sont mortes en naissant ou après quelques années d'une pénible vie, celles-là personne n'en a jamais parlé. C'est le sort commun en ce monde! L'histoire ne parle que des victorieux et jamais des vaincus. Pourtant, elle est très intéressante et très instructive l'histoire de ces pauvres sociétés qui ont lutté et qui ont succombé et dont le nom ne figurera jamais sur les Annuaires de la coopération ou n'y figurera qu'avec une croix qui veut dire : « Décédée ! »

La liste en serait longue, si on pouvait la dresser, de ces sociétés défuntes; elles sont nombreuses, en effet, plus nombreuses, il ne faut pas se faire d'illusion, que celle des sociétés définitivement assises. Les ennemis de la coopération s'en font même souvent un argument contre nous ; il nous

(1) Conférence donnée sous la présidence de M. Paul Doumer, député, durant le Congrès des Sociétés Coopératives réuni à Grenoble, le 15 octobre 1893, et publiée dans le compte-rendu du Congrès.

disent avec un sourire de pitié : — Comptez vos morts ! — A cela je répondrai que dans les entreprises capitalistes, qu'elles aient la forme de sociétés par actions ou d'entreprises individuelles, les insuccès sont fréquents aussi, et nous pourrions dire à notre tour : Industriels, commerçants, sociétés financières, avant de nous jeter la pierre, comptez donc vos faillites ! La vérité est qu'il y a encore plus d'entreprises qui échouent sous la forme individuelle ou actionnaire que sous la forme coopérative ; seulement on s'en aperçoit moins. Quand un épicier ferme boutique pour cause de liquidation, on trouve cela tout naturel et personne n'y fait attention ; quand une société coopérative tombe en déconfiture, on sonne les cloches à toute volée comme pour un enterrement de première classe, non pas pour lui faire honneur et par charité chrétienne, je vous prie de le croire, mais à seule fin que nul n'en ignore.

Il n'y a donc pas à s'effrayer de voir des entreprises coopératives échouer, mais il est très important d'y regarder de près et de rechercher par quelles causes, par suite de quels obstacles extérieurs ou de quels vices internes, elles ont succombé, afin de tâcher d'éviter les uns, de guérir les autres.

C'est donc des sociétés mortes que je veux vous parler aujourd'hui.

J'ai, d'ailleurs, une compétence toute particulière pour parler des sociétés coopératives qui meurent, je puis le dire, hélas ! sans vanité — car la seule raison, c'est que j'ai eu une ou deux sociétés coopératives tuées sous moi, et que, notamment, celle que nous avons fondée dans la ville que j'habite, dont je suis le vice-président, et que j'ai représentée à beaucoup de Congrès, la *Prévoyance Montpelliéraine*, est en train de rendre le dernier soupir, après deux ans d'agonie... elle est peut-être morte à l'instant où je parle. En tout cas, il est certain que c'est bien la dernière fois que j'ai l'honneur de porter la parole en son nom ; j'oserais dire, si ce n'était moi qui parlais, que c'est le chant du cygne.

I

Il est rare que les sociétés coopératives meurent, comme l'on dit, « de leur belle mort » : elles succombent soit sous les coups de certains ennemis du dehors, soit par suite de certaines maladies intérieures.

Regardons d'abord du côté de leurs ennemis du dehors.

Tout d'abord, nous avons comme ennemis naturels — je regrette d'avoir à le dire ici — les dames ! Elles ne nous aiment pas ou du moins n'aiment pas nos magasins. Elles préfèrent le magasin public qui est plus élégant, où les employés sont plus prévenants, où l'on peut faire la causette sans hâte. Et puis, le « livret » les offusque. Cette façon d'inscrire chaque sou qu'elles dépensent sur un carnet qu'elles doivent apporter et rapporter à la maison, leur paraît attenter à leur dignité..... Toutefois, j'aurais mauvaise grâce, en présence de si nombreuses dames coopératrices que je vois ici, d'insister sur cette inimitié. Elle passera ; elle forcera seulement les coopérateurs à être un peu plus aimables et ce sera tout profit.

Mais voici d'autres ennemis plus sérieux et qui, ceux-ci, ne désarmeront jamais. Ils vous sont bien connus : ce sont les commerçants et débitants.

Ce sont eux qui ont peu à peu tué notre pauvre *Prévoyance montpelliéraine* (ce n'a pas été cependant la seule cause, comme je vous le dirai tout à l'heure).

A la suite d'une conférence que j'avais faite pour sa création, les épiciers et les bouchers de Montpellier se sont cotisés pour fonder un petit journal et faire venir un avocat distingué de Paris, et lui faire donner une grande conférence contre la coopération, qu'ils ont même payée, m'a-t-on dit, 1,500 francs... Il est vrai qu'étant peu satisfaits du résultat, ils lui ont fait rendre une partie de l'argent pour les pauvres. Cette petite guerre a, du reste, au début, tourné à leur détriment et à notre avantage, par le grand nombre d'adhérents qu'elle nous a attirés. J'ai même vu un marchand qui est venu prendre une action et un livret, 5 fr. 60, pour avoir le droit, disait-il, d'entrer dans le magasin et de décharger sa bile en nous disant tout ce qu'il pensait sur notre compte. — « Mon Dieu ! lui ai-je répondu, si vous avez beaucoup de vos amis qui, pour se donner le plaisir de nous dire des injures, veuillent devenir nos actionnaires, qu'ils ne se gênent pas ! A 5 f. 60, tant qu'ils voudront ! » C'est ainsi que de 300 adhérents, en quelques mois, nous sommes montés à 1000. — Mais je dois dire qu'en fin de compte ils ont eu le dessus. Petit à petit ils ont détaché et repris nos adhérents dont la foi n'était guère assurée. Aux ouvriers, ils ont dit que cette société était une entreprise fondée par quelques richards qui y faisaient fortune... et ils le leur ont fait croire avec une facilité vraiment humiliante pour le bon sens de la classe ouvrière.— Les bourgeois s'étaient montrés moins crédules à leurs insinuations, mais par une tactique habile, les marchands ont gagné leurs cuisinières !

En voilà une terrible catégorie d'ennemis pour les coopératives que les cuisinières ! D'abord, en leur qualité de dames, elles participent à cette animosité commune au beau sexe dont je parlais tout à l'heure, mais en plus, elles y apportent des griefs personnels. Non seulement elles sont irritées contre le livret qui leur paraît inventé à seule fin de les empêcher de faire danser l'anse du panier, mais de plus elles se plaignent que les coopératives ne leur donnent pas « le sou par franc » auquel les marchands les ont habitué sauf, d'ailleurs, à le rattrapper avec usure sur la note du bourgeois. Vainement leur disions-nous que c'était précisément parce que nous les respections que nous ne voulions pas les acheter ! Tous ces cordons bleus nous ont voué une haine à mort ; l'une d'elles a même déclaré qu'elle m'empoisonnerait..., menace qui, dans la bouche d'une cuisinière, n'est certainement pas à mépriser.

Les mêmes faits se sont passés lors de la création de la boucherie coopérative de Nimes. Les marchands nous font partout la guerre. Dans ces derniers temps, elle a redoublé d'intensité, par suite même des progrès de la coopération. Je n'ai pas besoin de vous rappeler les réunions, les affiches, les pétitions adressées soit à la Chambre des députés, soit aux Conseils généraux, à l'occasion du projet de loi sur les sociétés coopératives, et finalement cette campagne n'a pas été sans résultat, puisque le projet de loi est renvoyé depuis six ans du Sénat à la Chambre et réciproquement, comme un volant entre deux raquettes — avec cette différence que le jeu consiste ici non à empêcher le volant de toucher terre, mais au contraire à l'y faire tomber et même à l'y enterrer.

N'a-t-on pas eu l'aplomb de demander non seulement que les sociétés coopératives soient soumises à la patente, mais encore que la loi interdise à tous les fonctionnaires, militaires, ou employés de l'État ou des municipalités, de se fournir à des sociétés coopératives ? Voilà qui est plaisant ! Et pour quelle raison, je vous prie ? — Elle est admirable ! C'est parce que ces employés étant payés avec l'argent de l'Etat ou de la Ville, et cet argent sortant sous forme d'impôts de la poche des commerçants, il est juste qu'on l'y fasse rentrer en obligeant ces fonctionnaires à dépenser leur traitement chez les commerçants ou cafetiers et à le rapporter ainsi d'où ils l'ont reçu ! Cette prétention se comprendrait encore si les impôts payés par les commercants alimentaient à eux seuls les quatre milliards du budget de l'Etat et des villes, mais on sait bien que c'est de notre poche à nous tous qu'ils sortent, ces quatre milliards — y compris la poche des malheureux employés et fonctionnaires ! Les impôts payés par les commerçants n'en représentent qu'une infime partie. Et même, à bien dire, ces impôts soit disant payés par les commerçants ne le sont qu'en apparence, car ils s'empressent de les faire payer au consommateur en les portant sur sa facture. Il suffit qu'on élève l'impôt sur le vin ou le café d'un centime pour que le marchand élève immédiatement son prix d'un sou. Mais quand, en sens inverse, l'impôt est diminué — ce qui, je le reconnais, est un fait rarissime — le marchand l'ignore toujours.

Les commerçants ont émis encore une prétention bien autrement impertinente ! Ce ne sont pas seulement les employés et fonctionnaires qu'ils veulent exclure de nos sociétés, ce sont tous les gens riches ou même aisés. Ils ont particulièrement demandé que les associations coopératives ne fûssent permises qu'entre ouvriers vivant d'un salaire modique ou ceux qui ne paieraient pas plus de quelques francs de contribution mobilière. En un mot, ils voudraient faire des associations coopératives des associations de pauvres, des établissements de charité, comme je le disais au commencement, des succursales du bureau de bienfaisance. « Nous ne voulons pas en priver les pauvres gens si vous croyez qu'elles puissent leur être utiles, disent-ils généreusement ! » Je vous crois, bonnes âmes! vous entendez vous réserver comme clients tous ceux qui ont bonne bourse et nous laisser charitablement tous ceux qui n'ont rien à dépenser! Mais qu'est-ce que cette idée baroque de diviser les gens en classes : il y aurait donc un droit pour les pauvres et un droit pour les riches? certaines associations qui ne seraient ouvertes qu'aux uns et certaines qui ne seraient ouvertes qu'aux autres? Pourquoi ne pas imposer à ces diverses classes un costume différent et des bonnets de couleur verte ou rouge, pour qu'on puisse reconnaître à première vue si un tel a le droit d'entrer dans le magasin coopératif ou si c'est dans le magasin du marchand du coin? Autant vaut nous ramener au moyen-âge alors, où tous les serfs du village étaient obligés de faire moudre leur blé, de faire cuire leur pain, de faire presser leurs raisins, même de mener leur vache, au moulin, au four, au pressoir, au taureau, du seigneur — moyennant redevance, bien entendu ! Et même, pendant quarante jours après les vendanges, le seigneur avait seul le droit de vendre son vin : c'était le droit de « banvin ». Aujourd'hui c'est le boulanger ou l'épicier du coin qui serait le seigneur, c'est pour lui qu'on ressusciterait le droit de banvin, et c'est nous, consommateurs, qui serions les vilains ! Ce serait bien la peine d'avoir fait Quatre-vingt neuf !

Je suis, d'ailleurs, bien convaincu qu'alors même que, conformément au vœu des commerçants, les sociétés coopératives seraient soumises à la patente, les commerçants n'y gagneraient rien du tout. Et pour nos sociétés, je n'y verrai pas grand inconvénient. Ce sont là des misères. Il y a une chose qu'il faut avoir le courage de dire et que les commerçants doivent avoir le courage de comprendre : quoi qu'il arrive, l'organisation commerciale, telle que nous la voyons fonctionner de nos jours, a fait son temps, et elle est condamnée à disparaître, tout comme le roulage, les réverbères à huile, les fusils à piston et les chaises à porteur. Et pourquoi ? En voici la raison.

Toutes les fois que, dans une société comme dans un corps vivant, un organe ne remplit plus la fonction à laquelle il est destiné, la nature le condamne à disparaître ; tous ceux qui se sont occupés de sciences naturelles ou sociales savent cela. Or, quelle est la fonction des commerçants en ce monde, quelle est leur raison d'être et pourquoi sont-ils faits ? N'est-ce pas pour faire passer les produits le plus rapidement et le plus économiquement possible des mains des producteurs entre celles des consommateurs, et, *vice versa* aussi, pour faire passer entre les mains des producteurs la valeur en contre-partie, l'argent payé par les acheteurs ? — Eh bien ! c'est ce qu'ils ne font pas ou c'est ce qu'ils font mal. En voici un seul exemple entre mille. Dans toute la France du midi, à l'heure qu'il est, les propriétaires de vignes ne peuvent plus vendre leur vin ou le vendent à vil prix : à 15 ou 18 francs l'hectolitre, c'est-à-dire à 15 ou 18 centimes le litre, ou 20 centimes les bons vins, vous aurez dans notre pays tous les vins que vous voudrez, et même à ce prix, je répète, on ne trouve pas à le vendre. Et pourquoi ne se vend-il pas ? Vous en buvez pourtant, du vin ; vous en buvez même beaucoup plus qu'on n'en produit. La consommation en France est presque le double de la production.

Et non seulement vous le buvez, mais je suis sûr que vous le payez bien et que vous le payez 40 ou 50 centimes le litre, c'est-à-dire deux ou trois fois le prix auquel le propriétaire le vend..., quand il le vend. Et notez bien encore que, le plus souvent, le vin que vous livre l'intermédiaire ne ressemble guère à celui que le propriétaire a livré. Et c'est la même chose pour toutes les denrées. N'avais-je pas raison de dire que c'est là un mécanisme absolument détraqué et qui ne rend aucun des services qu'on est en droit d'en attendre? Au lieu de servir de canal entre le producteur et le consommateur pour l'écoulement des produits, il est devenu un barrage qui empêche l'écoulement de ces produits. Et cependant ce n'est pas faute pour les intermédiaires d'être en nombre! ils sont quatre, cinq, dix, là où un seul suffirait, et ne servent qu'à encombrer la circulation. Avez-vous vu jamais faire la chaîne pour l'incendie dans un village? Je l'ai vu : on se met dix, vingt, cent, et le seau rempli d'eau passe de main en main; seulement, comme à chaque main par laquelle il passe, il perd un peu d'eau, quand il arrive entre les mains du dernier, qui doit jeter l'eau sur le feu, il est vide! De même aussi la pièce de cent sous payée par vous, public, pour l'achat d'une denrée quelconque, a à passer par tant de mains, détaillant, marchand de gros, de demi-gros, commissionnaire et courtier, que le jour où cette pièce arrive entre les mains du pauvre producteur qui a produit le blé, ou le vin, ou le bœuf, ou le légume, il ne reçoit dans le creux de la main que quelques sous : tout le reste a été mangé en chemin! Et voilà un gaspillage dont le pays paye les frais et qui n'est pas tolérable. Et voilà pourquoi j'avais le droit de dire que, de même que la chaîne à incendie a été remplacée dans tous les endroits civilisés par la pompe à vapeur, de même l'organisation commerciale d'aujourd'hui devra faire place à une forme supérieure, plus économique et plus rapide. Les signes de cette transformation sont déjà, du reste, visibles à tous les yeux. Dans les Grands Magasins, comme dans les syndicats agricoles, partout se manifeste le besoin impérieux de mettre en relations directes producteurs et consommateurs, en passant par dessus la tête des intermédiaires. Quand bien même donc ce ne seraient pas nous, sociétés coopératives, qui serions appelées à remplacer le petit commerce, alors ce seraient les Grands Magasins. Mais que gagnerait-il au change ?

C'est ce que je disais aux commerçants de Montpellier : « De toutes façons, vous êtes destinés à être mangés »... Vous dites que vous ne voulez pas être mangés? Mais ce n'est pas là la question : il s'agit uniquement de savoir par qui vous serez mangés, si c'est par les Grands Magasins ou par nous, sociétés coopératives ! Eh bien, si j'ose en une matière aussi délicate — c'est, en somme, une affaire de goût — vous donner un conseil, vous devez préférer être mangés par nous, parce que nous représentons les intérêts des consommateurs, du public, de tout le monde, de la démocratie, plutôt que par les Grands Magasins qui ne représentent qu'une féodalité commerciale et des fortunes colossales !

Mais voici venir une nouvelle armée d'ennemis et plus redoutable que les premiers : ce sont les socialistes. Les socialistes n'aiment pas les sociétés coopératives, en France surtout. Le nombre de celles qu'ils ont fait périr est grand, et plus grand surtout le nombre de celles qu'ils ont empêché de naître par les sentiments de défiance et d'animosité qu'ils suscitent contre elles dans la classe ouvrière.

Si les socialistes ne faisaient la guerre qu'aux économats, on pourrait le comprendre, car il y aurait fort à dire sur ce sujet. Mais c'est aussi aux sociétés coopératives de production et même de consommation qu'ils déclarent la guerre. L'année dernière, pour ne citer que ce seul cas, le Congrès régional du Centre a déclaré que « la coopération doit être combattue par les Bourses du Travail ». Et l'année dernière aussi, la Bourse du Travail de Paris a refusé d'admettre la Chambre consultative des Associations coopératives de production, par ce motif que ces associations doivent être considérées comme des syndicats de patrons. Cette année, dans l'usine Cosserat, d'Amiens, les ouvriers ont exigé la suppression de la société coopérative — probablement aussi à l'instigation des petits débitants de la localité. Il est évident que, par suite de cette hostilité des syndicats ouvriers et des meneurs socialistes, beaucoup d'ouvriers sont détournés d'entrer dans les sociétés coopératives et que, dès lors, le mouvement coopératif se renferme surtout dans les classes bourgeoises, fonctionnaires, employés, et ne peut prendre les grands développements auxquels il serait en droit de prétendre.

Que lui reproche-t-on? — Ce sont, disent les socialistes, des sociétés bourgeoises.— Naturellement, il en sera ainsi aussi longtemps que les ouvriers s'en tiendront à l'écart; mais qu'ils y entrent et ils en feront des sociétés ouvrières ! Dans un groupe de socialistes de Paris où cette question était discutée, l'un d'eux disait dédaigneusement, justement à l'occasion de notre Congrès de Lyon de 1886 : « Les coopérateurs sont possédés de l'idée de la propriété individuelle; ils n'ont rien des opinions socialistes les plus élémentaires. »

Pardon ! nous pourrions très bien nous dire socialistes aussi — seulement, dans un temps comme celui-ci, où tout le monde se dit socialiste, depuis les catholiques ultramontains jusqu'aux francs-maçons, nous jugeons bien inutile de réclamer ce titre. Nous nous contenterons de dire que les ambitions les plus nobles et même les plus hardies des socialistes sont aussi les nôtres. Comme eux, nous voulons réaliser une organisation sociale très supérieure à celle que nous voyons; comme eux, nous protestons contre les iniquités de l'ordre social, contre les institutions qui permettent à des oisifs, pour satisfaire leurs jouissances, d'écrémer les fruits du travail; comme eux, nous sommes convaincus qu'on peut mieux utiliser ces trésors de force latente qui sont enfouis dans la masse et qui attendent leur jour; comme eux, nous attendons une terre nouvelle où non seulement une suffisante vie sera assurée à tous, mais où chacun aura sa part aux joies de la civilisation.

Et ce ne sont pas seulement des idées générales de justice et de solidarité qui nous rapprochent des socialistes, ce sont aussi des réalisations pratiques et immédiates.

N'est-ce pas du vrai socialisme que de chercher à assurer aux ouvriers une alimentation plus saine et plus abondante ? que de lui ouvrir des centres de réunion et de propagande ? que de supprimer les intermédiaires parasites ? que d'abolir, dans les statuts de nos petites républiques coopératives, l'attribution du profit au capital?

Quant à l'argument que nous voulons maintenir la propriété individuelle, il est d'autant plus singulier que, sur ce point, les socialistes ne savent plus guère où ils en sont. Jusqu'à présent on croyait que le programme du collectivisme, c'était, il est vrai, que personne ne serait plus propriétaire. Mais voici que, depuis les dernières élections, le mot d'ordre du socialisme, c'est que tout le monde sera propriétaire ! Vraiment, c'est bien ainsi qu'un des maîtres de l'Université et un des chefs du nouveau socialisme, M. Jaurès, le définit : « Nous voulons, dit-il, faire que tous les instruments de production : terre, mines, capitaux, deviennent la propriété des travailleurs affranchis et organisés ». Eh bien ! mais c'est justement ce que nous voulons aussi, c'est le programme des Pionniers de Rochdale ! Nous voulons, en effet, par l'association coopérative de production, de consommation, de crédit, de construction, faire passer peu à peu l'industrie commerciale, manufacturière, banquière, les capitaux, les usines et les maisons, des mains de ceux qui s'en servent, aux mains des consommateurs, du public, de tout le monde. Mais nous ne croyons pas avoir besoin pour cela de rien supprimer, ni d'exproprier personne; nous avons une vue des choses plus large, nous croyons pouvoir arriver à créer assez de richesses nouvelles pour n'avoir pas besoin d'aller arracher aux mains des bourgeois, comme un os à ronger, les richesses qu'ils ont déjà pu acquérir. Qu'ils les gardent! Nous en ferons d'autres!

Ce n'est donc pas sur le but que nous différons, c'est sur les moyens. La lutte des classes, la révolution, l'expropriation, voilà les moyens du socialisme révolutionnaire. Ce ne ne sont pas, en effet, les nôtres. Les socialistes appliquent dans les réformes sociales les procédés de l'ancienne chirurgie qui consistaient à amputer toujours. Nous ne voulons rien amputer du tout au corps social, ni bras ni jambes, ni même ses verrues qui sont pourtant nombreuses et hideuses. Nous procédons, nous, coopérateurs, par le dedans et non par le dehors. Nous cherchons à introduire peu à peu, dans tous les domaines, dans le commerce, dans l'industrie, des formes nouvelles et un esprit nouveau qui se substitueront peu à peu, par le fait même de leur supériorité, aux formes anciennes et au vieil esprit. Permettez-moi, pour remplacer une démonstration qui serait facile à donner, mais ennuyeuse, une comparaison.

Il est beaucoup question, dans ces dernières années, de perfectionner la production des vins par l'emploi de levures sélectionnées. Dans divers laboratoires, on extrait, avec les meilleurs crus de Bordeaux, de Bourgogne ou de l'Ermitage, des levures qui, introduites dans nos vins du Midi au moment de la fermentation, paraissent avoir pour effet de les améliorer.

Vous savez ce qu'on appelle des levures ou des ferments : ce sont des êtres organisés, infiniment petits, qui, placés dans certaines conditions de milieu, se multiplient rapidement, forment de véritables associations, des colonies, et finissent par envahir tout le milieu, toute la cuve de vin, par exemple, dans laquelle ils ont été semés. Il y en a de bons et de mauvais de ces ferments ; il y en a qui font du vinaigre, et d'autres de la moisissure ; mais quand les bons sont une fois à l'œuvre, ils finissent par éliminer tous les autres, tous les mauvais, et c'est ainsi, grâce à ces petits ferments bien choisis et introduits à propos dans la masse, qu'au lieu d'avoir un vin piqué ou moisi, ou simplement plat et grossier, nos viticulteurs espèrent arriver à donner à leur vin ce bouquet, cet « esprit » qui brille dans un verre de vieux bourgogne ou qui pétille dans la mousse du champagne !

Eh bien ! voilà notre procédé ! Il est tout à fait scientifique et à la dernière mode. Nous aussi, coopérateurs, nous prétendons améliorer le milieu social en y introduisant des levures sélectionnées. Elles sont bien modestes et presque imperceptibles nos sociétés coopératives, mais, quoi ! elles représentent pourtant une forme d'organisation supérieure : supérieure au point de vue économique, supérieure au point de vue moral. Chacune d'elles forme une petite république, un petit monde, un microcosme, comme on dit, où se trouvent déjà mis en pratique les principes d'équité et de fraternité, les vertus sociales que nous voudrions voir réaliser dans le monde, le vaste monde, et nous comptons bien qu'en se développant, en se multipliant, en étendant de proche en proche, par un lent travail de contagion et de fermentation, leurs colonies, elles envahiront toute la masse, élimineront par leur seule présence les ferments mauvais qui empoisonnent à cette heure tout le milieu où nous vivons, ferments de haine, ferments d'égoïsme et d'intérêt sordide, ferments de pourriture sociale, et nous donneront aussi cet esprit, esprit de bienveillance envers les hommes, esprit de solidarité, esprit de joie, qui brillera dans les yeux de nos enfants si nous sommes déjà trop vieux pour être changés nous-mêmes!

II

Voilà les ennemis du dehors : on peut vaincre les premiers, on peut rallier les seconds. Mais il y a aussi les ennemis du dedans, et ce sont les plus redoutables. Nous sommes ici à Grenoble dans une ville forte, et chacun sait bien que tant que l'ennemi est hors des portes, on peut se défendre, mais quand il a pénétré dans la place, la défaite est certaine.

La plupart des sociétés coopératives qui sont mortes ont succombé plutôt par suite de vices intérieurs que sous les coups qu'on a pu leur porter. Ç'a été notamment le cas de la nôtre : ce qui l'a tuée, ce sont moins les attaques des marchands ou la sourde hostilité des ouvriers, que deux maladies internes, qui en ont emporté des milliers d'autres, l'*esprit mercantile* et l'*esprit individualiste.*

J'appelle l'esprit mercantile d'abord, cette disposition à voir dans la coopération une question de boutique, de gros sous à économiser ou à gagner. Il ne faut pas dédaigner assurément les côtés pratiques de la coopération : ils la distinguent avantageusement de toutes les utopies socialistes. Mais il ne faut pas oublier que la coopération a justement pour but de supprimer ou du moins de réduire à sa limite minimum, dans notre organisation économique, le rôle de l'égoïsme, de l'intérêt personnel, et la préoccupation du profit. Quand donc on voit cet esprit de spéculation et cette avidité de gain, que les sociétés coopératives ont précisément pour but d'extirper, repousser comme de mauvaises herbes dans le sein même de ces sociétés, vous pouvez dire que la coopération a manqué son but. Quand vous voyez les membres d'une société coopérative mesurer leur zèle uniquement à la mesure des dividendes distribués, quand vous les voyez se montrer pleins d'enthousiasme lorsque le dividende est de 6 p. °/₀ — et lorsque le dividende tombe à 2 p. °/₀, ricaner et tourner le dos pour aller se fournir chez l'épicier du coin, alors vous pouvez dire que ce ne sont là des coopérateurs que de nom. Nous avons vu cela ; nous avons vu beaucoup de nos membres avoir une liste des prix courants de toutes les épiceries de la ville : tous les articles que nous vendions au-dessous du cours ou, mieux encore, à perte, ils venaient nous les acheter ; tous les articles que nous vendions un sou seulement au-dessus du cours (souvent parce que la qualité était supérieure ou le poids plus juste), ils allaient l'acheter ailleurs. Une fois, nous avons voulu faire profiter nos adhérents d'une excellente affaire que nous avions faite sur du savon ou des bougies — je ne me souviens plus au juste — ce qui nous permettait de vendre cet article à bas prix. Nous avons dû y renoncer, parce que nos membres venaient en emporter à pleines charrettes, évidemment pour le revendre !

Et du jour où les dividendes ont diminué, nous avons vu le nombre des acheteurs diminuer dans la même proportion ; et quand les mauvais jours sont venus et qu'on a fait courir le bruit d'une liquidation, nous avons vu se présenter à nos bureaux bon nombre d'associés, et non les pauvres diables, mais les messieurs à chapeau noir, qui venaient... pourquoi faire ? Pour nous offrir des fonds, me direz-vous sans doute. Hélas ! point du tout ! mais pour réclamer impérieusement le remboursement de leurs actions ! Je n'ai pu alors m'empêcher de faire un retour douloureux sur ce qui se passe dans d'autres pays et me rappeler une touchante anecdote dans l'histoire de la Société des Pionniers de Rochdale. C'était au moment critique de l'existence de cette fameuse association ; on parlait aussi de liquidation et de ruine ; beaucoup de membres, là aussi, hélas ! se pressaient pour se faire rembourser leurs actions. On dit à une pauvre femme qui avait laissé là toutes ses économies : « Hâtez-vous d'aller les chercher. — Et pourquoi ? répondit-elle; tout ce je possède, c'est la Société qui me l'a fait gagner ; elle peut me le reprendre ». Quand une association coopérative a quelques associés comme ceux-là, elle peut sortir victorieuse de n'importe quelle crise. Mais quand ses membres ne sont préoccupés que des bonis, elle échouera tôt ou tard. Retenez bien cette maxime : toutes les fois que la coopération n'est plus qu'une affaire, elle est toujours une mauvaise affaire ! A ce point de vue, les associations ouvrières présentent souvent une grande supériorité sur les associations bourgeoises ; elles se montrent moins préoccupées des dividendes, elles ont mieux le sentiment d'une cause à soutenir ; elles apportent un plus gros capital de dévouement et de foi qui vaut plus, en fait de coopération, que le capital argent. C'est ainsi que, tandis que notre société bourgeoise de Montpellier a échoué, celle de Nimes, où prédomine l'élément ouvrier et qui justifie si bien son nom, la *Solidarité*, est au contaire très prospère.

Voici le second mal, c'est l'esprit individualiste. Oh ! ici nous touchons la racine même du mal ; tous les autres obstacles dont je viens de parler peuvent être surmontés, mais je le dis avec un certain découragement, je ne sais pas si dans notre pays, en France, la coopération pourra triompher de ce dernier adversaire. Il y a des races, la race anglo-saxonne, germanique, slave, où le sentiment — on pourrait dire l'instinct — de la sociabilité est fort, où les hommes se groupent volontiers en associations, même en communautés, et y absorbent volontiers leurs efforts et leur vie dans l'œuvre commune. Chez nous, nous sommes individualistes jusqu'aux moelles, et encore ce mot d'individualiste est-il trompeur ! car il prête à croire que chez nous les individualités énergiques sont plus nombreuses qu'ailleurs, ce qui n'est même pas le cas : — disons simplement que chacun cherche à « se distinguer », exemple la manie de la décoration qui est une façon de dire, par une petite enseigne rouge qui se porte sur le devant de l'habit : « tâchez de ne pas me confondre avec autrui ! » Un homme qui ne s'est jamais occupé d'économie politique ni de coopération, le célèbre romancier Zola, le constatait tout récemment dans le discours qu'il a prononcé à l'Association des journalistes de Londres. Il expliquait ainsi, par la prédominance du sentiment individualiste en France, le fait que, chez nous, la plupart des articles de journaux sont signés, tandis qu'en Angleterre, ils sont anonymes et le journaliste s'efface derrière le journal. La remarque est juste. Chez nous, on n'est pas disposé à abdiquer quoi que ce soit de sa petite personne, à sacrifier tant soit peu de son temps, de son énergie, de sa bonne volonté, au profit d'une collectivité quelconque — ça n'est même guère encourageant pour les collectivistes ! Qu'il s'agisse de sociétés coopératives, ou de syndicats ouvriers, ou même d'associations fondées pour des œuvres charitables ou scientifiques, j'ai toujours vu chacun tirer de son côté, chacun suspecter ses co-associés et être prêt à les excommunier: celui-ci est franc-maçon, celui-là va à confesse, celui-ci est un bourgeois, celui-là est un révolutionnaire, celui-ci est un faiseur d'embarras, celui-là ne fait rien du tout, pas même des embarras — et ainsi la force répulsive remplaçant la force attractive, tout tombe en poussière. A peine s'il reste dans l'association un ou deux fidèles qui s'en occupent encore, puis plus personne : la société reste livrée uniquement à des gérants, à des salariés, et l'on voit, comme chez nous, le gérant enlever la caisse... et même enlever la caissière. Quelle forme imprévue de la coopération !

Mais je ne veux pas terminer sur des paroles de découragement. Vous pourriez me dire, en effet, comme le personnage de la comédie : « Il n'est question que de ma mort là-dedans ! » Si les sociétés coopératives qui ont échoué sont nombreuses, il y en a beaucoup qui ont brillamment réussi. N'y en aurait-il qu'une sur dix, une sur cent, — et il y en a infiniment plus! — ce serait assez pour nous laisser l'espoir.

Que les adversaires de la coopération cessent donc de nous énumérer les échecs des sociétés de consommation ou de production, comme preuve que notre rêve est irréalisable! Mille qui échoueraient ne prouveraient pas que la coopération est impossible. Une seule qui réussit prouve qu'elle est possible. Pourquoi tous les hommes ne parviendraient-ils pas un jour à faire ce qu'un petit nombre a réussi à faire ?

Parmi les germes que la nature répand sur la terre avec une prodigalité cruelle, à peine si un sur mille, un sur un milliard parfois, peut lever : les autres avortent. Et qu'importe ! ce seul grain de semence qui lève suffit pour conserver l'espèce et pour démontrer que la graine contient en elle la puissance de vie.

Et, du reste, dans le domaine moral, il n'y a point de semence qui se perde. Même les sociétés coopératives qui ont succombé n'ont pas été inutiles. Elles ont servi efficacement la cause coopérative par les enseignements qu'elles nous ont laissés, par les écueils qu'elles nous ont signalés, par les bonnes volontés dont elles ont témoigné. Rien de tout cela n'est inutile dans l'œuvre continue que poursuit le genre humain. Nous ne croyons pas qu'une bonne œuvre quelconque, même avortée, soit tout à fait morte : je crois qu'il y a vraiment une seconde vie pour les bonnes œuvres, et que celles-là même qui nous paraissent mortes et enterrées à jamais, germeront quelque part et quelque jour en célestes moissons !

Tout à l'heure donc, quand, dans ce punch que je vous demande pardon d'avoir trop retardé, (1) nous boirons joyeusement à la santé des coopératives triomphantes, je vous demande de ne pas oublier les coopératives mortes : elles ont droit à notre reconnaissance et même à nos hommages. *Gloria victis !* Gloire aux vaincus !

---

(1) La conférence était donné à l'occasion d'un punch offert par les Sociétés coopératives de Grenoble aux membres du Congrès.

LES DOUZE VERTUS DE LA COOPÉRATION (1)

Un jour, un Anglais fit le pari qu'il se tiendrait sur le Pont-Neuf, à Paris, de huit heures du matin à midi, offrant de changer des louis d'or contre des pièces d'un sou et que personne ne lui en prendrait.

En effet, chaque passant, auquel il offrait ses piè- d'or pour un sou, haussait les épaules en disant : « Faut-il me croire niais pour penser que je vais me laisser attraper de la sorte ! » Quelques-uns menacèrent de le faire arrêter comme filou. En vérité, l'Anglais allait gagner son pari, car midi était près de sonner, quand, par malheur pour lui, une nourrice vint à passer avec son bébé qui, à la vue des belles pièces d'or, se mit à crier qu'il en voulait. La bonne eut beau essayer de le consoler, l'enfant cria si fort qu'elle finit par s'exécuter en se disant qu'après tout ce n'était qu'un sou de perdu !

Lecteurs, voilà l'histoire de la coopération. Echanger les misères de l'organisation sociale actuelle contre l'organisation coopérative, c'est échanger un sou contre un pièce d'or. Pour le public, pour les consommateurs, il y aurait tout à gagner : et qu'y aurait-il à perdre? Rien, absolument rien. Mais allez donc dire cela aux passants ! Ils vous rient au nez et vous demandent si vous les prenez pour des dupes : quelques-uns même vous traitent d'exploiteurs.

Lecteurs de ce petit Almanach, ne faites pas comme les passants du Pont-Neuf qui perdirent une bonne

---

(1) Publié dans l'*Almanach de la Coopération française* de l'année 1894.

occasion pour se croire trop malins. Soyez plutôt comme ce petit enfant qui eut seul plus d'esprit que tous les autres : il crut à ce qu'on lui disait : il cria jusqu'à ce qu'il tînt la pièce. Criez aussi jusqu'à ce que vous teniez la coopération.

Nous allons vous énumérer ses vertus : nous n'en comptons que douze parce qu'il n'y a que douze mois dans l'année, mais, en cherchant mieux, on en trouverait autant que de jours dans le calendrier.

§ 1. — *Mieux vivre.*

Si je mets cet avantage au premier rang, ce n'est pas que ce soit le plus important, mais parce que, avant toutes choses, il faut bien commencer par vivre, et s'il se peut, par bien vivre. L'ouvrier surtout, qui a une rude tâche physique à remplir, a besoin de soutenir ses forces par une bonne alimentation, plus que le rentier et même que l'intellectuel. Or, c'est précisément lui qui, forcé d'acheter chez de petits débitants qui lui vendent à crédit, est réduit à consommer tous les produits avariés et innombrables qui font la gloire et la fortune du commerce de notre temps. Vins frelatés, café de pois chiches, beurre de margarine, sucre de saccharine, poivre de balayures, eaux-de-vie vénéneuses, tout cela tombe dans la grande bouche du peuple au grand détriment de sa santé et de sa capacité de travail.

Eh bien ! la société coopérative de consommation lui assure des aliments de parfaite qualité, des meilleures provenances. Est-ce parce qu'elle est plus honnête ? Peut-être : mais c'est surtout parce qu'elle n'a pas intérêt à tricher puisqu'elle se vend à elle-même. Sans parler même des sociétés anglaises, qui, par l'intermédiaire du Wholesale, envoient chercher directement, et sur leurs propres navires, le beurre en Normandie et le thé en Chine — nous pouvons citer plusieurs sociétés de Paris, qui, au lieu du vin exécrable qu'on débite chez les mastroquets, servent à leurs membres un excellent vin acheté directement, par 30.000 hectolitres à la fois, à des propriétaires du Languedoc. Même quand les sociétés coopératives ne sont pas assez riches pour acheter directement aux lieux de production, elles peuvent du moins, en achetant en gros, et, au besoin, en faisant faire des analyses, donner aux ouvriers une sécurité qu'il leur serait impossible de se procurer autrement.

Elles leur procurent aussi, sous forme de sociétés de constructions, des maisons confortables, ce qui est une des plus essentielles conditions du bien-être, du confort matériel et du réconfort moral.

§ 2. — *Payer comptant.*

Comment voyez-vous là un avantage, direz-vous peut-être ? Payer comptant est souvent fort désagréable et même n'est pas toujours possible. Bon pour le riche, qui n'a qu'à mettre la main au gousset pour y prendre l'argent ! mais pour l'ouvrier, exiger qu'il paye comptant, c'est lui fermer la porte du magasin.

Erreur, funeste erreur ! C'est le riche, au contraire, qui peut se permettre, sans grand danger, l'achat à crédit : le pauvre doit le fuir comme le feu. L'achat à crédit, pour lui, c'est la servitude vis-à-vis du marchand qui le tient, qui ne le lâche plus, et en profite pour lui écouler ses marchandises avariées. C'est la vie empoisonnée par la perspective du « compte qui court », comme on dit, — oh ! comme il court en effet et avec une telle rapidité que, plus jamais, on ne pourra le rattraper ! C'est la tentation des dépenses inutiles, mais auxquelles on se laisse commodément aller quand le marchand ne réclame pas d'argent et se borne à ajouter une ligne ou deux au compte. C'est la nécessité d'accepter de la main du marchand tous les rebuts de son magasin, parce qu'on n'ose se plaindre ni aller ailleurs. L'homme qui est endetté appartient à ses créanciers ; l'homme qui mange du pain qui lui a été prêté et porte sur son dos des habits qu'il n'a pas payés, ressemble à l'homme qui vit de charité : il porte une chaîne au cou. C'est bientôt, quand le marchand commence à se fâcher, la vie honteuse, les détours furtifs dans la rue pour ne pas passer devant le magasin, et du jour où la dette devient trop criarde, c'est le déménagement en cachette : le débiteur quitte le quartier ou la ville ; il se sauve sans crier gare, comme un voleur — et il l'est en effet. Voilà un homme moralement dégradé : un homme à la mer !

Et le péril est urgent, car un grand nombre de commerçants, aujourd'hui, exploitent odieusement l'ouvrier par la vente à crédit, particulièrement dans les campagnes. Ils dissimulent d'énormes majorations de prix sous la forme de petits paiements par à-comptes échelonnés sur plusieurs années. Vient un moment où l'ouvrier ne peut payer le terme échu. Alors, on le fait saisir et tous les à-comptes versés par lui *sont perdus*.

Payer comptant, au contraire, c'est l'indépendance et c'est la liberté : « Voici votre marchandise. — Voilà votre argent. » Donnant, donnant ! Pas de dette : or la dette, ai-je dit, est une des formes de l'esclavage. On ne peut pas toujours payer comptant, dit-on, quand l'ouvrier n'est payé qu'à la quinzaine ? On le peut si on le veut : il suffit, pour cela, d'avoir une quinzaine d'avance. Et c'est justement un des excellents effets des sociétés coopératives — par cette pression morale qu'elles exercent sur leurs membres et par l'exemple de leur coassociés — de leur faire prendre cette salutaire et virile habitude de ne rien acheter sans avoir de quoi payer.

§ 3. — *Epargner sans peine.*

Qui dit épargne dit privation semble-t-il ? les deux mots sont synonimes et les deux idées inséparables? Qui peut épargner sans se priver de quelque chose? pas même le riche : pas à plus forte raison, le pauvre non plus. Encore, pour le riche, l'épargne n'est que la privation du superflu ; mais pour le pauvre, c'est, n'est-ce pas? le retranchement de quelque besoin nécessaire, une véritable et douloureuse amputation ?

Pourtant, l'association coopérative a résolu ce problème insoluble ! elle a trouvé le moyen de créer l'épargne sans douleur, sans peine, sans même que celui qui bénéficiera de cette épargne s'en doute seulement. Sur certaines enseignes de dentistes, on lit : « Ici on opère sans douleur. » Sur les enseignes des sociétés coopératives, il faudrait lire : « Ici on épargne sans douleur ».

Voici comment. A chaque fois que l'associé fait un achat, le bénéfice qu'un marchand ordinaire aurait réalisé sur cet achat, soit le 10 °/o, par exemple, est inscrit à son nom et sur son livret, et à la fin de l'année ou du semestre, quand on règle les comptes, la Société lui dit : « Vous avez acheté 700 francs de marchandises dans nos magasins. J'ai fait là dessus 70 francs de profit, ou plutôt d'économies, qui vous appartiennent et que je vous restitue. » Et voilà notre associé devenu à la fin de l'année petit capitaliste, et au bout de trente ans peut-être, s'il laisse s'accumuler ses petites épargnes sur son livret, gros capitaliste. A-t-il pour cela réduit sa consommation? Nullement. A-t-il moins mangé? Au contraire, il a mangé mieux. Et plus il a dépensé, plus (chose merveilleuse !) il se trouve avoir économisé, en sorte qu'on a pu dire dans une formule pittoresque (qu'il ne faudrait pourtant pas prendre au pied de la lettre) que la coopération réalisait l'épargne par la dépense.

Même dans plusieurs pays, en Angleterre ou aux Etats-Unis, un des emplois préférés des bonis provenant des magasins, c'est la construction ou l'acquisition par petites annuités d'une *maison*. Il y en a à Philadelphie des milliers qui ont été ainsi construites. Ainsi au bout de 15 ans, par exemple, le consommateur se trouve propriétaire d'une maison bâtie... avec quoi ? Avec le produit de ses économies ? Non, mais avec le produit de ses dépenses ! Il l'a bâtie en mangeant.

§ 4. — *Simplifier les rouages.*

Notre organisation sociale est une machine extraordinairement compliquée. Il est permis de l'admirer sans doute, comme on admire ces montres qui marquent non seulement le jour et l'heure, mais le quantième du mois, les phases de la lune, les jours fériés et les années bissextiles. Mais ces montres-là coûtent fort cher et se détraquent aisément, et pour les besoins de la vie chacun préfèrera une montre simple. Il en est exactement de même du mécanisme social : il coûte fort cher et se détraque constamment. Par conséquent, il serait fort utile de le simplifier.

En voulez-vous la preuve ? Voyez par combien de mains, par exemple, passe une bouteille de vin ordinaire avant d'arriver dans la cave du consommateur. Le propriétaire du Midi la vend, par l'intermédiaire d'un courtier, à un commerçant en vins de Nimes, Béziers ou Montpellier, lequel la revend, par l'intermédiaire d'un autre courtier, à un négociant en gros de Bourgogne ou de Bercy, lequel la revend à un marchand en demi-gros, lequel la revend au débitant, lequel la revend au consommateur — probablement sous le nom de petit Mâcon. Le consommateur la payera 60, 70 ou 80 centimes le litre, et voici son argent qui refait le même chemin, mais en sens inverse, remontant du débitant au troisième marchand, puis au deuxième, puis au premier, pour arriver enfin entre les mains du propriétaire. Seulement celui-ci ne touche que 15 centimes : le reste est resté en chemin. Avez-vous vu dans un incendie au village, là où il n'y a pas de pompes, faire la chaîne ? Les seaux passent de main en main, seulement les trois quarts de l'eau restent en chemin. Le mécanisme commercial est aussi arriéré que le système de la chaîne à incendie; il gaspille les trois quarts de la valeur des choses et ruine à la fois le consommateur en lui faisant acheter trop cher et le producteur en lui faisant vendre trop bon marché — sans parler des intermédiaires qui, eux aussi, sont souvent réduits à la faillite précisément parce qu'ils sont trop nombreux.

L'association coopérative supprime tous ces rouages inutiles; elle fera parvenir, par les voies les plus directes, la richesse des mains du producteur dans celles du consommateur, et l'argent, en retour, des mains du consommateur dans celles du producteur : — soit que, sous la forme de sociétés de consommation, les consommateurs achètent directement leur vin aux propriétaires, — soit que, sous forme de syndicats agricoles, les propriétaires vendent directement leur vin au public.

Et de même pour tous les autres produits.

Les organes de transmission doivent être réduits au minimum, car, par le frottement, ils absorbent inutilement la force vive. C'est un principe de mécanique : c'est également un principe d'économie politique.

§ 5. — *Combattre les débits de boissons.*

Partout où dans nos villes on bâtit un quartier neuf, on peut être sûr qu'avant même que les maisons soient achevées, on verra installés, à l'angle le plus en vue, sous les plus belles façades, à la place d'honneur, un, deux, trois débits de boissons, autant que la place peut en contenir. On y voit en lettres d'or flamboyantes : *Bar de la Patrie* ! ou *Bar de la République !* avec les couleurs nationales ! Un maire de Bordeaux, M. Baysselance, avait interdit aux marchands de vin de prendre pour enseigne le drapeau de la France : mal lui en a pris, car il n'a pas été réélu. Ce sont, en effet, des puissances que ces débits ; ce n'est pas là seulement que se débitent les boissons dangereuses qui nous feront, avant qu'il soit longtemps, des générations d'épileptiques et d'idiots, c'est là aussi que le peuple se réunit, qu'il reçoit le mot d'ordre les jours de grève et les jours d'élection ; c'est là, sur le zinc, dans les vapeurs de l'alcool et les senteurs de l'absinthe, que se choisissent les représentants du peuple et que se font et se défont les gouvernements. Il y a plus de 400.000 de ces débits en France ; dans certaines villes du Nord et de la Normandie, on en compte un pour dix habitants adultes !

On fait aujourd'hui des bars automatiques, comme ceux qui, dans les gares, débitent des tablettes de chocolat. Vous glissez une pièce de deux sous dans une fente et tendez votre verre : le robinet s'ouvre et le verre se remplit d'absinthe, et vous pouvez recommencer indéfiniment. C'est l'alcoolisme à la mécanique. Il vous épargne même la honte de rougir devant le garçon.

Malheureusement, on ne voit pas si fréquemment l'enseigne des sociétés coopératives! elles ne sont pas 400.000, mais 1000 à peine: surtout elles n'occupent pas d'ordinaire les places d'honneur, elles ne brillent pas en lettres d'or, mais se dissimulent humblement et pauvrement dans les rues modestes. Pourtant, contre la multiplication des débits de boissons, la multiplication des sociétés de consommation serait le meilleur antidote. Ceci tuera cela — si on le veut bien. L'ouvrier qui est affilié à une société de consommation cesse d'être un client pour les marchands de vin — et la meilleure preuve c'est que ceux-ci nous détestent! — il va acheter son litre de vin, de bière ou de cidre, au magasin et le rapporte chez lui pour le boire en famille. La société coopérative, souvent aussi, lui ouvre une salle de réunion, un salon, un petit jardin, où il peut consommer avec les siens ou avec ses amis; là, il sait qu'il ne risque pas d'être empoisonné, il sait qu'on ne le poussera pas à la consommation et il sait qu'il gagnera au moins un sou par tasse de café qu'il boit. Et ces sociétés coopératives peuvent et doivent se transformer — à l'instar des débits, mais bien mieux qu'eux — en rendez-vous pour s'entendre et se consulter, pour discuter la question politique ou sociale du jour. Où, mieux que dans ces petites républiques qui s'appellent des sociétés coopératives, le peuple pourrait-il faire l'apprentissage des mœurs de la liberté? Où pourrait-il mieux former des hommes, sortis de lui, dignes de le représenter et de parler en son nom?

§ 8. — *Gagner les femmes aux questions sociales.*

Les femmes, à part quelques exceptions retentissantes, ne s'intéressent pas beaucoup aux questions sociales. Socialisme, communisme, internationalisme, ou même droit au travail, solidarité, émancipation de la femme, toutes ces abstractions ne leur disent rien de clair, rien de bon. Une femme aime ses enfants, son mari, son ménage, ses meubles, et cherche le bonheur — et le trouve parfois — dans le cercle de cet horizon qui se touche de la main.

La société coopérative n'est pas une abstraction ; elle aussi se touche de la main et rentre dans ce cercle des occupations de la femme. Cependant, il ne faudrait pas s'imaginer que les femmes vont être tout de suite gagnées à la coopération. Elles se montrent, au contraire, dans le début du moins, généralement hostiles aux magasins coopératifs. Ces établissements, qui d'ordinaire ne payent guère de mine, qui les obligent souvent à faire une course assez loin de leur maison et dans lesquels il faut encore perdre du temps à attendre son tour pour être servie, où l'on ne peut pas marchander, ni faire avec le marchand un brin de causette, ni se faire faire par lui un brin de cour — tout cela leur déplaît fort. Beaucoup de sociétés coopératives ont échoué qui n'ont dû leur échec qu'à l'hostilité des femmes d'ouvriers ou de bourgeois.

Mais, patience ! Du jour où elles ont compris que ce magasin est différent des autres en ce que les bénéfices au lieu d'appartenir au marchand, appartiennent à l'acheteur, elles sont converties. Et si le magasin se transforme, comme nous l'avons vu à Marseille et ailleurs, en salle de fêtes et de réunions, de danse ou de concert, où elle peut passer la soirée avec son mari et ses filles, la femme comprend très bien qu'il y a là un foyer qui, sans supprimer celui de la famille, peut le compléter. Et si la Société avait la bonne idée — très peu l'ont eue, je dois le dire — de nommer des femmes dans son conseil d'administration et de leur confier une part dans la direction et la surveillance du magasin, elle s'en trouverait à merveille, et « les droits de la femme » pourraient s'exercer là d'une façon plus utile qu'au Conseil municipal ou à la Chambre des députés.

En somme, il ne faut pas oublier que la première association coopérative qui ait existé dans le monde, ç'a été *le ménage.*

§ 7. — *Émanciper le peuple par l'éducation.*

Si le peuple veut arriver au rôle auquel il aspire, c'est-à-dire remplacer les classes dirigeantes — la première condition à remplir, c'est d'acquérir les connaissances indispensables pour prendre en main le gouvernement économique. On a beau dire que propriétaire, capitaliste et patron ne sont que des parasites, n'empêche que le jour où ils disparaîtraient tout d'un coup, la machine économique serait singulièrement détraquée! Quand on répète que de même que la bourgeoisie a fait sa révolution en 1789, de même le peuple doit faire la sienne à la fin de ce siècle, on oublie que la bourgeoisie en 1789 était mûre depuis longtemps pour remplacer la noblesse — elle avait mis cinq siècles, depuis les Communes, à faire son éducation, — tandis qu'aujourd'hui le peuple n'est pas prêt pour remplacer la bourgeoisie.

On le sent si bien que dans tous les programmes révolutionnaires, on fait figurer l'instruction intégrale. C'est une plaisanterie que « l'instruction intégrale » : nul ne la possède ni ne la possèdera jamais. Il n'est pas nécessaire, pour que le peuple exerce le gouvernement économique, qu'il connaisse le calcul intégral ni la paléographie; mais il est nécessaire qu'il connaisse le maniement du capital, le rôle de l'argent, la puissance et les dangers du crédit; il est indispensable qu'il acquière la pratique des affaires et la connaissance des hommes. Où pourra-t-il mieux apprendre tout cela que dans les associations coopératives, qui sont comme « les leçons de choses » de la démocratie ?

D'abord, éducation *économique* proprement dite : fonder des entreprises, les faire vivre, chercher des débouchés, prévoir l'avenir, trouver des hommes capables et, les ayant trouvés, leur obéir, apprécier la puissance de la richesse acquise, apprendre l'ordre et l'économie, boucler un budget ; — puis éducation *morale :* accepter sans murmurer les mauvaises chances, serrer les rangs dans l'adversité, avoir foi dans sa cause, réagir contre l'individualisme qui nous dessèche, apprendre à s'occuper non pas seulement de ses propres intérêts mais de ceux d'autrui, bannir le mensonge sous forme de réclames, et la fraude sous forme de falsification des denrées, de faux poids, d'os donnés avec la viande sous le nom de « réjouissances », ou d'eau sous forme de pain mal cuit, acquérir le sentiment de l'honneur commercial qui n'est autre que la ponctualité à tenir ses promesses — voilà le moins que puissent apprendre les membres de toute association coopérative qui réussit, et elle ne réussit qu'autant qu'ils l'ont appris.

Et même l'éducation intellectuelle et la culture générale du corps et de l'esprit ne font pas défaut dans les sociétés coopératives dignes de ce nom. Il est de règle pour toutes celles qui sont fondées sur le modèle de Rochdale de prélever sur leurs bénéfices de 3 à 5 p. °/₀ pour constituer un fonds d'éducation : ce fonds sert à organiser des conférences, de véritables cours, des examens parfois, en tous cas des salles de lecture, de dessin, de musique, de gymnastique, tout ce qui peut faire des hommes. Et à quoi peut servir toute réforme sociale si d'abord elle ne forme des hommes ?

§ 8. — *Faciliter à tous l'accès de la propriété.*

C'est une grande joie pour un homme que de pouvoir dire : *ma* terre, *ma* maison, *mon* jardin, *mes* titres de rentes, — joie qui n'est nullement proportionnée, comme on le croit, à l'étendue de la terre, aux dimensions de la maison ou du jardin, au chiffre de rente, — joie parfaitement légitime d'ailleurs quand elle a pour objet des biens gagnés par le travail, joie qui répond sans doute aux instincts les plus profonds de notre nature, à preuve les efforts qu'ont fait les hommes de tout temps pour se la procurer.

Cependant, les collectivistes veulent le supprimer cet élément de bonheur qui tient une si grande place dans l'existence humaine. Dans le régime qu'ils souhaitent, il n'y aura plus de propriétaires de terres ou de maisons, plus de capitalistes, ni gros ni petits. Et pourquoi ? La propriété individuelle est, dit on, une forme de monopole, un moyen d'exploitation. Peut-être ; alors il faut la corriger, non la supprimer. Le but des réformes sociales ne doit-il pas être d'augmenter, plutôt que de diminuer, la somme de bonheur qui peut exister présentement en ce monde ? Il n'y en a pas déjà tant !

C'est là précisément l'avantage de la coopération. Elle a pour but non de supprimer la propriété individuelle, mais de la rendre accessible à tous, sinon sous forme de propriété purement individuelle, du moins sous forme de copropriété. Par la société de production, elle tend à rendre les ouvriers copropriétaires de leurs ateliers, machines et instruments de production. Par la société de construction, elle tend à rendre les ouvriers copropriétaires de maisons. Par la société de crédit, elle fait des ouvriers leurs propres banquiers, et par la société de consommation, non seulement elle rend les ouvriers copropriétaires des magasins, mais éventuellement copropriétaires des usines fondées par ces magasins et des fermes achetées par eux pour leurs besoins.

Alors les hommes diront : *notre* terre, *notre* maison, *notre* magasin, *notre* usine — et s'ils peuvent ressentir la même joie à employer le pronom possessif collectif que naguère ils en éprouvaient à employer le pronom possessif personnel — hé bien ! cela seul indiquera qu'un grand progrès moral a été accompli.

De plus, à généraliser ainsi la propriété, la coopération espère que, tout en retenant ses bienfaits, elle atténuera ses fâcheux effets. Le jour où cette République coopérative, qu'elle rêve, serait pleinement réalisée, on verrait les grandes compagnies de mines ou d'assurances, les grandes banques, les grands magasins, les grandes usines, peut être même un jour les grandes exploitations agricoles, en un mot tout ce qui, dans le régime actuel, tend à prendre la forme de Société par actions, prendre la forme coopérative. Cela n'empêchera pas de faire la grande production, mais celle-ci, au lieu d'être aux mains des grands propriétaires ou grands capitalistes, sera entre celles des petits propriétaires et des petits capitalistes associés.

Et il en résultera ceci : c'est que cette propriété, dans un état social où la coopération serait la seule forme industrielle, ne pourrait plus présenter des inégalités aussi énormes que celles d'aujourd'hui. Pourquoi ? parce qu'aujourd'hui toute richesse nouvelle étant attribuée, à titre de dividende, au capital préexistant, la richesse fait boule de neige. Mais dans les sociétés coopératives — qu'elles soient de consommation, de production ou de crédit — les bénéfices ne sont jamais dévolus au prorata du capital-action, mais au prorata du travail ou des dépenses. Rothschild, s'il faisait partie d'une société de consommation, ne toucherait pas beaucoup plus de bonis qu'un ouvrier associé père de dix enfants.

§ 9. — *Reconstituer une propriété collective.*

Nous venons de dire qu'un des avantages de la coopération est de créer une foule de petits propriétaires et petits capitalistes. Alors, si elle multiplie la propriété individuelle, comment créerait-elle une propriété collective ? Les deux buts paraissent contradictoires ? — Nullement. Il n'est pas impossible, et il est même désirable, que le patrimoine collectif grandisse en même temps que le patrimoine individuel.

Autrefois, dans les sociétés primitives, il y avait un patrimoine commun considérable, très précieux pour les pauvres, que beaucoup d'économistes regrettent encore aujourd'hui, dont les vestiges subsistent dans nos campagnes sous le nom de biens communaux et qui sont restés très importants dans certains cantons suisses. Au moyen-âge, les corporations ouvrières et surtout les congrégations religieuses avaient constitué un patrimoine collectif énorme qui se chiffrait par milliards. Tous ces biens, qu'on flétrissait sous le nom de biens de mainmorte, et qui avaient été peu à peu détournés de leurs véritables fins, ont été remis par la Révolution dans la circulation.

Les associations, aujourd'hui, non seulement les associations ouvrières telles que Trades-Unions ou sociétés de secours mutuels, mais tous les établissements dits d'utilité publique qui se multiplient chaque jour, œuvres de bienfaisance, sociétés savantes, bibliothèques, universités, etc., tendent à reconstituer des propriétés communes. Mais les sociétés coopératives de consommation seront l'instrument le plus puissant de cette reconstitution, car, mieux que tout autre mode d'association, elles pourront faire des bénéfices et grossir indéfiniment leurs fonds de réserve : fonds d'éducation, fonds d'assistance, fonds de production. Ainsi les membres de ces sociétés se trouvent épargner non seulement pour chacun d'eux, mais aussi pour tous et pour les générations à venir. L'épargne individuelle est bonne, mais l'épargne collective est mieux. C'est ainsi que Buchez, le fondateur de la première association de production, et Raiffeisen, le fondateur du crédit rural, avaient voulu consacrer la totalité des bénéfices à la création d'un fonds inaliénable et perpétuel. Ainsi on verra renaître au vingtième siècle une nouvelle forme de biens de mainmorte : *la mainmorte laïque.*

§ 10. — *Etablir le juste prix.*

Pour les économistes, il n'y a pas de juste ni d'injuste prix ; le prix des choses est déterminé par la loi de l'offre et de la demande, et, haut ou bas, il est ce qu'il doit être. Mais la conscience nous dit, elle, qu'il y a un juste prix des choses : c'est celui qui rémunère suffisamment le travail consacré à les produire, c'est celui qui permet au travailleur de vivre de son travail.

Or, l'organisation économique actuelle n'assure guère ce juste prix. D'une part, nous voyons une foule d'articles vendus à des prix scandaleusement supérieurs à leur valeur réelle, le bénéfice recueilli par l'intermédiaire représentant souvent cinq ou six fois la valeur payée pour le travail du producteur. D'autre part, nous voyons nombre d'articles vendus à des prix d'un bon marché tel qu'ils ne peuvent évidemment laisser au travailleur de quoi vivre.

J'ai vu, à l'époque des premières communions, des magasins vendre au prix de 10 fr. le costume complet, robe, corsage, ceinture, voile, gants, chaussures, — et beaucoup d'articles de lingerie se vendent à des prix analogues. La cliente qui les achète se frotte les mains en se disant : J'ai fait une bonne affaire ! Mais la malheureuse ouvrière qui, en travaillant quatorze ou quinze heures par jour pour les confectionner à un prix dérisoire, y a laissé ses yeux et ses poumons, n'a pas fait, elle, une bonne affaire ! Il est clair que si les clients avaient conscience de leurs devoirs sociaux et s'ils avaient les connaissances suffisantes pour apprécier la juste valeur des choses, ils devraient se refuser à acheter des articles qui représentent la chair et le sang de créatures humaines. Beaucoup de consommateurs — non pas seulement ceux de la classe bourgeoise, mais ceux de la classe ouvrière — se rendent ainsi moralement responsables de l'exploitation de leurs frères et sœurs.

Eh bien ! les sociétés coopératives de consommation feront ce que les consommateurs d'aujourd'hui ne savent pas ou ne peuvent pas faire. Elles ne rechercheront pas, comme les grands magasins d'aujourd'hui, uniquement le bon marché. Elles n'accepteront et ne vendront que des articles dont la valeur suffira à rémunérer l'ouvrier qui les a confectionnés. Cela leur sera bien plus aisé encore le jour où elles auront pris assez de développement pour produire elles-mêmes, dans leurs propres ateliers et par leurs propres moyens, la plupart des articles qu'elles mettent en vente. Elles seraient inexcusables de ne pas se rendre compte de la quantité de travail employé à la production de ces articles et du juste prix auquel on peut les mettre en vente.

§ 11. — *Supprimer la préoccupation du profit.*

C'est le *profit* qui, dans notre organisation économique, est le seul ressort de la production. S'agit-il d'entreprendre une œuvre quelconque, de défricher des terres incultes, d'essayer de nouvelles industries, de construire des maisons, d'ouvrir un canal ou un chemin de fer, — la seule question qu'on se pose n'est pas de savoir si ces entreprises répondent ou non à un besoin public, mais si elles rapporteront un profit. Sans doute, les économistes disent que toute entreprise qui répond à un besoin public est profitable, mais ce n'est pas toujours vrai. La création de grands canaux d'irrigation dérivés du Rhône serait très utile à la production agricole de tous les départements du Sud-Est de la France ; mais comme il n'est pas sûr que l'entreprise puisse distribuer des dividendes, on ne la fait pas. Il serait très utile, dans les villes, de construire des logements pour les ouvriers : mais, comme les maisons bourgeoises donnent un revenu plus sûr et plus commode à toucher, on ne construit pas de logements ouvriers. De même pour beaucoup d'autres entreprises, qui seraient socialement fort utiles, mais qu'on ne fait pas parce qu'elles ne rapporteraient pas assez aux entrepreneurs ou aux actionnaires.

Il en résulte donc que le profit, au lieu d'agir à la façon d'un ressort et d'un stimulant de la production, agit souvent, au contraire, à la façon d'un sabot qui l'enraye, d'un déclic qui l'empêche de fonctionner au-dessous d'une certaine limite.

Or, il est de l'essence de l'association coopérative — à la différence de la société capitaliste — de se préoccuper *des besoins à satisfaire et non des profits à toucher*. Il y a dans ce simple changement d'idées toute une révolution.

Une société coopérative d'épicerie ou de boucherie, par exemple, a pour but de fournir à ses membres des denrées de la meilleure qualité, mais elle ne cherche point à réaliser des profits élevés, et si même elle fixe un prix de vente supérieur à son prix de revient, ce n'est point pour réaliser des profits, mais pour atteindre des buts tout différents qui peuvent être de constituer des épargnes à ses membres ou de leur procurer un local, une salle de lecture, ou de produire directement les denrées qu'elle vend — c'est-à-dire toujours de pourvoir aux besoins individuels de ses membres ou aux besoins collectifs de l'association. Une société coopérative de construction a pour but de bâtir les maisons nécessaires à ses membres, mais non pas de faire de ces maisons un placement avantageux. Une société coopérative de crédit a pour but d'avancer à ses membres les capitaux dont ils peuvent avoir besoin, mais non de leur faire payer le taux d'intérêt le plus élevé.

Le jour donc où, dans la grande Société, tous les services économiques seront organisés coopérativement, il arrivera ceci : que tout se fera en vue de satisfaire aux besoins des consommateurs et non plus principalement en vue de procurer des profits aux producteurs. N'est-ce pas justement ce que demandent les socialistes ?

§ 12. — *Abolir les conflits.*

Le monde où nous vivons est le théâtre de conflits incessants qui tiennent non seulement aux instincts de combativité inhérents à la nature humaine mais aussi à l'organisation économique. Cette organisation met aux prises comme antagonistes le patron et l'ouvrier, le créancier et le débiteur, le propriétaire et le locataire, le marchand et le client.

Elle les lie l'un à l'autre par couples, de façon si cruelle qu'ils passent leur temps à s'entre-déchirer et que pourtant ils ne peuvent se séparer.

Mais vient la coopération qui réalise, dans le domaine économique, le vers de Corneille :

> Et le combat finit faute de combattants.

Ce n'est point cependant parce que les combattants sont tués, mais parce qu'ils se trouvent confondus en un seul. Par l'association de production, l'ouvrier devient son propre patron : il ne peut pas se haïr lui-même ni faire grève contre soi-même ! Par l'association de crédit, l'emprunteur devient son propre prêteur ; les associés se prêtant à eux-mêmes, il n'y a pas à craindre qu'ils demandent en gage, comme le juif Shylock, un morceau de leur propre chair ! Par l'association de construction, le locataire devient son propriétaire ; c'est à soi-même, en tant que membre de la société, qu'il paye ses loyers : il ne se mettra pas à la porte ! Par l'association de consommation, le consommateur devient son propre fournisseur, c'est à soi-même qu'il vend : — le prix est-il un peu cher ? il gémit peut-être en tant qu'acheteur ; mais il se frotte les mains en tant que marchand ; — le prix est-il bas ? il ne fait plus de bénéfices en tant que vendeur, mais il fait des économies en tant qu'acheteur. Ainsi, par la coopération, tout conflit d'intérêt, toute dispute finit par la bonne raison qu'on ne peut se disputer avec soi-même. C'est bien plus que l'union entre ennemis : c'est leur fusion. Hier, ils se haïssaient, aujourd'hui, ils ne font qu'un.

Et l'action pacifiante de la coopération s'étend bien au-delà du cercle étroit où elle agit : comme cette huile dont il suffit de verser quelques gouttes sur la mer orageuse pour voir, dans un cercle grandissant, le calme se faire et les vagues s'affaisser — de même la coopération, étendue dans un pays à toutes les branches de la production, supprimerait la concurrence acharnée qu'elles se font entr'elles et qui les dévore, et s'étendant encore dans le cercle plus vaste de la coopération internationale, elle supprimerait les guerres de tarifs, car toutes les sociétés coopératives sont libre échangistes. Elle aurait son drapeau, dont les couleurs seraient les sept couleurs du prisme, comme celui des phalanstériens — la diversité dans l'unité — et elle y arborerait désormais, au lieu des aigles, des lions, et de toute cette ménagerie de bêtes féroces qui servent d'emblêmes aux Etats « civilisés », son emblême des deux mains jointes !

LE RÈGNE DU CONSOMMATEUR [1]

MM. — Du producteur ou du consommateur, quel est celui qui joue le rôle économique et social le plus important? — On me répondra, sans doute, que la question est oiseuse, le producteur et le consommateur ne constituant pas deux personnages distincts, mais seulement les deux faces de tout individu, de chacun de nous. Il est évident qu'on ne saurait imaginer un producteur qui ne consommât pas, ni même, quoique cette seconde alternative paraisse possible au premier abord, un consommateur qui ne produise rien, car même le rentier, s'il ne produit rien par son travail personnel, fait du moins produire ses capitaux ou ses terres : si non, d'où tirerait-il ses revenus?

Soit, mais cela n'empêche pas qu'il n'y ait là deux rôles différents, quoique chacun de nous soit appelé à les jouer successivement ou parfois même simultanément, beaucoup plus différents que ceux de Maître Jacques qui changeait de veste suivant que son maître s'adressait à lui en qualité de cocher ou en celle de cuisinier. Et nous apportons dans ces rôles des intérêts, certaines façons de voir les choses, des principes de morale, très différents, généralement même opposés. La question que nous posions en commençant a donc sa raison d'être, et

(1) Leçon donnée à l'Université de Lausanne dans un cours sur la Coopération, en janvier 1898. — Un résumé a paru dans le Bulletin de l'*Union Coopérative*, à Paris, de février 1898 et dans le Bulletin de la *Société Vaudoise d'utilité publique* de mars de la même année.

j'estime qu'il serait fort utile d'obtenir une réponse catégorique.

Or, les avis sur ce point sont très partagés.

A première vue, il semble bien que le rôle du producteur est le plus intéressant, le plus utile. Que fait le consommateur de socialement utile? Rien du tout: il consomme, il dévore, il engloutit : c'est une nécessité, sans doute, mais une nécessité plutôt fâcheuse. Le sage Confucius avait dit que pour qu'une société fût prospère, il fallait que « les producteurs fussent nombreux et les consommateurs rares ». En effet, le consommateur, c'est le frelon, le producteur c'est l'abeille. Au bout du compte, qu'est-ce qu'un consommateur? Un estomac, un ventre, sans rien de plus : c'est le type du parasite, tandis que le producteur, c'est la main qui agit, c'est l'effort utile. Le consommateur n'obéit à aucune loi morale, mais à son instinct ou à sa sensualité ; il opère pour son propre compte, car comment imaginer qu'on consomme pour autrui? Au contraire, le producteur obéit à une grande loi morale, celle du travail, et il représente une autre loi morale, celle de la solidarité, car 99 fois sur 100 il travaille pour autrui. Si l'homme est supérieur à l'animal, économiquement parlant, c'est parce que l'animal consomme mais ne produit pas. L'animal n'est qu'un consommateur, l'homme est aussi producteur. La question est donc tranchée. Le producteur, c'est celui qu'il faut aimer et soutenir ; le consommateur, c'est celui qu'il faut subir et surveiller. C'est ce qu'exprimait, voici un peu plus de trente ans, à la Société des Economistes de Paris (novembre 1867), Duval, précisément pour protester contre les prétentions des sociétés de consommation et pour revendiquer la supériorité des sociétés de production : « De même, disait-il, que l'homme qui produit se montre sous un plus beau jour que l'homme qui consomme, de même pour les groupes d'hommes, ils recueillent plus d'honneur et de profits à bien produire qu'à bien consommer. »

A cette façon de présenter la consommation, nous répondons sans hésiter que si la consommation est ignoble, la vie l'est aussi, car la consommation c'est la vie, et développer les puissances de la consommation, c'est développer, dans la même proportion, les puissances de la vie. Il n'est pas même vrai de dire que la consommation soit nécessairement égoïste; elle peut très bien être altruiste : consommer, ce n'est pas seulement manger un bon dîner – quoique là même, bien rares sont ceux qui aiment se régaler tout seuls ! – c'est inviter des amis, c'est offrir des fleurs ou des bonbons au jour de l'an, c'est faire jouir les autres en même temps que soi-même des plaisirs de la bonne compagnie, c'est, mieux que cela, faire entendre des concerts au peuple, ou lui ouvrir des bibliothèques, des musées. Sans doute, il y a des degrés au point de vue moral dans la consommation, depuis l'égoïsme du glouton ou du débauché, jusqu'à l'altruisme d'un Carnegie qui a fait le vœu de consommer, avant de mourir, tout le milliard qu'il possède, en dépenses d'instruction et de récréation sociale — (seulement il faut qu'il se hâte, car il a 62 ans !) Il ne faut pas oublier que, même sous la forme la plus vulgaire et la plus animale, manger, la consommation a un caractère plus sociable peut-être que la production, et la preuve, c'est que les hommes n'ont pas trouvé de tout temps, de meilleur moyen de fraterniser que de s'associer à la même table — et même le symbole le plus auguste de la communion, c'est un acte de consommation, c'est une table avec le pain et le vin, la Sainte Cène.

Mais hâtons-nous de dire que malgré l'opinion isolée ci-dessus rapportée, presque tous les économistes ont, au contraire, porté aux nues le consommateur, notamment Bastiat. Ils déclarent :

1° Que la consommation est le but et que la production n'est que le moyen, que l'homme ne consomme pas pour produire, mais qu'il produit pour consommer ; que, par conséquent, dans l'organisation économique, tout doit être subordonné à la consommation, — de même que, dans une pièce de théâtre, toutes les scènes et toute l'intrigue doivent être combinées en vue du dénouement. Et que toutes les questions économiques, par exemple celles des machines ou du libre-échange, doivent être envisagées et résolues à ce point de vue ;

2° Que le consommateur est le meilleur juge de ses propres intérêts ; que nul autre, ni le producteur, ni le marchand, ni l'intermédiaire, ni l'Etat, ne peut émettre la prétention ridicule de savoir mieux que lui ce qui lui convient, et que, par conséquent, c'est lui qui doit avoir le dernier mot ;

3° Que, d'ailleurs, l'intérêt du consommateur se confond absolument avec l'intérêt public et que c'est la seule catégorie sociale qui présente ce caractère ; car, au contraire, les intérêts des professionnels, des corporations, des classes, sont souvent en désaccord avec les intérêts de la Société. Les marchands ont intérêt à vendre cher, les agriculteurs à ce que le blé ne soit pas trop abondant, les médecins à ce qu'il y ait beaucoup de malades, les ouvriers eux-mêmes à ce que la main-d'œuvre soit rare, etc. Seul, le consommateur a intérêt à ce que tous les produits soient aussi abondants, aussi bon marché et d'aussi bonne qualité que possible et tel est précisément aussi l'intérêt de la Société. A la différence des producteurs, qui sont toujours à gémir de quelque nouvelle invention, de quelque nouvelle machine, de quelque nouvelle organisation du travail, de quelque nouvelle concurrence de l'étranger, seul le consommateur applaudit à tout progrès, car il sait qu'il sera le premier à en bénéficier — et en cela encore son intérêt se confond avec l'intérêt social.

Hé bien ! nous sommes orthodoxes avec Bastiat et son école. Nous pensons qu'ils ont raison — avec cette énorme différence d'opinion, toutefois, entre ces économistes optimistes et nous — c'est que nous ne croyons nullement que le monde qu'ils décrivent ainsi soit celui qui *est* : c'est seulement celui qui *devrait être* et que nous devrions chercher à constituer.

Logiquement, oui ! c'est la consommation qui est la fin de tout, le but unique de toute activité économique ; et, par conséquent, c'est le rôle du consommateur qui devrait être sur la scène économique le grand premier rôle.

Mais en fait, il n'est pas vrai que le monde économique soit organisé en vue de la consommation : au contraire, il l'est uniquement en vue de la production, ou, si vous aimez mieux, il l'est en vue du profit et non en vue des besoins. En fait, chaque fois qu'une entreprise quelconque se fonde dans le monde, celui qui la fonde ne se préoccupe jamais de savoir si cette entreprise répond à un besoin social (quoique peut-être il le dise sur son prospectus), mais seulement si elle rapportera des profits, si elle lui fera gagner de l'argent. Ne dites pas : « Cela revient au même ; car, si l'entreprise ne répondait pas à un besoin quelconque, elle ne donnerait pas de profit »... Allons donc ! tout l'art de l'industrie, c'est, au contraire, de faire naître le besoin. Croyez-vous donc que ce soit parce que les consommateurs ont eu besoin d'absinthe et d'apéritifs qu'on les ait inventés et prodigieusement multipliés ? Non ! c'est parce que fabricants et marchands ont couvert les murs d'affiches juxtaposées répétant mille fois :

Byrrh! Byrrh! Byrrh! ou *Kina! Kina! Kina!* jusqu'à ce que le consommateur soit hypnotisé. C'est parce que des industriels ont vu là une source de profits qu'ils ont fait germer et grandir, et qu'ils ont soigneusement arrosé et cultivé ce besoin homicide. Il est de mode en ce moment, chez les dames du monde ou du demi-monde, à Paris, de porter en agrafes de petites tortues vivantes, incrustées de pierreries ; croyez-vous que les bijoutiers qui ont lancé cette mode l'aient fait pour satisfaire ce besoin ridicule ? Comment serait-ce possible, puisqu'il n'était pas né ?

Créer un besoin nouveau cela s'appelle créer une mode, ou créer des *nouveautés*, comme le dit très clairement le nom qu'on donne à ces magasins. Au temps passé, nos grands-pères et nos grand'mères portaient presque toute leur vie le même habit ou la même robe et parfois les léguaient à leurs enfants. Ils étaient chers, mais néanmoins cela ne faisait pas l'affaire des marchands. Aujourd'hui, un comité de tailleurs — élus par *la Société philanthropique* (pas pour les clients !) *des maîtres tailleurs de Paris* — fait dessiner, à la fin de chaque saison, la gravure qui imposera la mode nouvelle. Personne ne regimbe : chacun abandonne sa jaquette ou son par-dessus de l'année dernière, de peur de « se faire remarquer » : — hier il se portait long, aujourd'hui il se porte court. Et pour le cas où par aventure quelque client récalcitrant s'obstinerait à ne pas vouloir quitter son vieil habit, le tailleur s'arrange pour que ce soit alors son habit qui le quitte... il lui fournit, en effet, des étoffes qui au lieu de durer des générations comme celles des aïeux, ne durent qu'une saison.

En fait, il n'est pas vrai non plus que le consommateur soit, dans les conditions actuelles, le meilleur juge de ses intérêts. D'abord il faudrait, pour cela, qu'il l'eût appris ! Personne ne croit plus aujourd'hui à l'infaillibilité de l'instinct, même chez les animaux : la preuve c'est qu'ils s'empoisonnent, même les renards, avec tous les poisons qu'on leur offre depuis la strychnine jusqu'à l'arsenic. Fourier avait cette idée fixe, et ce n'était pas une des moins heureuses, qu'il fallait apprendre aux enfants à apprécier les bonnes choses et, pour cela, cultiver chez eux, avec amour, avec méthode, avec raffinement, la gourmandise. Le fait est que les consommateurs, en cette matière, sont d'une risible ignorance. C'est un fait bien connu que la population ouvrière (et même bourgeoise) de Paris, habituée au vin de Bercy, fait la grimace quand on lui présente du vin naturel et le déclare hardiment falsifié. Et les sociétés de consommation qui veulent entrer dans cette voie rencontrent les plus vives résistances. Dans l'Ouest de la France, les populations avaient l'habitude de consommer un sel qui, à raison de l'humidité du climat, restait toujours gris. Quand la Compagnie des Salins du Midi qui, grâce au soleil, peut produire du sel d'une blancheur aveuglante, a voulu en vendre dans l'Ouest, les consommateurs défiants ont dit que puisqu'il était si blanc, il était sûrement falsifié. Sur quoi la Compagnie a dit : Qu'à cela ne tienne ! et l'ayant fait arroser d'un peu d'eau sale et de boue, tout le monde l'a trouvé excellent.

A Montpellier, nous avions essayé, il y a quelques années, de fonder une boucherie coopérative. Nous pensions réussir parce que le public se plaignait de n'avoir que de la vache ou des brebis d'Afrique, tandis que nous lui offrions des bœufs gras et des moutons de France. Vous ne devinez pas ce que fit le public ? Il déclara d'abord qu'il ne voulait pas payer cette viande plus cher que l'autre et, de plus, qu'il fallait lui enlever la graisse parce que cela ne devait pas compter dans le poids ! Notez bien qu'il acceptait sans murmurer tous les *os* que les bouchers lui mettaient dans la balance sous le nom de « réjouissances » (1).

Et ce n'est pas seulement pour les consommations matérielles, mais, ce qui est plus grave, pour les consommations intellectuelles et morales, que cette stupidité ou cette perversion du goût est manifeste : hideuses images d'Epinal, suppléments pornographiques des journaux illustrés, chansons obscènes ou niaisement sentimentales des cafés-concerts ; — la presse mensongère et furibonde trouve toujours des acheteurs, même alors que ceux qui achètent ces feuilles savent parfaitement qu'ils n'y trouveront que de fausses nouvelles.

En fait, il n'est pas vrai que l'on prenne jamais pour critérium de l'intérêt social, l'intérêt du consommateur. Tout au contraire, l'Etat, les lois, ne se préoccupent jamais que de l'intérêt du producteur ! Récemment, il est vrai, on a obtenu quelques lois contre la falsification des denrées, mais c'est exceptionnel : toutes les forces sociales sont organisées

---

(1) Ce trait de mœurs, qui paraît incroyable, a subsisté et se trouve confirmé dans un curieux rapport, en date de janvier 1900, adressé par l'Inspecteur du service de boucherie au Maire de Montpellier :

« Nous avons essayé de faire entrer dans l'alimentation de la ville un plus grand nombre de bœufs. Afin de permettre au public de discerner plus facilement le bœuf de la vache, le service d'inspection criblait la surface des corps des bœufs de 150 marques portant en toutes lettres et en gros caractères (encre rouge) *Bœuf français*. La vache reçoit une vingtaine de marques circulaires à l'encre violette. Il est donc très facile de ne pas confondre le bœuf avec la vache... Hé bien ! la masse du public refuse le bœuf et cela parce que ces animaux sont gras, non pas gras à l'excès, mais dans un état d'engraissement convenable.

« Dans toutes les tentatives que nous avons faites à Montpellier, nous regrettons d'être obligé de déclarer ici que le concours du public a toujours fait défaut et que c'est à lui qu'on doit les nombreux échecs qu'ont toujours subi les tentatives faites jusqu'à ce jour.

« Signé : POURQUIER, *Inspecteur chef des comestibles*.

et coalisées en faveur des producteurs ; ce sont les seuls qui, semble-t-il, aient des droits. Partout vous voyez des syndicats, Syndicat agricole, Syndicat industriel, Syndicat ouvrier, Syndicat de médecins, Syndicat de cochers de fiacre..., mais qu'on me montre un Syndicat de consommateurs, un seul! Si on disait à tous les producteurs, intermédiaires et marchands, qu'ils n'ont d'autre rôle ni d'autre raison d'être en ce monde que de nous faire vivre, nous consommateurs, une si impertinente assertion les ferait pouffer de rire! et ils répondraient, au contraire, que c'est le consommateur qui a pour rôle de les faire vivre, eux, et que sa seule raison d'être est de leur acheter leurs produits, de leur procurer des profits, en un mot, que sa seule fonction est de servir de « débouché » ! comme le rôle des bouteilles est de recevoir le vin qu'on y met. Le consommateur, dans notre organisation économique, serait la plus vivante incarnation de la charité dont saint Paul nous fait un si magnifique tableau : « La charité est patiente; elle est pleine de bonté; elle ne cherche point son intérêt, elle ne s'irrite point, elle ne soupçonne point le mal..., elle excuse tout, elle croit tout, elle espère tout, elle supporte tout » — s'il n'y avait cette seule différence que la charité dont parle saint Paul n'est pas bête, tandis que le consommateur l'est. Disons, pour ne pas faire de comparaison trop désobligeante, que c'est « la bête à Bon Dieu ».

Si les consommateurs ignorent leurs droits, on peut dire qu'ils ignorent également leurs devoirs. — Et pourtant, leurs devoirs sont à la hauteur des droits que leur confère leur fonction économique suprême, et la méconnaissance de leur responsabilité n'est pas moins funeste à la société que l'abdication de leur souveraineté.

Ruskin, qui est, après Carlyle, celui qui a le mieux

senti et mis en lumière cette responsabilité sociale du consommateur, pose quatre conditions qu'on pourrait appeler les quatre articles du catéchisme du consommateur :

1° s'informer, chaque fois qu'il achète une chose, des conditions dans lesquelles elle a été produite?

2° s'assurer si elle est vendue par le marchand et payée par lui, acheteur, au juste prix?

3° se demander quel usage il compte en faire ?

4° chercher si l'emploi qu'il en fera pour lui-même pourra bénéficier à la communauté ?

Or, on peut tenir pour certain que le consommateur présentement ne se pose aucune de ces quatre questions ! — Sa seule préoccupation, c'est le bon marché : acheter au plus bas prix possible. Il y a une chanson célèbre en Angleterre, la chanson « de la chemise » *(Song of the Shirt)*, qui est la plainte d'une pauvre ouvrière cousant nuit et jour et qui, en cousant son linge, « coud son linceul » — mais pensez-vous donc que ce sont les dames riches qui sont responsables de ce travail meurtrier? Ce sont tous les consommateurs, mais plus particulièrement ceux de la classe pauvre, car ce sont ceux-là qui ont besoin de linge à bas prix !

J'ai rappelé ailleurs le fait de ces costumes de première communion que j'avais vu mettre en vente, à la veille de Pâques, au prix de 10 fr. 50 le costume complet, voile, robe, ceinture, et même chaussures. Certes ! la jeune fille qui le revêt, pour se rendre pieusement à l'église, ne se doute guère qu'elle est responsable de ce salaire homicide, que sa robe blanche est peut-être tâchée de sang, et qu'elle pourrait entendre, en s'approchant de la table sainte, la terrible question que Dieu adressa à Caïn : Qu'as-tu fait de ton frère ?

Dans l'organisation présente, le consommateur n'a pas à s'occuper de l'ouvrier ; il n'a rien à faire avec lui; il ne connaît que l'intermédiaire, marchand ou patron. Que l'ouvrier soit victime de la plus abominable exploitation, que les articles vendus soient le produit du *sweating system* (le système qui consiste à faire *suer* l'ouvrier comme un citron dont on extrait le jus en le pressant), le consommateur n'en a cure: son excuse, en effet, s'il ne fait rien, c'est qu'il ne sait rien, qu'il ne peut rien.

Et ne croyez pas que ce soit seulement vis-à-vis de leurs frères les ouvriers que les consommateurs aient des devoirs à remplir : c'est aussi vis-à-vis de ceux que Saint François d'Assises appelait « ses frères inférieurs », les animaux domestiques qui travaillent aussi pour eux et qui sont souvent maltraités, même vis-à-vis des animaux sauvages qui sont massacrés sans l'ombre d'utilité, depuis l'éléphant qu'on tue par dizaines de mille chaque année, pour faire avec leur ivoire des billes de billards ou des couteaux à papier, jusqu'aux oiseaux-mouches, oiseaux de paradis ou nos amies les hirondelles qu'on tue par dizaines de millions pour orner les chapeaux des dames, en y piquant avec des épingles leurs charmants petits cadavres! Devoirs aussi vis-à-vis de la nature inanimée, des forêts, des plantes, des richesses naturelles, que l'industrie moderne met au pillage...

Que la fonction du consommateur est sotte et déprédatrice! et qu'elle pourrait être efficace et bienfaisante dans le monde s'il savait en user! Il dépendrait de lui, s'il savait apprécier le bon vin de France, de conserver à la viticulture ces côteaux qui autrefois étaient le terrain de choix pour la vigne, *Bacchus amat colles!* mais qui aujourd'hui ne peuvent plus soutenir la concurrence que leur font, comme quantité et bon marché, les vins sortis des marécages de la plaine! Il dépendrait de lui, en brûlant pour se chauffer du bois, au lieu de charbon, de conserver une valeur aux forêts, et, par elles, un asile aux oiseaux, du pain aux bucherons, une réserve aux eaux pluviales, un préservatif contre les inondations !

Il lui appartiendrait, en prenant et en généralisant l'habitude de servir des dattes au dessert, d'ouvrir à la culture et à la colonisation tout le Sahara, d'y faire jaillir des puits d'eaux vives et de le transformer en un jardin de palmes !

II

Ainsi donc si le consommateur est roi dans l'ordre économique, il faut reconnaître que c'est un roi fainéant. Il ne répond même pas à la définition du roi constitutionnel qui « règne mais ne gouverne pas » : lui ne gouverne ni règne. Hé bien ! nous voulons rendre à ce roi sans couronne l'intelligence de ses droits, la conscience de ses devoirs, avec les moyens propres à exercer les uns et à remplir les autres. Nous le voulons moins dans son intérêt que dans l'intérêt de la Société qui se confond avec le sien. N'est-on pas en droit de penser que la première condition de toute réforme sociale, peut-être même celle qui dispenserait de toutes les autres, ce serait d'apprendre au consommateur quels sont ses droits et comment les exercer? quels sont ses devoirs et comment les remplir ?

Et cette préoccupation s'est manifestée non seulement d'une façon théorique dans les pages vibrantes de Carlyle et de Ruskin dont je citais les noms tout à l'heure, par exemple dans cette parole hardie : « la richesse d'une nation est dans ce qu'elle consomme et non dans ce qu'elle produit », dans les préoccupations des économistes les plus modernes d'esprit, par exemple le professeur Marshall, de Cambridge, qui dit : « Nous avons besoin d'orienter la consommation dans une voie telle que la puissance du consommateur y soit accrue »,— mais aussi dans la pratique et cela sous forme de « ligues de consommateurs » ayant précisément pour programme de dénoncer ces abus et d'y mettre un terme par des ententes, des « ligues », de consommateurs.

Les plus importantes sont aux Etats-Unis: elles ont pour but spécial d'empêcher l'exploitation des ouvriers et, à cet effet, les membres associés prennent l'engagement de n'acheter aucun article chez un marchand sans avoir pris des renseignements sur les conditions dans lesquelles il a été fabriqué? — où? — comment ? — avec quel salaire? — et d'exiger en quelque sorte, de tout marchand, une garantie morale que le bon marché de leurs marchandises, s'il y a bon marché, n'a pas été obtenu aux dépens des forces, de la santé, de la vie des travailleurs. Et pour aider les membres de cette ligue dans leur généreuse campagne et les mieux renseigner, beaucoup de Syndicats ouvriers, aux Etats-Unis, font usage d'étiquettes de diverses couleurs *(labels)* qu'ils apposent sur les produits sortis des mains de leurs membres, avertissant le public que ces produits ont été faits dans des conditions loyales et peuvent être achetés sans scrupules.

Il va sans dire que la Ligue des consommateurs n'est pas systématiquement hostile au bon marché: elle veut abolir le bon marché néfaste qui consiste dans l'exploitation de l'ouvrier, mais non le bon marché qui consiste dans une meilleure utilisation des forces productives et qui est la forme caractéristique du progrès économique : elle approuve « l'économie de l'effort », comme l'appelle M. Yves Guyot, mais non l'économie du salaire.

C'est par l'initiative de « la Société de femmes ouvrières » que la première Ligue fut créée à New-

York en 1889. Elle a publié une *White List*, c'est-à-dire une liste des magasins non suspects d'exploiter leurs ouvriers ou employés — et le désir de figurer sur cette « liste blanche » a agi certainement comme un puissant aiguillon sur les propriétaires des magasins de nouveautés de New-York. En même temps, cette liste a développé chez les dames de la société riche le sentiment de leur responsabilité et de leur solidarité vis-à-vis de leurs sœurs. Elles ont demandé pour celles-ci une demi-journée de vacances chaque semaine pendant l'été. Plusieurs ligues se sont constituées, à l'instar de celle-ci, dans les grandes cités américaines. Un professeur, M. Graham Brooks, s'est jeté au premier rang dans cette campagne,

Il serait inutile d'insister sur l'importance et le progrès moral que dénote une pareille institution. En voici une autre, moins importante, mais bien intéressante aussi. Dans plusieurs cantons suisses (l'initiative est partie du canton d'Argovie), on recrute des adhésions pour une Ligue de dames s'engageant à n'acheter aucun chapeau orné d'oiseaux ou de plumes d'oiseau, afin de mettre un terme précisément à cette extermination sauvage dont j'ai parlé tantôt. Et d'autres Ligues féminines sur ce modèle se sont constituées en Autriche et aux Etats-Unis.

Eh bien ! voilà des initiatives admirables, mais combien serait plus efficace encore, pour mettre un terme à la fois à l'exploitation de l'homme et à cette mise au pillage de la nature par le consommateur — l'association de tous les consommateurs sous forme de Sociétés coopératives ? Quelle Ligue de consommateurs vaudrait celle-là ?

Et combien ne doit-on pas s'étonner que les promoteurs des Ligues de consommateurs aux Etats-Unis ne paraissent pas y avoir même songé !

Oui, ce sont les Associations coopératives de consommation organisées, multipliées, fédérées, devenues, par hypothèse, une puissance, qui pourraient opérer une véritable révolution économique en remettant le consommateur à la véritable place que la science et le bon sens lui assignent, c'est-à-dire la première, et en transférant entre ses mains le gouvernement économique.

A notre point de vue, le groupement des consommateurs en sociétés coopératives de consommation n'a donc pas seulement pour effets de créer un instrument d'épargne, ou un moyen d'échange perfectionné, ou un centre d'instruction économique, ou un foyer de solidarité — c'est tout cela, mais plus encore : c'est un organe nouveau qui apparaît dans le monde social et qui va donner pour la première fois une voix, une volonté et une conscience, à cette masse amorphe et passive, à ce troupeau de moutons qui ne savent même pas bêler et qui s'appellent les consommateurs. Grâce à elles, la parole de l'Evangile sera réalisée : « Heureux les débonnaires, car ils possèderont la terre ! »

Désormais, ils auront le moyen d'exprimer leurs désirs et de régler la production en vue de leurs besoins qui se confondent avec les besoins de la grande Société, du public. Par là, ils cesseront d'être *les clients*, c'est-à-dire les serviteurs, d'un marchand et ils pourront véritablement faire des *commandes*, — leurs commandes ! quelle énergie significative dans ce mot et comme il exprime bien ce que devrait être le véritable rôle du consommateur ! — c'est-à-dire donner leurs ordres à l'industrie, lui dire : Faites ceci ou cela ! comme le font déjà par exemple les grands magasins du Bon Marché et du Louvre qui commandent aux fabricants de soie de Lyon telle nouveauté pour la saison.

On dit généralement dans les traités d'économie

politique que les entrepreneurs sont « les capitaines » de l'industrie. A présent, oui, mais pourtant, il est clair qu'au vrai sens du mot, c'est le consommateur qui est le capitaine, puisque c'est lui qui commande. -- Il commande à trois serviteurs qui s'appellent le Travail, la Terre et le Capital, et qui ne font ou ne devraient faire, dans une organisation disciplinée que ce qu'Il leur dit de faire, qu'obéir à la demande.

Comme le centenier de l'Evangile, qui disait à Jésus, pour définir sa fonction : « Seigneur, je dis à celui-ci : Va, et il va ; à celui-là : Viens, et il vient ! », le consommateur dit au capital et à la main-d'œuvre d'aller ici ou là, à Nice pour lui produire des roses, à Terre-Neuve pour lui pêcher de la morue, sur les bords du Congo pour lui rapporter les dépouilles sacrilèges des éléphants, au fond de la mer pour lui chercher la perle.

Et déjà, malgré tout ce que nous avons dit de la stupidité ou tout au moins de l'inexpérience du consommateur, ce commandement s'exerce dans une certaine mesure. J'en ai cité maints exemples dans le sens coupable et dilapidateur : en voici dans un sens bienfaisant. En 1867, les belles soieries de Lyon ayant cessé d'être à la mode, et l'industrie lyonnaise étant en souffrance, l'Impératrice s'empressa de remettre à la mode, à la cour des Tuileries, les robes de soie brochée ; la crise fut conjurée, au moins pour un temps. Le même fait s'est reproduit souvent avec quelques variantes — par exemple, en Angleterre en 1880 : les fabricants de laines envoyèrent une délégation à la princesse de Galles pour lui demander de ne porter que des lainages anglais, au lieu d'étoffes françaises, ce qui fut fait. On sait que les Ruskiniens espéraient supprimer l'industrie mécanique en ne portant que des étoffes faites à la main, que des livres imprimés par des presses à bras, et en renonçant à voyager en chemin de fer — et on prétend qu'ils ont réussi, non à supprimer aucun chemin de fer, il est vrai, mais à ressusciter quelques métiers à main dans certains districts anglais.

Si les consommateurs, même dans l'état d'anarchie où se trouve aujourd'hui la consommation, ont déjà ce pouvoir, quelle ne serait pas leur puissance s'ils étaient tous organisés en associations et en fédérations, avec des Magasins de Gros centralisant leurs achats! et avec la production organisée, soit dans leurs propres ateliers, soit dans des associations de production commanditées par eux, consommateurs, et produisant pour eux!

Et ce ne serait plus seulement l'exercice de leur souveraineté légitime qu'ils retrouveraient par là, mais aussi la conscience de leur responsabilité.

Désormais, l'orientation du mouvement économique serait changée, ce ne serait plus la préoccupation du profit qui hanterait les esprits et ferait marcher l'industrie, car les sociétés coopératives de consommation ne cherchent pas de profit, ou du moins ne doivent pas le chercher; leur seul souci est de pourvoir le plus économiquement possible aux besoins les plus essentiels de tous. Or, tel doit être le but normal de l'activité économique. Mais qui pourrait dire combien le monde changerait du jour où, dans le commerce, la préoccupation de l'argent à gagner ne tourmenterait plus les âmes, et du jour où, dans la consommation, il n'y aurait plus de débouchés que pour les produits faits selon la justice?

Bien mieux que ne le peuvent faire des consommateurs, même ligués, la Société de consommation peut remonter directement aux sources d'où elle tire ses produits. Elle peut faire une enquête sur leurs origines : elle peut donner la préférence aux articles manufacturés par des ouvriers syndiqués, ou par ses propres ouvriers, ou par des associations de production. Elle peut s'interdire absolument la mise en vente dans ses magasins de tels ou tels articles qu'elle juge dangereux, comme les boissons alcooliques — c'est ce que fait le Vooruit de Gand — immoraux, comme des journaux pornographiques, ou stupides, comme des dépouilles de petits oiseaux. Elle peut, en ne vendant que des vins purs, rendre peu à peu aux consommateurs le goût du vin naturel qu'ils avaient perdu et faire bénéficier ainsi les vignerons de France de tout ce que les sophisticateurs gagnaient jusqu'à présent.

Puisque c'est directement pour lui, et non pour l'intermédiaire, que les ouvriers travaillent, il ne peut arguer de son ignorance ni de son impuissance ; il ne peut plus supporter qu'ils travaillent pour des salaires de famine ou dans des ateliers insalubres, ou pendant un nombre d'heures trop prolongé... Peut-être me dira-t-on que c'est beaucoup d'optimisme ? Peut-être pourrait-on nous citer des exemples de Sociétés de consommation traitant durement leurs employés ou exigeant d'eux plus de travail qu'un patron ordinaire ? il y a eu des grèves, même contre les Sociétés de consommation. Hélas ! c'est vrai ; mais qu'est-ce que cela prouve ? Simplement qu'il y a pour le consommateur toute une éducation économique et morale à faire, que ce n'est pas en un jour qu'on fait l'apprentissage du pouvoir. De même qu'il ne suffit pas de conférer le suffrage universel à un peuple pour transformer du jour au lendemain cet esclave en souverain, de même il ne suffit pas de grouper les consommateurs en Sociétés coopératives — qui sont l'équivalent, dans l'ordre économique, du suffrage universel dans l'ordre politique, car tout le monde est consommateur, de même que tout le monde est citoyen — pour leur donner des sentiments nouveaux.

Après plus d'un siècle d'expérience, l'avènement de la démocratie dans le gouvernement politique nous ménage encore d'incessants et cruels déboires. Comment en serait-il autrement pour l'avènement de la démocratie dans l'ordre économique ? Certes, le peuple n'était pas moins ignorant de ses droits et de ses devoirs politiques, que les consommateurs de leurs droits et de leurs devoirs économiques — et il l'est encore ! Mais si le vrai moyen d'apprendre à nager, c'est de se jeter à l'eau, le vrai moyen aussi de faire l'éducation économique, politique ou morale d'un peuple, d'une classe, d'une catégorie sociale quelconque, c'est de la mettre à même d'exercer le pouvoir effectif — et voilà précisément ce que fait la Société coopérative de consommation.

Les économistes conservateurs répondent que l'exemple du suffrage universel en politique n'est pas bien encourageant — c'est peut-être vrai, quoiqu'à tout prendre il y ait des pays où il fonctionne au moins aussi bien que le suffrage restreint ; en tout cas, il faut bien qu'il réponde à une nécessité, puisque là où il existe personne n'ose proposer de le supprimer, et que là où il n'existe pas encore, il se rapproche de jour en jour.

Les économistes de l'école libérale objectent que cette forme de collectivisme coopératif supprimera toute initiative individuelle, toute invention, tout progrès. Il n'y aura peut-être plus de « nouveautés » mais ce sera fort malheureux, car il ne restera que la routine. Le producteur peut être égoïste et intéressé, mais par cela même il est actif ; le consommateur est indifférent et passif. S'il ne gouverne pas, c'est parce qu'il est essentiellement incapable de le faire. Il n'a pas d'intérêt à changer ses habitudes et ses goûts; il est misonéïste. J'ai entendu ici mon savant collègue à Lausanne M. V. Pareto citer l'exemple suivant qui est très frappant. L'industrie de la meunerie est arrivée à un degré de perfection si extraordinaire que non seulement ses machines séparent la partie corticale du grain et le germe, mais encore qu'elles ont des brosses pour enlever les poussières logées dans la fente médiane. Pense-t-on, disait-il, que des consommateurs eussent pris tant de peine pour se faire du pain blanc ! Ils mangeraient encore le pain noir de leur père et le trouveraient excellent ! Si nous mangeons du pain blanc, c'est à la concurrence entre producteurs que nous le devons !

L'exemple pourrait, me semble-t-il, se retourner en notre faveur. En faisant du pain blanc les producteurs n'ont nullement cherché à rendre service aux consommateurs, mais à s'en rendre à eux-mêmes. En effet, le pain blanc n'est bon qu'autant qu'il est frais ; dès qu'il est rassis, il n'est bon qu'à jeter, tandis que le pain fait avec de la farine peu blutée, le pain « de ferme », est excellent pendant plusieurs jours. Donc, par ce moyen, le boulanger est sûr de voir le consommateur revenir chaque matin. Mais le pain est gaspillé, mais le quart du grain est perdu par le blutage, mais la partie la plus nutritive du blé est jetée aux pourceaux sous forme de son, et ainsi nous avons là un exemple d'un goût dispendieux et malfaisant imposé au consommateur par le producteur dans son propre intérêt. Hé bien ! j'espère que les sociétés coopératives de consommation feront l'éducation de leurs membres, c'est-à-dire qu'elles leur rendront le goût du pain savoureux, nourrissant, économique, qu'elles lui apprendront aussi que le pain fait au pétrin mécanique est aussi bon que celui pétri par le travail dégoûtant et pénible du « geindre ». Il sera moins blanc, mais il sera plus propre.

Au reste, je ne veux pas nier, pour les besoins de l'argumentation, que le règne du consommatenr, succédant au règne de l'entrepreneur, n'eut pour résultat un certain ralentissement dans la circulation économique et ne nous rapprochât de cet « état stagnant » que Stuart Mill annonçait dans une page éloquente et où il voyait « le fleuve de l'industrie humaine se perdre dans une eau dormante ». Mais il ne s'en effrayait pas outre mesure et nous non plus ! Vraiment, si ce règne nouveau nous apportait, dans le domaine économique, un peu de cette grande paix, *pax romana*, que l'empire Romain apporta au monde dans l'ordre politique, je crois que nous pouvons le souhaiter aux hommes du siècle qui vient.

L'économie politique a débuté par l'étude des phénomènes et des lois de la production, c'est là ce qu'ont étudié jusqu'à ce jour, et presque exclusivement, les jurisconsultes. Mais ils sont aujourd'hui généralement d'accord pour reconnaître qu'ils avaient fait fausse route et que ce sont les phénomènes et les lois de la consommation qui constituent la clé de la science. On a même dit que la science de la consommation attendait son Adam Smith. Donc, à ce changement dans la conception et l'orientation de la science économique, doit en correspondre un pareil dans la conception et l'orientation de la pratique économique, et c'est l'avènement de la Société de consommation qui est le signe de ce changement. Le dix-neuvième siècle a été le siècle des producteurs ; espérons que le vingtième siècle sera celui des consommateurs. Que leur règne vienne !

CONCURRENCE OU COOPÉRATION [1]

MM. — Il aurait fallu un petit point d'interrogation après le titre de la conférence de ce soir. Coopération ou concurrence? Vous entendez bien en effet que par ces deux mots j'ai voulu symboliser, caractériser deux écoles différentes, l'une qui comprend la plupart des économistes français, tous ceux notamment qui se groupent autour de la Société d'économie politique de Paris, l'autre dans laquelle ne figurent que peu d'économistes, mais surtout des sociologues, des philosophes, des hommes politiques, quelques chrétiens, voire quelques anarchistes, un peu de tout, — ce qui a permis à un de mes excellents collègues et amis de donner de ces deux écoles la définition que voici : la première se compose de tous ceux qui savent l'économie politique, et la seconde de tous ceux qui ne la savent pas. C'est au nom de la seconde que, modestement, je viens vous parler ce soir.

Comme j'ai l'honneur d'appartenir depuis une quinzaine d'années à la Société d'économie politique, vous pensez que je n'aurai pas le mauvais goût de dire ici du mal de mes confrères ; je tiens même à déclarer expressément que je tiens tous les militants de l'école libérale économique — non pas seulement ceux qui sont morts mais ceux qui vivent et dont j'aurai à citer les noms — pour des vaillants qui ont lutté très courageusement dans le passé et dans le présent pour beaucoup de nobles causes,

(1) Conférence faite au *Musée Social* le 24 janvier 1899 sous la présidence de M. Poincaré, député.

pour la Liberté, pour la Paix sociale et internationale, pour la Justice aussi, et que sur tout autre terrain que celui qui va faire l'objet de notre petite querelle de ce soir, je suis de cœur avec eux.

Mais je ne crois pas dire du mal d'eux si je me borne à constater qu'ils disent souvent du mal de nous. Dans tous les livres ou articles qui ont paru dans ces derniers temps signés des principaux chefs de l'école économique libérale, on peut relever une quantité de critiques acerbes ou tout au moins de petites pointes contre les institutions d'aide mutuelle, contre l'école nouvelle que j'ai désignée sous le nom d'école coopérative, mais qui est généralement connue aussi sous le nom d'école de la solidarité. Solidarisme, coopératisme, c'est tout un.

Je ne veux pas multiplier ici les citations, cela me serait facile, mais vous pourriez croire que c'est la rancune qui me donne tant de mémoire : je ne peux cependant pas oublier un fait tout récent, une séance d'une petite sœur de la grande Société d'économie politique, la « Société d'économie industrielle », dans laquelle M. Yves Guyot a dit que ce que nous faisions ici c'était du « socialisme paternel » et dans laquelle un autre membre, non moins autorisé, puisqu'il est le secrétaire de la Société d'économie politique, a clôturé et résumé toute la discussion par cette formule d'une concision lapidaire : « Le Musée social est un mal social ».

Pourquoi toutes ces attaques? — Tout simplement parce que, dans la seconde école dont j'ai à vous parler, nous ne croyons pas que la concurrence suffise à tout, qu'elle assure la liberté, le bon marché, le progrès moral et économique. Et pourtant, je suis convaincu que des gens d'esprit, des savants comme les économistes de l'école libérale dont je viens de parler, ne croient pas non plus à la toute puissance et à l'infaillibilité de la concurrence érigée en dogme. N'y aurait-il entre les deux écoles qu'un simple malentendu ? Peut-être : en tout cas, il m'a semblé que le temps que nous allons consacrer à cette discussion ne sera pas tout à fait perdu si nous arrivons seulement à préciser ce qui nous sépare.

Avant tout il faudrait savoir ce que c'est que la concurrence. Seulement, comme il n'y a rien de plus ennuyeux dans une conférence que la recherche des définitions, je m'en dispenserai — et du reste autant vous avouer que je n'en ai point du tout, de définition ! — mais ce que du moins je vois clairement, c'est que la concurrence se présente sous deux aspects, l'un celui de *la liberté du travail*, l'autre celui de *la lutte pour la vie*. Eh bien ! le premier, nous l'acceptons : le second, nous le rejetons. Voilà tout le sujet de notre entretien de ce soir.

I

Je dis d'abord qu'en tant que liberté du travail, nous sommes tout disposés, dans l'école coopérative, à accepter la concurrence. C'est le premier aspect sous lequel elle a apparu aux économistes ; c'est avec cette auréole qu'elle a surgi, véritablement radieuse, à la fin du siècle dernier, et d'autant mieux acclamée qu'elle succédait — non pas au vrai régime corporatif tout frais éclos des fraternités du moyen-âge, qui aurait peut-être pu soutenir la comparaison à certains égards — mais à un régime corporatif usé et déjà parvenu à une espèce d'ossification sénile.

Aussi bien je n'insisterai pas longtemps sur ce premier point, puisque nous sommes d'accord. Je me bornerai à dire que même à ce point de vue, en tant que liberté du travail, elle n'a pas peut-être tenu tout à fait les espérances qu'on avait fondées sur elle.

Elle n'a pas donné tout à fait le bon marché qu'on nous promettait : la preuve, c'est que le pain, par exemple, n'a pas baissé de prix depuis cinquante ans ! et cependant Dieu sait que ce n'est pas la concurrence qui fait défaut, puisque le nombre des boulangers, rien qu'à Paris, a triplé depuis un demi-siècle !

On ne peut pas dire non plus qu'elle ait tout à fait réalisé cet ordre naturel que rêvaient les Physiocrates, puisque nous voyons une certaine anarchie dans la répartition des richesses et des fonctions. Je pourrais en donner mille exemples : pour n'en citer qu'un seul, pensez aux médecins qui, dans les villages et les campagnes, sont tellement rares que les malades ne peuvent en trouver, tandis qu'à Paris, au contraire, ils sont tellement nombreux que ce sont eux qui ne trouvent pas assez de malades !

On ne peut pas dire non plus qu'elle ait agi, comme l'espérait Bastiat, comme puissance niveleuse, égalitaire, démocratique, puisque nous la voyons créer de nos jours un type absolument inconnu autrefois, même du temps de Crésus, celui du milliardaire.

Mais il importe ! Je le répète, nous acceptons ces petites misères inhérentes à la liberté du travail, nous les acceptons non pas dans cet esprit optimiste des économistes de l'école libérale qui pensent qu'elles disparaîtront du jour où la libre concurrence sera pleinement établie et que, comme la lance d'Achille (c'est une phrase consacrée), elle guérira elle-même les maux qu'elle aura causés. Non : nous les acceptons simplement parce que nous pensons que, quelque cher qu'on l'achète, la liberté vaut le prix dont on la paie !

Sur ce premier point, je n'ajouterai qu'une réflexion qui paraîtra peut-être quelque peu impertinente aux maîtres de l'école libérale. Je me permets de croire que c'est précisément sur les coopérateurs qu'ils doivent compter pour assurer le régime de la libre concurrence, pour réaliser leur idéal, et qu'ils n'y arriveront pas par le simple laisser faire. Et en effet, ils sont les premiers à reconnaître eux-mêmes — et à en gémir! — qu'en somme, ce régime de la libre concurrence dont ils ne cessent de nous vanter les bienfaits, n'existe pas, qu'il n'est pas réalisé encore aujourd'hui, qu'il lui manque une foule de conditions, par exemple, la suppression de tout monopole, l'abolition de tout profit illégitime, la coïncidence entre le prix de revient et le prix de vente, l'adaptation de la production à la consommation, de la demande à l'offre, et surtout ce qu'on appelle le *fair play*, c'est-à-dire la concurrence loyale et dans des conditions égales pour tous.

Eh bien! pour tout cela, les sociétés coopératives peuvent être d'un très grand secours. Elles peuvent justement faire — et elles font en réalité — coïncider dans une grande mesure le prix de vente et le prix de revient; elles s'attachent à éliminer les intermédiaires, les parasites, tous les frottements qui enrayent le mécanisme économique et l'empêchent de jouer librement. Elles ont précisément pour but d'assurer autant que possible le règlement des intérêts par de libres contrats et d'empêcher les Brennus de jeter leurs épées dans l'un des plateaux de la balance. Même, en assurant aux consommateurs, par le moyen des sociétés de consommation, la haute main dans le gouvernement économique, elles tendent à réaliser l'idéal de Bastiat qui acclamait dans le consommateur le vrai représentant de l'intérêt public.

Et même les interventions législatives qui échauffent si fort la bile des économistes, telles que système protectionniste, taxation de la boulangerie et de la boucherie, lois ouvrières, croyez-bien que si la république coopérative était réalisée, beaucoup deviendraient inutiles ! Oui, si tous les citoyens français appartenaient à des sociétés coopératives de consommation, le régime protectionniste ne durerait pas longtemps. Oui, s'il y avait partout des boulangeries coopératives, cette fameuse taxe municipale sur le pain et la viande qu'ils dénoncent furieusement mais vainement, serait rendue inutile, en effet, parce que les boulangeries et boucheries coopératives vendraient pain et viande au prix de revient. Oui, si tous les ouvriers en France étaient associés à leurs patrons par la participation aux bénéfices ou associés entre eux par la coopération de production, toutes les lois coercitives pour créer des caisses de maladies, de retraite ou d'assurance, pour règlementer le salaire, toute cette pesante armure législative qui n'a d'autre raison d'être que de protéger le faible contre le fort et d'empêcher l'ouvrier d'être livré au capitaliste à l'état de proie individuelle, deviendraient superflues du jour où les ouvriers eux-mêmes règleraient tout ce qui concerne leurs caisses, leur rémunération et leur propre sécurité, du jour où — pour reprendre une phrase que prononçait l'autre jour le président de la Chambre des députés, M. Deschanel, au banquet des associations coopératives — « le travail n'obéirait qu'aux règles qu'il se serait lui-mêmes données ».

Voilà pourquoi j'avais le droit de dire que si jamais la libre concurrence est réalisée pleinement sur terre, ce sera très probablement aux associations coopératives que les économistes de l'école libérale le devront et ils seront obligés de nous remercier pour cela. Ils feront comme le prophète Balaam qui avait été envoyé pour maudire Israël et qui fut finalement obligé de le bénir, et encore à trois reprises différentes ! Ce sera là notre seule vengeance, mais j'avoue qu'elle sera assez raffinée.

II

Ceci m'amène à considérer le second aspect de la concurrence : après la face, le revers. Oh ! celui-ci n'est pas aussi ancien que l'autre, il est de date relativement nouvelle. L'idée de la concurrence apparaissant comme lutte pour la vie, comme instrument de sélection, comme loi directrice de l'évolution, tout le monde connaît aujourd'hui son origine; vous savez comment Spencer et Darwin, il y a quelque quarante ans, ont lancé cette grande idée dans le monde et quel chemin elle a parcouru depuis lors ! Je n'ai pas à discuter la question du darwinisme au point de vue biologique : je me bornerai simplement à dire qu'on commence à se défier en matière sociale de tous ces emprunts faits au règne animal. Mais les économistes ont été du premier coup conquis. Ils se sont dit : voilà notre affaire ! Jusqu'alors la concurrence, c'était simplement le bon marché, la liberté, la justice, mais voici, c'est aussi le progrès ! c'est le progrès parce que c'est l'élimination des incapables, c'est la survivance des plus aptes, c'est donc la sélection des meilleurs.

Oui, seulement le tout est de s'entendre. Ces meilleurs, qui sont-ils ? Tant que nous sommes dans le domaine de la concurrence animale, j'entends bien quels sont les meilleurs : s'il s'agit de lions, les meilleurs ce sont assurément ceux qui auront les crocs les plus solides, les griffes les plus aiguës et et les muscles les plus puissants pour saisir leur proie ; et s'il s'agit de renards, ce seront ceux qui auront les pattes les plus agiles, le nez le plus fin.

Mais quand il s'agit des hommes, sont-ce là les meilleurs ? Evidemment non ; même les économistes de l'école libérale n'entendent pas par « les meilleurs » les plus féroces et les plus roués ; ils entendent par là non les hommes qui ressemblent à des lions, à des renards, mais, comme nous tous, les hommes bons, les hommes sociaux, les hommes qui seront disposés au besoin à sacrifier leur intérêt personnel à l'intérêt social.

Eh bien ! s'il en est ainsi, alors comment peut-on soutenir sans vraiment prêter à rire que la concurrence pour la vie entre hommes, dans le commerce par exemple ou dans l'industrie, aura pour effet d'assurer la victoire aux plus scrupuleux, aux plus consciencieux, aux plus modestes, à ceux qui possèderont ces vertus discrètes qui font la moralité de la vie sociale et distinguent précisément « la bonne société » de la mauvaise ? Vraiment il semble qu'il n'y ait pas à discuter sur des vérités qui ne sont que des lieux communs.

Et pourtant, il s'est trouvé des économistes pour soutenir cette thèse que c'est bien aux plus moraux que la concurrence assure la victoire !

Dans un tout petit livre, écrit avec un remarquable brio, intitulé *La morale de la concurrence*, M. Yves Guyot s'attache à démontrer que la concurrence produit non seulement le progrès économique, mais le progrès moral, voici comment. Quel est le rôle du producteur ou du marchand dans notre organisation économique ? n'est-ce pas de se préoccuper des goûts, des intérêts du client ? n'est-ce pas de le bien servir ? Ce fabricant ne se préoccupe pas de ce qui est son intérêt ou son goût à lui. Mon Dieu ! non, il le foule aux pieds ! mais il vit dans le souci constant de se demander comment il pourra être agréable à ses clients, en leur fournissant, de la façon la plus économique, les produits de meilleure qualité. Et c'est bien la concurrence qui le force ainsi à se préoccuper des intérêts du public, qui lui impose cette obligation sous la menace ou sous la sanction de la ruine; voilà pourquoi, poursuit M. Yves Guyot, elle agit à la façon d'un grand ressort moral; elle produit « l'altruisme professionnel ». En fait de morale, elle remplace le catéchisme, qui est un peu discrédité, et même elle pourra remplacer avec avantage l'impératif catégorique de Kant qui est peu connu dans le monde des affaires.

Voilà la démonstration. A dire vrai, il semble que l'auteur ait voulu plutôt tenir une gageure que donner une démonstration scientifique. La définition qu'il nous donne de l'acte de commerce est en tout cas fort divertissante. Elle rappelle celle que Molière met dans la bouche de M. Jourdain, le Bourgeois-gentilhomme, à qui on demande ce que faisait son père, et qui répond : « Les mauvaises langues prétendaient qu'il était marchand drapier, mais point du tout! c'était un homme qui, étant de son naturel extrêmement obligeant, avait des pièces d'étoffes chez lui et rendait service à ses amis en les leur procurant dans les meilleures conditions possibles. »

Molière avait donc déjà démontré que le commerce n'est qu'un service rendu! C'est cette perpétuelle équivoque de l'expression « service rendu », cette espèce de jeu de mots, qui fait aussi le fond de toute la théorie de Bastiat. Il suffit pour cela de prendre à la lettre cette formule qui se trouve sur toutes les circulaires des marchands qui écrivent à leurs clients : « venez chez moi, vous serez bien *servi* », ou même : « vous serez mieux *servi* que chez le voisin ». Et comme la morale en ce monde consiste en somme à rendre service à autrui, vous saisissez tout de suite comment l'échange et la division du travail supposent et provoquent l'altruisme professionnel : *quod erat demonstrandum.*

Le *Correspondant* a narré une amusante histoire de concurrence qui s'est passée, il y a quelque temps, entre les deux plus gros milliardaires américains Vanderbilt et Gould. C'est avec leurs lignes de chemins de fer (car chacun d'eux en possède plusieurs) qu'ils se battaient. Pour accaparer le transport de bétail à New-York, chacun d'eux abaissait le prix du transport, de telle sorte qu'il finit par tomber de 125 dollars le wagon à *un* dollar. Ce fut Gould qui eut le dernier mot ; c'est sur son chemin de fer qu'il établit ce tarif phénoménal de 1 dollar. Il riait tout seul de contentement en pensant à sa victoire, quand il apprit avec stupeur que Vanderbilt avait acheté tout le bétail du Far-West, qu'il s'empressait de le faire voyager dans les wagons de son concurrent au tarif extravagant de bon marché que celui-ci, Gould, avait imaginé et gagnait d'énormes bénéfices par chaque wagon. Gould cessa de rire.

Une autre fois, on vit deux compagnies en arriver, par la concurrence, non seulement à transporter les voyageurs gratis, mais encore, à leur offrir à leurs buffets des bocks gratis. Le « service rendu » au public, dans tous ces cas, est incontestable !

Eh bien ! je pense que vous avez vu tout de suite où gît le sophisme : le moteur de toute l'activité commerciale et industrielle, ce n'est pas du tout le désir de rendre service à autrui, mais tout simplement le désir de faire un profit. Le profit ! voilà la cause et la fin, l'alpha et l'oméga de tout le mouvement économique dans notre organisation actuelle. Et comme la concurrence ne saurait développer d'autres qualités que celles qui se trouvent le mieux adaptées au but spécial qu'il s'agit d'atteindre, la concurrence économique en vue du profit ne saurait développer que les qualités les plus propres à gagner de l'argent. On dit quelquefois que la concurrence est l'âme du commerce : on a l'âme qu'on peut !

Remarquez que je ne suis pas assez pessimiste pour prétendre qu'un négociant ou qu'un commerçant ne puisse pas être un homme parfaitement honorable, consciencieux et qui met tous ses soins à bien servir ses clients. Je prétends seulement que, s'il le fait, ce sera parce qu'il pense que l'honnêteté est après tout le meilleur chemin pour réussir en affaires, et heureusement c'est vrai... quelquefois. Et ce que je prétends encore c'est que s'il le fait, s'il est un de ces commerçants dont la parole vaut de l'or, et qui sont l'honneur de leur profession et de leur pays, ce ne sera pas du tout parce que la concurrence l'y contraint, mais parce que sa conscience ou son honneur professionnel lui en font une obligation! Et la preuve, c'est que cet honneur professionnel, cette probité commerciale ont existé même dans des temps où la concurrence était absolument inconnue, peut-être même mieux qu'aujourd'hui. Elle ne remonte, certes, pas au temps de la libre concurrence cette inscription que Ruskin a vue gravée sur une église de Venise: « En ce temps-là les poids des marchands étaient exacts, les mesures justes, les contrats loyaux » !

Et si, maintenant que nous sommes loin de ce passé vénérable, vous voulez faire la contre-épreuve, vous n'avez qu'à demander à n'importe quel marchand, à tel épicier du coin de la rue, pourquoi il vend des denrées falsifiées ? pourquoi il ne ferme pas son magasin le dimanche pour donner congé à ses employés? Il vous répondra : « Monsieur, je voudrais bien le faire, mais je ne le peux pas ; je suis obligé de faire comme les autres, il faut hurler avec les loups. » Demandez à ce minotier de Normandie qui, il y a quelques mois, a été poursuivi parce qu'il avait fait venir des wagons entiers de plâtre pour le mélanger à sa farine et faire du pain, qui réalisait ainsi à la lettre le miracle que Satan proposait au Christ — et que celui-ci, d'ailleurs, repoussa avec indignation : — « dis à ces pierres qu'elles deviennent du pain » ! Demandez à tous les laboratoires municipaux pourquoi aujourd'hui la falsification des denrées est devenue un art qui fait de vrais miracles, comme celui que je viens de citer tout à l'heure — tous répondront : c'est la concurrence qui fait cela parce qu'il a fallu s'ingénier à vendre à meilleur marché, parce que les profits diminuent, parce que les intermédiaires sont trop nombreux. Demandez encore à cet entrepreneur, à ce tailleur de vêtements confectionnés dans les grandes villes, à Londres ou même à Paris, pourquoi il soumet ses ouvriers à ce système devenu célèbre en économie politique sous le nom de *sweating system,* « système sudorifique », parce qu'il consiste à faire suer à un homme tout ce qu'il peut donner ; — demandez à nos grands magasins pourquoi ils donnent à leurs ouvrières, pour la façon d'une chemise ou d'un objet de lingerie quelconque, une somme absolument dérisoire, qui leur permet à peine de vivre et cela au prix d'un travail de brute soutenu le jour et la nuit, à tel point qu'un observateur cependant non suspect, M. Charles Benoist, dans son livre sur « l'ouvrière à l'aiguille », a pu citer le cas d'une ouvrière qui avait travaillé deux journées de suite, pendant *vingt heures* chaque jour, pour faire la façon de je ne sais quel article de toilette qu'une belle dame emportera dans un carton noué d'une faveur rose, en se disant joyeusement : je serai belle à bon marché ! demandez à l'auteur du fameux chant « de la chemise », Thomas Hood, quel est le drame quotidien qui lui a arraché ce cri de détresse :

O mon aiguille ! travaillons !
Ce que tu couds c'est mon linceul
En même temps qu'une chemise !

Et tous vous répondent — ils ont déjà répondu cent fois — « C'est la concurrence ! Nous ne demandons pas, nous, à maltraiter nos ouvriers et à les exploiter, mais nous y sommes forcés par les nécessités de la lutte pour la vie ».

Voilà qui suffit, n'est-il pas vrai ? sans multiplier les exemples, pour prouver que la concurrence, sous la forme de lutte pour la vie, a agi généralement non pas dans le sens progressif mais dans le sens péjoratif, qu'au lieu de sélectionner les bons en éliminant les méchants, elle force, au contraire, les bons à régler trop souvent leurs pas et leurs actes sur les pas et les actes des méchants.

Mais à cela, me direz-vous peut être, que voulez-vous faire ? Il faut bien cependant, puisque vous avez accepté la concurrence sous la forme de la liberté du travail, l'accepter aussi sous forme de lutte pour la vie, c'est la face et le revers de la même médaille : on ne peut les séparer.

Point du tout ! je n'accepte pas ce dilemme. La liberté du travail ne m'apparaît pas comme nécessairement liée à la lutte pour la vie, et mieux que cela, je crois qu'il y a bien des cas dans lesquels, au contraire, *la lutte pour la vie produit cet effet de supprimer la liberté du travail et la libre concurrence !* Prenez des rats ! oui, une douzaine de rats, puisque nous parlons de sélection naturelle, enfermez-les dans une cage, et donnez-leur la nourriture suffisante pour un seul. Puis repassez tous les jours ; d'un jour à l'autre vous verrez leur nombre diminuer, si bien qu'à la fin il n'en restera plus qu'un. C'est l'élu, celui-là, c'est le sélectionné ! qu'il est beau et gros ! Je le crois bien, il a mangé tous les autres ! Et voilà la concurrence supprimée, puisque de tous les concurrents, il n'en reste qu'un seul : c'est même de là que vient le mot de monopole, *monos* seul.

Je veux bien croire que dans la concurrence entre les hommes cela ne se passera pas tout à fait de même — quoique cependant ce soit une thèse affirmée couramment par les collectivistes, par M. de Molinari, ou même par M. Zola dans son livre *Le Bonheur des dames*, que les grands magasins, comme le Louvre et le Bon Marché, mangeront les petits. Ce n'est pas tout à fait exact ; en réalité, il en reste encore beaucoup, de petits magasins, il en reste même trop. Mais néanmoins on ne saurait contester que logiquement la lutte pour la vie, parce qu'elle est un combat, parce qu'il y a des vainqueurs et des vaincus, et parce que les vaincus disparaissent, ne doive avoir pour effet de réduire le nombre des combattants jusqu'à ce qu'il n'en reste plus, je ne dirai pas qu'un seul, mais du moins qu'un petit nombre, qui voyant à regret qu'ils sont de force égale et ne peuvent réussir à se dévorer les uns les autres, s'entendent et s'associent — ce qui revient exactement au même résultat que tout à l'heure, à savoir : supprimer la concurrence.

Ce que je dis là ne sont pas des affirmations *a priori*. Vous savez, ou du moins beaucoup de ceux qui sont ici savent que notre fable ne fait que symboliser un des phénomènes économiques les plus actuels, les plus importants, celui qui préoccupe le plus les économistes à cette heure, c'est-à-dire ces ententes, ces coalitions des grands producteurs, qui s'appellent *syndicats* en France, *trusts* aux Etats-Unis, *cartels* en Allemagne, *combines* en Angleterre. Je sais bien qu'un des collaborateurs distingués de ce Musée social, M. de Rousiers, qui vient précisément d'aller faire une enquête aux Etats-Unis sur cette grosse question des Trusts, en a rapporté des conclusions relativement rassurantes pour le public ; il croit que finalement les Trusts n'auront pas pour effet d'abolir ni même de restreindre sensiblement la concurrence. Je me permets d'être moins optimiste à cet égard ; je ne suis pas allé aux Etats-Unis, mais j'étais, il y a quelques mois, dans le Midi de la France et voici ce que j'y ai vu. Les viticulteurs, comme vous le savez, font pour leurs vignes une grande consommation de soufre, ce sont même les plus grands consommateurs de ce produit ; or ils venaient d'avoir une surprise fort désagréable. Ils venaient d'apprendre que tous les fabricants de soufre raffiné s'étaient syndiqués et qu'ils s'étaient entendus aussi avec les producteurs de soufre de Sicile, qui est à peu près le seul pays qui fournisse le soufre aujourd'hui : même on leur annonçait par une circulaire que les prix étaient majorés de 2 ou 3 francs, et la même circulaire ajoutait assez cyniquement qu'ils feraient bien de se dépêcher, attendu qu'on comptait l'augmenter de 50 centimes par 100 kilos chaque mois ! Et c'est ce qu'ils ont fait — ceux du moins qui avaient de l'argent : ils se sont hâtés de faire leurs commandes, crainte de pire.

Je pourrais citer d'autres exemples ; le même fait s'est produit pour le sulfure de carbone et pour le sulfate de cuivre. — Que pouvons-nous faire à cela ?

Ce que nous pouvons faire ? Hé ! justement la coopération peut faire beaucoup et, dans l'exemple que je viens de citer, elle est même la seule force — bien plus que l'Etat qui ne peut rien ici — sur laquelle les consommateurs puissent compter pour se défendre. Et comment cela ? Parce que les viticulteurs en France ont constitué de grands syndicats, les syndicats agricoles, qui ne sont en réalité que des sociétés coopératives de consommateurs, et qui sont bien décidés à résister et à faire tomber ces syndicats de gros fabricants. Et s'ils réussissent, comme je l'espère, il faudra reconnaître que c'est la concurrence, sous la forme de lutte pour la vie, qui avait créé le monopole, mais que c'est la coopération qui est venue restaurer la libre concurrence !

Et les banques populaires et les caisses rurales, que font-elles, en fournissant des capitaux aux petits propriétaires, aux artisans — sinon de les empêcher d'être mangés par les gros et de maintenir par conséquent une liberté du travail et une libre concurrence effective et non pas seulement à l'état de vaine déclaration de principes ?

Et c'est sur elle aussi que nous comptons, sous la forme de sociétés de consommation, pour lutter contre la sélection régressive et les abus de la concurrence tels que ceux que j'ai indiqués tout à l'heure — réclames mensongères, falsifications des denrées, faux poids, exploitation du consommateur sous toutes les formes, qui sont les fruits amers de la poursuite du profit. Ces sociétés, vous le savez, ce sont les consommateurs eux-mêmes qui s'associent pour pourvoir à leurs besoins, c'est-à-dire se vendre à eux-mêmes ; or quel intérêt auraient-ils à se vendre à eux-mêmes des marchandises falsifiées, ou à se vendre à eux-mêmes à faux poids ou à s'exploiter eux-mêmes d'une façon quelconque ? Et quand il y a plusieurs sociétés coopératives de consommation dans une même ville et une même région, pensez-vous qu'elles se fassent concurrence entre elles ? Pensez-vous qu'elles cherchent à s'éliminer ou à se manger les unes les autres ? Absolument pas ; elles se syndiquent, elles se fédèrent, elles s'entendent : il n'y a entre elles aucun motif d'inimitié, puisque ce qui fait le venin de la concurrence et la fait dégénérer en lutte pour la vie, c'est seulement la recherche âpre du profit, tandis que les sociétés coopératives ont pour principale préoccupation de pourvoir aux besoins de leurs membres le mieux possible en leur fournissant les marchandises de la meilleure qualité et au plus bas prix possible, de leur rendre service, dans le vrai sens où M. Yves Guyot prenait ce mot tout à l'heure.

Et nous comptons encore sur la coopération, sous forme d'associations de production, pour faire cesser cet autre effet affreux de la lutte pour la vie que je rappelais tout à l'heure, le *sweating-system*, cette exploitation des ouvriers par un entrepreneur ou des sous-entrepreneurs ; car du jour où les ouvriers seront associés au patron par le contrat de la participation aux bénéfices, ou entr'eux par de libres contrats, du jour où ils seront eux-mêmes, pour partie ou pour le tout, leurs propres patrons et produiront pour leur propre compte, personne ne saurait imaginer que, dans ces conditions, ils chercheront à s'exploiter eux-mêmes! nous verrons alors réalisé l'idéal particulièrement cher à M. Charles Robert que je vois à mes cotés, je veux dire le travail rémunéré par la justice et non plus par la fatalité de l'offre et de la demande.

Mais, il me reste encore une crainte à dissiper. On pourrait craindre — et les économistes ne se sont pas fait faute d'affirmer en effet — que cette pratique de l'aide mutuelle, cette préoccupation d'adoucir la concurrence et la lutte, n'aient pour résultat d'affaiblir l'initiative individuelle, d'engendrer un sentimentalisme sans nerf et sans vigueur, un philanthropisme quelque peu niais qui prépare à l'évolution sociale le même dénouement qu'à un vaudeville de Labiche, une embrassade générale. Ce qu'il faut pour maintenir tendus les ressorts de l'activité humaine, ce n'est rien moins que la lutte, la concurrence, le conflit des intérêts rivaux. Ce qu'il faut, dit-on, c'est le *self-help*, l'aide de soi-même, tandis que la coopération, le mutualisme, la solidarité, tout cela ne fera que développer l'inertie, la passivité, la disposition des gens non point à s'aider eux-mêmes mais à se faire aider par autrui ! Dans son livre sur la supériorité des Anglo-Saxons, M. Demolins a même écrit cette phrase énorme : « le solidarisme n'est qu'une des formes de l'égoïsme, l'égoïsme honteux ».

Certes, nous sommes d'accord en ceci que la chose essentielle est de former des hommes, et s'il m'était montré que la concurrence doit en produire plus que la coopération, je m'inclinerais.

Ne nous prenez pas pour des bénisseurs, notre idéal est aussi un idéal d'énergie. Mais je ne crois pas à ce danger, et je vais plus loin : de même que tout à l'heure je disais que je comptais sur la coopération pour réaliser, mieux que la concurrence, la liberté du travail, je dirai maintenant que je compte sur la coopération pour réaliser, mieux que la concurrence, le maximum d'énergie et le développement intégral de la personnalité humaine.

Un des faits qui me rendent sceptique — entre beaucoup d'autres — sur l'efficacité de la concurrence et de la lutte pour la vie au point de vue de l'énergie, du *self-help*, c'est précisément l'exemple qu'on nous cite toujours de l'Angleterre en l'opposant à la France. Oui, certes, en Angleterre, il y a beaucoup d'individualisme — il y en a même peut-être un peu trop — mais l'argument ne peut pas nous toucher, car si l'Angleterre est le pays du *self-help*, c'est aussi par excellence le pays de la coopération et de l'association, et à ce point de vue il est même absolument au premier rang. Et quant à la France, vraiment, on est bien difficile si on trouve qu'en France la concurrence et la lutte pour la vie font défaut ! Je me demande quel est le pays où il y en a davantage ! Vous n'avez qu'à voir dans n'importe quelle rue le nombre de marchands qui se font concurrence en vendant les mêmes articles et en se disputant les clients. Il n'est aucune entreprise ou société aussitôt fondée qui ne provoque quelque entreprise concurrente. La lutte pour la vie? Mais le petit Français, avant même d'avoir des pantalons, l'apprend, cette lutte pour la vie! on le met tout de suite au collège, chaque semaine on lui fait faire des compositions pour le classer, et, en fin d'année, des compositions doubles ou triples pour les prix, et il va ainsi d'année en année, composant toujours, luttant, ou du moins stimulé à la lutte par ses parents et par ses maîtres, pour tâcher de monter de numéro en numéro sur la liste de classement; puis il concourt pour les grandes écoles... c'est la grande préoccupation des Français que ces concours: on peut dire sans exagération qu'une grande partie des efforts intellectuels de la France, de la sollicitude des familles, de la tendresse des mères, conspire à ce but unique: former ce sélectionné qui s'appelle le numéro 1er de l'École polytechnique! Et ce n'est pas fini! quand on sort des écoles, la lutte pour la vie se continue, sinon sous la forme d'examens et de concours, du moins sous celle de sollicitations et d'intrigues, pour «arriver». Le Français est-il fonctionnaire? il concourt pour chaque échelon qu'il faut monter dans la hiérarchie, jusqu'à ce qu'il prenne sa retraite: alors il en meurt. Est-il agriculteur? il concourt pour la prime d'honneur au concours agricole qui a lieu tous les cinq ans. Est-il industriel? il concourt pour la médaille à l'exposition universelle qui revient tous les dix ans. Est-il artiste? il concourt pour la médaille au Salon. Est-il provincial? il concourt pour venir à Paris. Est-il intellectuel? il concourt pour entrer à l'Institut. Est-il n'importe quoi? il concourt pour être décoré. Que serait-ce si je parlais de la lutte pour la vie sur le terrain politique! — mais n'en parlons pas. Contentons-nous de dire que certes la rivalité et la guerre ne font pas défaut chez nous et si la lutte pour la vie devait engendrer le self-help, l'initiative individuelle, la France devrait être un foyer tout flambant d'énergies morales! On ne devrait plus y trouver que des hommes sélectionnés, même des « surhommes » comme ceux que nous promet Nietzsche. Or, vous le savez, on n'y rencontre pas beaucoup de surhommes — ce qui est heureux du reste — mais même on n'y trouve pas facilement des « hommes » tout simplement.

Et pourquoi tant de luttes donnent-elles de si pauvres résultats? Ne serait-ce pas parce que tous ces efforts n'ont pour moteur que le désir du profit? ou la satisfaction de la vanité? ou peut-être même la paresse? car, en somme, il y a bien des gens qui ne font tous ces efforts dont je viens de parler que pour avoir une bonne place où ils seront dispensés d'en faire à l'avenir. C'est une espèce de placement d'efforts, un vrai placement de rentier: comme d'autres économisent et peinent durement en vue de dépenser et de jouir plus tard, ceux-ci s'efforcent en vue de se reposer!

Il y a donc là un genre d'effort qui n'est certes pas celui qui répond à l'idée d'un effort personnel, mais il est assez piquant de noter qu'il répond assez bien en somme au principe fondamental de l'économie politique classique, car ce principe tel qu'on l'enseigne dans tous les traités classiques, tel que nous l'avons appris et répété comme professeur, le principe qui est connu dans le vocabulaire scientifique, sous le nom « de principe hédonistique », c'est celui qui consiste à se procurer le maximum de satisfaction avec le moins de peine possible. Et on a écrit là-dessus un livre très intéressant qui est donné comme la synthèse de toute l'économie politique et qui est intitulé l'*Economie de l'effort*. L'auteur... c'est M. Yves Guyot lui-même.

Mais l'effort moral, lui, ne vise pas à l'économie,

oh non! dans ce domaine-là ce n'est pas le minimum, c'est le maximum d'efforts qui est le but. Quelle erreur de croire et de répéter toujours que le *self-help*, l'effort égoïste, représente le plus haut degré de l'énergie individuelle! Mais, je vous prie, pourquoi le fait d'aider les autres ne constituerait-il pas un effort autant et plus intensif que l'effort pour soi, et une source d'énergies plus féconde encore? Tendre la main à son semblable peut supposer plus de vigueur que lui donner un coup de poing. Vous jetez quelqu'un à l'eau pour lui apprendre à nager : cela c'est le *self-help*, c'est très bien, mais continuez : jetez ensuite un autre individu à l'eau à côté du premier en chargeant celui-ci de sauver celui-là! — il est possible, il est vrai, qu'ils se noient tous les deux, c'est une chance à courir, mais il est certain que celui qui voudra sauver l'autre sera obligé de déployer un effort, non pas seulement double, mais bien plus que double. Ceci c'est la coopération; la coopération, c'est aider les autres en s'aidant soi-même : je ne dis pas aider les autres sans s'aider soi-même, ce serait trop! l'Evangile même ne demande pas cela. Il ne dit pas : tu aimeras ton prochain *plus* que toi-même — il dit et nous disons : tu aideras ton prochain *comme* toi-même!

Et ici nous pouvons parler par expérience. Oui, tous ceux qui ont l'expérience de la vie coopérative savent que ces associations ont fourni de tout temps et fournissent encore aujourd'hui des individualités aussi vigoureuses, aussi énergiques, aussi bien trempées que n'en ont jamais fourni la libre concurrence et la lutte pour la vie. Il y a certainement dans cette salle des coopérateurs, hé bien! ils ont été comme moi les témoins des efforts que font certains hommes dans ces sociétés coopératives, des ouvriers, des hommes du peuple, pour soulever la masse, pour élever leurs camarades à un niveau supérieur. Je les ai vus le soir, réunis dans l'arrière-boutique de quelque société coopérative, assis sur des sacs de pommes de terre ou sur des barils d'anchois, discutant jusque bien avant dans la nuit des intérêts sociaux qui pourraient vous paraître médiocres, mais qui étaient relevés par tout ce que l'homme apporte de dignité, de sérieux, d'émotion dans le devoir accompli ! Et non pas seulement des ouvriers, mais des bourgeois qui sont venus apporter aussi des trésors de dévouement, des administrateurs qui auraient pu gagner dans n'importe quelle maison de commerce des traitements considérables et qui, gratuitement ou pour une modique rétribution, dirigent des sociétés, des jeunes-gens qui ont dépensé pour les fonder autant de vigueur que d'autres pour entrer à l'Ecole polytechnique. J'ai cité déjà ailleurs, mais je veux répéter ici l'exemple d'étudiants de Montpellier qui ont pris à cœur de fonder une boulangerie coopérative ; savez-vous ce qu'ils ont fait ? Ils ont fait ce qui exige le plus de courage pour un Français : ils ont bravé le ridicule ; ils sont allés deux par deux, comme les apôtres, et ont fait ainsi le tour de tous les cafés de Montpellier — il y en a beaucoup — ils y allaient à l'heure de l'absinthe, à « l'heure verte », entre six et sept heures du soir, s'asseyaient à une table et quand ils voyaient les tables garnies de consommateurs, l'un d'eux se levait et disait : « Nous avons une communication à vous faire. » Au milieu de l'étonnement général qui faisait cesser le bruit des verres sur les tables, celui qui s'était levé faisait une conférence sur les boulangeries coopératives, il expliquait le but à atteindre, en vantait les bienfaits, et quand ce petit boniment était achevé, il demandait des adhésions et des signatures. Il n'y a pas un café où ils n'aient trouvé trois ou quatre adhésions ; dans un, un boulanger de la ville est venu les contredire : là ils en ont récolté 14! Ils sont aujourd'hui 280.

Il y a donc, je le répète, de précieuses réserves d'énergie dans ce domaine là, et ce ne sont pas seulement les meneurs, les fondateurs qui ont à faire preuve d'énergie, mais il faut aussi que les associés fassent aussi quelque petit effort altruiste, ne fût-ce que celui de payer les cotisations ou d'assister aux séances des assemblées et des comités, ce qui n'est pas déjà tellement agréable pour nous autres bourgeois et l'est moins encore pour l'ouvrier qui a fait sa journée. Et si l'associé est incapable de ce petit effort, s'il est décidément trop individualiste, trop égoïste, eh bien! en ce cas, il est exclu de la société ou il s'en exclut lui-même, en sorte que la sélection se produit par le système coopératif tout aussi bien que par le système compétitif. Oui, nous avons aussi nos élus! — avec cette différence seulement que les sélectionnés de la coopération ce sont les plus aptes à servir autrui, tandis que les sélectionnés de la concurrence ce sont les plus aptes à se servir d'autrui. Il y a une nuance!

Je sais bien, hélas! que les membres de nos sociétés coopératives ne sont pas tous des élus répondant à cette définition : nous avons aussi des incapables, des traînards, des grincheux, qui n'ont d'autre rôle — mais à vrai dire, ce rôle est utile aussi — que de critiquer tous ceux qui font quelque chose de bon : mais, je vous prie, est ce que la lutte pour la vie n'a pas aussi ses déchets? Quel est le régime qui nous en a plus encombrés que celui-là? soit par le pullulement des intermédiaires, soit par le nombre de candidats à toutes les fonctions et surtout aux fonctions inutiles, soit par la création de ce qu'on a appelé le prolétariat intellectuel, soit aussi, dans le prolétariat industriel, par ces chômages qui mettent les ouvriers sur le pavé et les transforment en non-valeurs ou en assistés? Pour un homme que la concurrence a élevé sur le pavois sous les espèces de gros industriels ou de gros commerçants, combien d'individualités qu'elle a broyées sous le laminoir de ses machines? Et sans aller chercher des cas exceptionnels, ne voyez-vous pas que le salariat tout entier (ce salariat que la coopération se donne pour but sinon d'abolir, du moins de transformer, tandis que les champions de la concurrence nous le donnent comme un résultat définitif), que le salariat avec tous ces hommes qui ne jouent que le rôle d'employés, d'ouvriers, d'instruments, *hands*, comme disent les Anglais — des mains, pas des hommes — constitue un prodigieux déchet de forces vives et d'individualités?

Ah! certes! ils travaillent bien, en un sens, ces salariés à créer des « individualités » : malheureusement ces individualités ce ne seront pas les leurs, ce seront celles des hommes pour lesquels ils travaillent!

Mais, quant à eux, pour ceux du moins qui n'ont pas trouvé dans les syndicats un moyen de se soustraire en partie à l'action de la concurrence, quant à eux, ce ne sont que des épaves que fait monter et descendre alternativement chaque vague qui passe, chaque oscillation de l'offre et de la demande, aussi incapables d'agir sur leur propre destinée que ces bouées qu'on voit dans les ports monter et descendre, inertes, au flux et reflux de la marée, et qu'on appelle d'un terme si expressif : des corps morts!

Il y a une pièce de théâtre qui a fait grand bruit, il y a deux ans, et qui porte ce titre bizarre « le repas du lion », de M. de Curel : là l'auteur met en scène un patron et des ouvriers grévistes, et à ces ouvriers grévistes le patron répond en les gourmandant, en leur démontrant que, dans l'organisation économique actuelle, le patron c'est l'Homme, c'est celui qui pense, qui veut, qui agit, qui crée seul la richesse, c'est lui seul qui chasse et abat le buffle, et quant aux ouvriers, aux employés, à tous ses soi-disant collaborateurs, ils ne font que partager les restes de la proie qu'il leur abandonne ; le salaire qu'il leur donne, ce sont les restes du lion !

Et nous donc, que prétendons-nous faire avec la coopération ? Nous espérons que sous le régime coopératif généralisé il n'y aura plus de lions ni de chacals, mais seulement des Hommes, qui chercheront à s'aider entr'eux et à réaliser cette devise que les raffinés trouvent naïve, même un peu ridicule, et qui figure sur les circulairesdes sociétés coopératives en exergue autour de deux mains jointes : Tous pour chacun, chacun pour tous.

Et alors sera-t-il vrai, comme l'assure M. Demolins, que ce système de la solidarité n'aura d'autre résultat que d'abaisser les capables sans réussir pour cela à élever les incapables ? Pourquoi donc abaisserions-nous les capables par ce régime-là ? Pas au point de vue moral, en tout cas ! puisque j'ai dit et je répète qu'un tel régime exigerait des forts, pour s'aider eux-mêmes et pour aider autrui, un effort bien plus considérable que le régime purement individualiste. J'ai dit et je répète que pour aider autrui, et lui tendre la main, encore faut-il n'être pas manchot ! et, comme le dit Vinet dans une formule admirable : pour se donner, il faut d'abord s'appartenir.

Quant aux incapables, s'ils sont décidément incapables, eh bien ! leur sort ne sera pas pire en tout cas que sous le régime de la libre concurrence. Ils seront des déchets peut-être, mais du moins avec cette différence qu'on tâchera de faire quelque chose pour eux, de les aider, de les faire remonter au niveau des forts. Un industriel de Manchester à qui on demandait ce qu'il faisait des ouvriers incapables et trop vieux qu'il n'employait plus dans son usine, disait : Je les confie aux soins des lois naturelles ! Or, les lois naturelles, nous savons ce que c'est, c'est comme dans une armée en marche ; les faibles, les traînards sont livrés à l'action des forces naturelles qui sont le froid, la faim, la neige, les loups, les Cosaques, les glaces de la Bérézina, tandis au contraire que dans l'armée coopérative, les traînards, on les attend — c'est désagréable de les attendre, je le sais bien : c'est César, je crois, qui se plaignait d'être obligé de régler son pas sur le pas de l'âne qui portait ses bagages ? oui, c'est ennuyeux, surtout lorsque, comme dans l'espèce, il ne porte rien, l'incapable, et qu'il faut porter son sac par dessus le marché ! — n'importe ! on l'attend tout de même; s'il se couche et s'attarde près du feu, on le relève ; s'il s'endort sous la neige, on le secoue, on le frictionne, on le tire, on le hisse, on le pousse, et en voilà encore un de sauvé ! encore un qui rentrera dans la patrie !

J'ai fini. Nous ne voulons pas, dans l'école coopérative, supprimer la concurrence ni l'intérêt personnel dont elle émane : nous n'avons pas cette prétention ridicule ; nous voudrions seulement dépouiller la concurrence de tout ce qu'il y a en elle d'inutile, de caduc, de sa peau de serpent, pour conserver ce qu'il y a en elle d'éternel comme émulation pour le bien. Nous ne croyons pas que la pression de la concurrence soit indispensable, comme on nous l'affirme, pour maintenir tendus les ressorts de l'activité humaine. Nous croyons, et cela avec un des maîtres de l'école individualiste et l'inventeur (avant même Darwin) du *struggle for life*, avec Herbert Spencer, (1) que le régime économique actuel n'est qu'un « régime transitoire », une phase « de

(1) Herbert Spencer, *De la Bienfaisance*, pp. 127 et 170.

l'industrialisme belliqueux » et qui n'aura qu'un temps. Nous n'avons pas peur de voir, si jamais le désir du profit, ce que Stuart Mill appelait déjà la chasse aux dollars, venait à s'amoindrir, de voir, dis-je, l'activité économique s'engourdir pour si peu et finir dans une congélation générale — pas plus que nous n'avons peur de voir l'industrie humaine éteindre ses fourneaux si jamais le dernier morceau de houille vient à être consumé. Non, il y a dans le domaine matériel, et dans le domaine moral aussi, assez d'autres forces motrices, présentes ou latentes, que nous pourrons évoquer et qui suffisent pour rassurer le genre humain sur ses destinées !

Et puis, à mettre tout au pire, quand bien même il serait démontré que l'apaisement de la concurrence sous la forme de lutte pour la vie, que l'abolition de l'ardente soif du profit, dûssent avoir pour effet non pas de tarir mais de ralentir un peu la source des richesses qui coule aujourd'hui à gros bouillons, je ne verrais pas là, à tout bien considérer, un grave sujet d'inquiétude. Stuart Mill prévoyait cette éventualité d'un état futur dans lequel « le fleuve de l'industrie humaine aboutirait, en fin de tout, à une mer stagnante ». Mais pourquoi « stagnante » ? Pourquoi ce mot qui suggère des idées lugubres de marécages ? Ne sait-on pas que ce n'est point dans l'eau des torrents, ni des fleuves impétueux, toujours trouble et boueuse, mais seulement dans l'eau paisible des lacs que se reflète la lumière du ciel et la joie des rivages, et que nous pouvons contempler notre image ? — Alors de même, peut-être le ralentissement de l'activité économique en donnant aux hommes le loisir « de la réflexion », permettra-t-il à notre future société économique de refléter un peu de la lumière du ciel et des choses d'en haut !

LA GUERRE ENTRE COMMERÇANTS ET COOPÉRATEURS

ET L'ÉVOLUTION COMMERCIALE (1)

I

MM. — Précisons bien la situation ! Ce n'est pas nous qui avons déclaré la guerre ; ce sont les commerçants. Aussi longtemps que les sociétés coopératives de consommation leur ont paru infimes, sans racines et sans avenir, des espèces d'institutions de charité, les commerçants les ont laissées bien tranquilles, et même j'en ai connu quelques-uns qui ne dédaignaient pas de venir y faire quelques provisions — par esprit de charité aussi — mais qu'ils revendaient avec bénéfices. Mais du jour où les magasins coopératifs ont surgi fièrement comme représentants d'un ordre économique nouveau, comme les agents d'une véritable évolution commerciale, alors les commerçants ont commencé la campagne. Je ne la leur reproche pas ; c'est leur droit de se défendre, comme c'est le nôtre de persévérer. Leur émotion grandissante prouve qu'ils se sentent menacés dans leur existence même et déjà mortellement touchés. Nous y puisons, nous, un encouragement et un surcroit de confiance dans la victoire finale !

Nous avons pourtant à faire à forte partie ; il ne sert à rien de se le dissimuler. Les commerçants

(1) Cette conférence a été donnée, avec des variantes, pour un assez grand nombre de sociétés coopératives et, la dernière fois, pour la Société coopérative *la Revendication*, de Puteaux, le 17 février 1900. — Elle n'avait pas été imprimée.

ont pour eux les députés et les sénateurs, c'est-à-dire le Parlement, et ils s'en servent avec tant d'efficacité que, depuis 13 ans, ils ont réussi à tenir en échec le projet de loi sur les sociétés coopératives qui dix fois a été renvoyé de la Chambre au Sénat puis du Sénat à la Chambre, jusqu'à ce qu'il ait été enseveli dans un carton des archives du Sénat. Et on nous a avertis charitablement que nous ferions bien de l'y laisser dormir en paix de crainte que, si on l'en sortait, il nous arrivât pire.

Mais les commerçants ne se contentent pas de ce succès négatif, c'est-à-dire d'avoir fait échouer le projet de loi *pour* les sociétés coopératives ; ils ont pris résolument l'offensive et réclament une loi *contre* les sociétés coopératives.

Ce qu'ils demandent au législateur d'abord, c'est de frapper les sociétés coopératives de tous les impôts qu'ils paient eux-mêmes et surtout de la « patente » qui leur tient fort à cœur.

Si ce n'était que cela, je n'aurais pas grand chose à dire. J'ai déjà déclaré en effet, à diverses occasions, que je ne suis pas systématiquement opposé à cette mesure.

Je sais bien tout ce qu'on peut dire contre cette obligation : — d'abord, que nous ne sommes pas des commerçants et que ça nous vexe même d'être traités comme tels ; que, d'ailleurs, nous avons des raisons pour nous défier de la juridiction commerciale puisque les tribunaux de commerce sont composés de nos ennemis ; que, du jour où nous serons commercialisés, on en prendra prétexte pour interdire aux professeurs, magistrats, fonctionnaires et intellectuels, qui ont prêté jusqu'à présent un précieux appui aux sociétés coopératives, de prendre place dans leurs conseils d'administration : — je sais tout cela et ne conteste pas que les appréhensions de nos amis sur ces divers points ne soient fondées.

N'importe ! Je crois que le paiement de la patente ne serait pas une bien lourde charge pour nos sociétés et qu'en tout cas elle leur donnerait en échange de grands avantages : d'abord, la possibilité de vendre au public, et si même elles ne voulaient pas user de cette faculté, l'avantage du moins d'une situation nette, sans équivoque, débarassée de toute apparence de privilège et qui ne permettrait plus désormais à nos adversaires de prétendre que nous ne combattons pas à armes égales !

Seulement, ce qui prouve que dans cette guerre des marchands l'imposition de la patente n'est qu'un moyen de nous étrangler, c'est qu'ils demandent que les sociétés coopératives — de même que les grands magasins contre lesquels cette arme est également dirigée — paient autant de patentes qu'elles vendent d'articles différents. Vous savez que telle est généralement la situation ou, en tout cas, telle est du moins l'ambition, de nos sociétés coopératives : vendre épicerie, pain, viande, liquides, mercerie, quincaillerie, combustible, chaussures, chapeaux, vêtements confectionnés, et même, à *la Revendication* de Puteaux, des couronnes mortuaires ! Hé bien ! autant de rayons différents, autant de patentes à payer. Ce serait absurde. C'est rendre service au client que de lui faire trouver au même endroit tout ce dont il a besoin, sans l'obliger à perdre son temps à courir dans vingt magasins. Ce temps est précieux pour le pauvre plus encore que pour le riche. Et ce n'est certes pas le rôle du législateur que de frapper d'une sorte d'amende un service rendu au public.

Ce qui prouve encore mieux que cette obligation de la patente n'est pas seulement, dans la pensée des commerçants, un moyen d'égaliser la concurrence, mais une arme véritablement déloyale — c'est qu'ils ont osé demander à ce qu'il fût interdit aux sociétés coopératives de vendre au public, même en payant la patente ! — Voilà qui est clair.

Enfin, le comble de la prétention (et qui a été pourtant formulé non seulement en France mais en Allemagne) c'est que la loi interdise à tous fonctionnaires ou employés de l'Etat ou des villes d'adhérer à des sociétés coopératives, sous le chimérique prétexte que ces fonctionnaires et employés étant payés avec l'argent de l'Etat, c'est-à-dire avec le produit des impôts, ils doivent le restituer aux contribuables ! Hé bien ! mais nous prétendons, précisément, nous, consommateurs, représenter « le contribuable » beaucoup mieux que les marchands — d'autant plus que l'argent qui sert à payer les fonctionnaires, c'est nous qui le payons. C'est sur le consommateur en fin de compte que retombent tous les impôts, même ceux que les marchands se vantent de payer. La première fois qu'on augmentera d'un sou l'impôt sur le sucre ou le pétrole, aussitôt le marchand vous le facturera deux sous de plus en vous disant avec sympathie : « J'en suis bien fâché, mais c'est le gouvernement qui nous accable d'impôts », — et si vous essayez de lui répondre : « Je croyais que c'était vous qui les payiez ? » vous verrez comme il trouvera cette plaisanterie de mauvais goût.

Et cette guerre entre commercants et coopératives n'est pas spéciale à la France; elle sévit avec la même intensité par tout pays : Belgique, Allemagne, Angleterre et Ecosse, Suisse, Italie ; elle sévit même, cela va sans dire, avec plus de fureur dans ceux de ces pays où la coopération est plus avancée que chez nous. Il faut donc voir dans cette lutte un épisode d'une grande guerre universelle, une manifestation grandiose d'une crise économique et sociale, dont l'importance dépasse de beaucoup celle qu'on pourrait attribuer à un simple conflit d'intérêts privés. C'est un monde nouveau, ou tout au moins c'est une organisation nouvelle du commerce et de l'échange qui s'élabore sous nos yeux et dont il me reste maintenant à vous faire comprendre la signification et la portée. Je vais vous montrer quel a été le rôle des marchands dans l'évolution économique et pourquoi les lois mêmes de cette évolution les condamnent à disparaître.

II

Le nom de marchand n'est pas aujourd'hui très bien porté. On préfère s'appeler « commerçant ». Il n'en a pas toujours été ainsi. Autrefois, durant toute l'antiquité et tout le moyen âge et même encore au cours de ces derniers siècles, le Marchand faisait très grande figure. Il fut un temps, au début de presque toutes les sociétés, où il n'y avait guère en scène que trois grands rôles, celui du prêtre, celui du soldat et celui du marchand. — Le premier représentait l'ordre religieux, le second, l'ordre politique, le troisième, l'ordre économique. Et c'est, d'ailleurs, à peu près cette division des fonctions qui, à la veille de la Révolution française, survivait encore dans ce qu'on appelait les Trois Etats : le clergé, la noblesse et le Tiers-Etat.

C'était de hauts et puissants personnages que ces marchands d'autrefois ! (je ne parle même pas de ceux de Tyr et de Carthage dans les temps anciens) mais ceux de Venise, des républiques italiennes, des villes de la Hanse, des cités flamandes au moyen-âge. Ils portaient la robe fourrée, la chaîne d'or au cou. Ils étaient à la fois transporteurs, voituriers, armateurs, banquiers, souvent fabricants. Dans un temps où les moyens de transport, chemins de fer, lignes de paquebots, même les entreprises de roulage, n'existaient pas, ils avaient de nombreux navires et des voitures à eux pour transporter leurs marchandises par terre et par mer, et des escortes pour les garder dans les chemins peu sûrs. Ils entretenaient des comptoirs et des agents dans tous les pays. Dans un temps où les gens ne voyageaient guère, ils étaient les grands voyageurs, même les premiers explorateurs, témoin ce marchand de Venise, Marco-Polo, qui, au cours d'un voyage qui dura quinze ans, parcourut toute l'Asie et la Chine, l'empire du Cathay, comme on disait alors, deux ou trois siècles avant qu'elle fut découverte, et nous a laissé un charmant et très instructif récit de ses prodigieuses aventures.

Dans un temps où c'était chose très rare que la monnaie, ils avaient de belles pièces d'argent et d'or de tout pays : florins, rixdales, doublons, ducats, pleins leurs coffres, et les prêtaient aux rois qui n'en avaient guère. Dans un temps où personne, sauf les clercs, ne savait écrire, ils savaient, pour les besoins de leur correspondance et pour négocier les lettres de change, lire et écrire toutes les langues étrangères. Ce n'était pas seulement les produits de tous pays qu'ils importaient, c'étaient aussi les idées : idées de cosmopolitisme, de tolérance, de progrès.

Ils furent les premiers internationaux et les premiers libéraux ; ils ont eu comme la première vision de l'unité du genre humain. Ils avaient à lutter contre les militaires, c'est-à-dire les nobles, qui les volaient — et contre les prêtres, c'est-à-dire l'Eglise, qui condamnaient le prêt à intérêt et le lucre. Beaucoup étaient Juifs. Quand vint la Réforme, beaucoup furent parmi les protestants et on peut même dire que ce fut dans les pays des marchands, Hollande, Angleterre, Allemagne, que la Réforme triompha, et nombreux étaient les marchands parmi les huguenots que la Révocation de l'Edit de Nantes chassa de France.

Ce n'est point à dire qu'ils ne fussent fort intéressés et pas toujours très scrupuleux. C'est un fait instructif à noter que la divinité aux sandales ailées, que les Grecs considéraient comme le Dieu des marchands, Mercure, était aussi pour eux le dieu des voleurs. Pourtant, ils ont créé une forme nouvelle de l'honneur, différent de l'honneur militaire, l'honneur bourgeois, si vous voulez, mais dont l'apparition marque tout de même une date dans l'histoire de la morale : le respect de la parole donnée, la ponctualité à remplir ses engagements. Et, en effet, dans un temps où il n'y avait ni notaire, ni guère de tribunaux, ni droit commercial et international, le commerce ne pouvait reposer que sur la bonne foi.

En somme, les services qu'ils ont rendu aux hommes autrefois ont été très grands : ils ont été un des plus puissants facteurs de ce que nous appelons la civilisation.

Comment ces grandes figures se sont-elles rapetissées aux proportions mesquines des boutiquiers que nous voyons aujourd'hui assis derrière leurs comptoirs ou plutôt — car ce sont ceux-là qui rappellent mieux, quoique en caricature, les grands marchands d'autrefois — aux proportions de ces « ambulants », de ces colporteurs, qui vont de foire en foire, ou de village en village avec leur ballot sur le dos ou leur petite roulotte, offrir leurs marchandises ?

D'abord, par l'effet de la division du travail. Peu à peu, les plus utiles de leurs fonctions se sont détachées d'eux et ont été exercées par d'autres. Ils ne voyagent plus et ne transportent plus rien : ce sont les compagnies de chemins de fer ou maritimes qui s'en chargent. Ils ne font plus le commerce de l'argent ni des lettres de change ; ce sont les banquiers qui le font. Ils ne fabriquent plus rien et ne se livrent à aucun travail de production proprement dit — à moins que vous n'appeliez de ce nom celui qui consiste à couper les coupons d'étoffe avec de grands ciseaux, ou à casser du sucre, ou à griller du café, comme ceux que vous voyez assis sur le seuil de leurs boutiques tournant la manivelle de leur petit grilloir à la façon d'un orgue de barbarie. Et que lui reste-t-il donc alors ? Une seule chose : « acheter pour revendre » rien de plus. Telle est, du reste, la définition juridique du commerçant, celle que donne le Code de Commerce. Et tel est aussi le nom qu'on leur donne dans le langage courant : « ce sont des revendeurs ». Les économistes disaient que les commerçants créaient une triple utilité, la *forme*, le *lieu*, le *temps*, c'est-à-dire diviser la marchandise, la transporter et la garder pour le moment propice — mais, des trois, il ne reste plus que la dernière... et encore !

En second lieu, notons le perfectionnement des moyens de communication qui a permis aux producteurs et aux consommateurs, dans bien des cas, de s'aboucher directement en passant par dessus la tête des intermédiaires. Déjà bien des fabricants et producteurs vendent directement au public ; déjà, de leur côté, bien des consommateurs cherchent à s'adresser directement au producteur ou au fabricant : cette double tendance est très marquée notamment dans le commerce des vins. Aussi, est-ce précisément dans le commerce des produits exotiques, là où ces relations directes sont quasi impossibles, que les marchands, les *merchants* anglais, sont encore des personnages importants.

Enfin et surtout, ce qui a réduit leur stature à des proportions exigues, c'est la concurrence. Elle s'est exercée et développée dans la mesure même où la profession, en se réduisant et en se simplifiant, devenait plus facilement accessible à tous. Autrefois il n'était pas donné à tout le monde d'être, je ne dirai même pas un Marco-Polo, un Fugger, un Jacques Cœur, mais seulement un marchand drapier ou bonnetier — car, d'abord, les règlements des corporations s'y opposaient et, de plus, il y fallait certaines garanties. Aujourd'hui il est donné à tout le monde d'être « l'épicier du coin » - à la seule condition que ce coin ne soit pas déjà pris... Il est vrai qu'il l'est généralement.

Ne croyez pas, en effet, qu'au fur et à mesure que la profession devenait plus facile et, à tous égards, plus inutile, elle devint moins recherchée ! Quittez cette opinion trop flatteuse pour la nature humaine ! De tous les métiers, le plus convoité et le plus disputé, c'est celui de parasite. Et si vous en voulez une preuve, vous n'avez qu'à consulter la liste instructive, publiée par la ville de Paris, des emplois vacants avec le nombre de candidats ; vous y verrez que le nombre de demandes est en raison inverse du degré de pénibilité que comporte chaque emploi. Aucun n'est plus recherché que celui de concierge : pour *une* place à l'Hôtel de ville, il y avait 5.000 demandes ! Même l'emploi de concierge d'un cimetière est très recherché. Mais n'ayez pas peur que dans les campagnes on soit encombré de candidats laboureurs ou même de candidats médecins ! Hé bien ! la situation de boutiquier est encore plus recherchée que celle de concierge. Que d'ouvriers des villes ou même des campagnes ont pour ambition, pour couronnement de leur vie, d'ouvrir un petit magasin ! Au reste, on ne peut méconnaître que le métier offre certains agréments. On ne dépend de personne, on n'a ni patron ni maître, on se lève à l'heure qu'on veut. Le travail n'y est pas pénible, on n'a qu'à attendre le client ; on fait la causette avec lui, on fait de bonnes connaissances, on acquiert une certaine influence dans le quartier, on est salué très bas par M. le Député — surtout quand il n'est que candidat — mais heureusement il le redevient tous les 4 ans. Et puis, si on ne gagne pas beaucoup, du moins on a la chance de faire fortune, ce qui n'existe guère pour le paysan ou le salarié ; ce n'est qu'une chance, sans doute, comme un billet à la loterie, mais l'espérance pour les hommes vaut presque autant que la réalité. Que d'hommes vivent et meurent heureux parce qu'ils ont chez eux un billet de loterie qui n'est jamais sorti ! Le métier de commerçant, c'est ce billet de loterie. Il n'est pas étonnant qu'il séduise tant de gens.

Songez donc qu'il y a en France 100.000 épiciers, 53.000 boulangers, autant de bouchers, 400.000 débitants, 150.000 agents de compagnies d'assurances,.., en tout 1.500.000 patentés, ce qui, avec leurs familles, représente 4 ou 5 millions de personnes qui vivent du commerce, qui vivent à nos dépens. Ils ne vivent pas grassement, c'est vrai, parce qu'ils sont trop ; mais nous, nous sommes tout de même ruinés précisément par la même raison : parce qu'ils sont trop. Ils nous disent : Il faut bien que nous vivions ! « Vivre et laisser vivre », voilà la règle. — Mais justement, nous voulons vivre, nous aussi, consommateurs ! et si chacun de nous doit faire le voyage de la vie en portant sur son dos un épicier, un boulanger, un boucher et un marchand de vins, c'est le métier de consommateur qui ne sera vraiment plus tenable !

Si cette dégénérescence de la fonction de marchand n'avait de conséquences fâcheuses que pour eux, nous pourrions nous contenter de laisser faire. Mais, c'est qu'elle a aussi les effets les plus déplorables pour tous.

D'abord, au point de vue de la *qualité* des marchandises livrées. Chacun des commerçants, dans cette lutte pour la vie, s'évertue à diminuer ses prix de revient pour se ménager un petit profit et il a recours pour cela à tous les moyens. D'ailleurs, il faut bien qu'il fasse ce que font les autres. C'est là la cause de cette falsification des denrées, qui est devenue un art véritable et qui nous fait consommer chaque jour du café de chicorée, du beurre de margarine, du vin fait sans raisins, et du lait fait sans vache ni chèvre. C'est elle qui pousse les commerçants à tromper sur le poids, à donner des os au lieu de viande (ce qu'on appelle des réjouissances), de l'eau au lieu de pain en le faisant moins cuire, à donner aux cuisinières des bourgeois le sou par franc (qui, bien entendu, est finalement payé par le bourgeois), à lancer toutes ces réclames, annonces, circulaires, prospectus, qui encombrent les journaux et les boîtes de la poste, qui déshonorent nos monuments et même, si le gouvernement suisse n'y avait mis bon ordre, qui salissaient jusqu'aux glaciers et cimes vierges, et que les commerçants américains plus hardis encore, inscrivent sur le ciel par des projections électriques ! — et qui ne sont qu'autant de formes effrontées du mensonge.

Je me rappelle avoir vu dans un journal cette annonce qui m'a laissé un souvenir inoubliable par sa candeur. C'était tout simplement celle-ci : *Boules de gomme en gomme.* Voyez vous cet industriel qui se dit : « Qu'est-ce que je pourrais faire de vraiment nouveau, d'inédit, qui put réveiller la curiosité blasée du consommateur », et, tout d'un coup : « J'ai trouvé ! je vais faire des boules de gomme en vraie gomme ! »

Ensuite et surtout nous souffrons de cette perversion de la fonction commerciale sous la forme de *majoration des prix*. Les marchands nous font payer tout beaucoup trop cher ; certainement, sur chaque pain vendu, le boulanger gagne beaucoup plus que le laboureur qui a fait le blé ! et sur chaque coupon d'étoffe le marchand gagne plus que l'ouvrier qui l'a tissé ! Et si l'on pouvait calculer le total de ce que nous payons aux marchands, aux intermédiaires pour ce petit service qui consiste à faire passer la marchandise des mains de Pierre dans celles de Paul, nous en serions épouvantés! Comptons rien que pour le pain. Il est vendu dans les grandes villes à 35 centimes le kilo. Or, le blé se vend en ce moment à 20 francs le quintal et ce prix paraît aujourd'hui normal (il est même descendu au-dessous de 18 francs en septembre 1899). D'autre part, c'est un fait certain qu'un kilo de blé donne exactement un kilo de pain — le poids perdu dans la mouture sous forme de son et déchets étant compensé par le poids d'eau et de sel ajouté à la pâte — et il est prouvé également que les frais de transformation du blé en pain, c'est-à-dire de mouture et de panification, non seulement ne dépassent pas 5 centimes par kilo, mais encore, si on opère par grandes masses, peuvent être réduits presque à zéro; le prix du son et du déchet suffisant à les compenser. Le pain pourrait donc être livré à 25 centimes et encore laisser un bénéfice — c'est le prix auquel il est vendu par toutes les sociétés coopératives et même par la boulangerie Schweitzer. Chaque Français paie donc son pain 2 sous de plus le kilo que ce qu'il devrait.

Or, chaque Français consomme en moyenne (homme, femme ou enfant) 1/2 kilo (1 livre) de pain par jour. C'est donc un sou par jour, 360 sous (18 fr.) par an — et pour toute la population française, plus de 700 millions de francs par an — qui sont payés en trop aux boulangers, le même chiffre que le budget de la guerre! Voilà rien que pour le pain! Or, la majoration est parfois moindre, mais parfois plus grande aussi pour la viande, pour le vin, le beurre, le lait, les légumes, le poisson, l'épicerie, les articles confectionnés, en sorte que je n'hésite pas à évaluer à 3 ou 4 milliards le tribut payé aux intermédiaires sous ces mille formes, c'est-à-dire que nous payons aux commerçants un total de contributions plus lourd que celui que nous payons à l'Etat!

Mais peut-être une objection vous vient-elle à l'esprit? Vous me direz : Si nous payons tant de milliards que cela aux petits commerçants, alors ils devraient tous faire fortune? — Nullement! ils font faillite! J'en ai déjà donné l'explication. C'est qu'ils sont trop nombreux! Si chaque boulanger ne cuit qu'un sac de farine par jour et si sur ce sac il doit vivre, payer son loyer, ses impôts, ses garçons, il faut bien qu'il majore le prix de chaque pain et encore il vivra misérable! C'est précisément ce qui prouve que le mécanisme est détestable : ils se ruinent en nous ruinant.

Nous arrivons donc à cette conclusion, qui n'est que la constatation d'un fait, c'est que les marchands, du moins pour le commerce de détail, ne rendent plus de services, mais constituent au contraire ce qu'on appelle en économie politique une « nuisance », ce qui n'empêche pas d'ailleurs l' « Union commerciale de Roubaix » de déclarer, dans un manifeste contre les sociétés coopératives, « que le commerce et les intermédiaires sont les principales sources de la richesse » (1). Ils ont dégénéré en organes parasitaires. Or, dans l'organisme social comme dans l'organisme de tout être vivant, les organes qui n'ont plus de fonction à remplir ne tardent pas à être éliminés. Les anthropologues qui croient que l'homme est descendant ou cousin du singe, expliquent comment il a perdu sa queue et

(1) Du 19 septembre 1898. Le manifeste est adressé à M. Georges Berry, l'inspirateur du projet de loi dont nous avons parlé, et se termine par cette apostrophe : « La France entière tressaillante a ses regards fixés sur vous et sur vos nobles compagnons de lutte. Vous êtes l'espoir de la Nation! »

comment ses pieds ont cessé d'être des mains parce que du jour où il a perdu l'habitude de vivre dans les arbres et de sauter de branche en branche, ces organes préhensifs lui sont devenus superflus et ont été peu à peu éliminés — quoiqu'encore l'anatomiste en retrouve des traces dans notre squelette. Tel est le sort qui attend les marchands.

Toute la question c'est de savoir à qui leur fonction sera dévolue, c'est-à-dire par qui ils seront remplacés.

III

Or, je ne vois que trois solutions possibles :

1° la solution *capitaliste* qui est le grand magasin ;

2° la solution *socialiste* qui est le magasin municipal ;

3° la solution *coopérative* qui est la société de consommation.

Examinons-les successivement.

La première, le système capitaliste, celui des grands magasins, vous est bien connue. Tout le monde connaît le Bon Marché, le Louvre, Potin, etc. C'est celui qui de nos jours prend le plus d'extension et je n'hésite pas à reconnaître qu'il a rendu de grands services au public : — *vente à prix fixe* substituée à l'absurde marchandage du temps passé qui est encore en honneur chez les marchands d'Orient et d'Algérie : il est de règle pour le marchand de demander quatre fois le prix de la marchandise et pour le client d'en offrir le quart, comme ils finissent par se rencontrer à mi-chemin, l'un descendant et l'autre montant, ça revient exactement au même que si l'on avait demandé dès le début le juste prix, mais on a perdu un quart d'heure ou une demi-heure : il est vrai que pendant ce temps le marchand offre une tasse de café au client ; — *vente au comptant*, substituée à l'usage déplorable de la vente au crédit qui, sous le vain prétexte de venir en aide au consommateur obéré, n'est qu'une forme de l'usure ; — et *réduction du prix* dans des proportions considérables, parfois même au-dessous du prix de revient — généralement aussi plus de garantie dans la *qualité* des produits livrés. Et enfin de plus grandes *commodités* offertes au public, telles que la réunion de tous les articles dans un même local, ce qui caractérise le bazar — surtout la facilité pour le client de rendre les marchandises qui ne lui plaisent pas.

Mais à côté de ces avantages, que d'inconvénients ! La réduction des prix, quoique réelle, n'est pas encore ce qu'elle pourrait être, parce que le luxe de l'étalage et de la décoration intérieure, des voitures et des chevaux pour la livraison, la multiplicité des circulaires et réclames, tout cela entraîne des frais généraux énormes qui pourraient facilement être évités par une installation plus modeste, comme celle de nos sociétés coopératives. Cette réduction des prix est, d'ailleurs, dans bien des cas, obtenue aux dépens des fabricants qui sont jugulés par les conditions que leur imposent ces grandes maisons et, ce qui est pire, aux dépens des ouvriers et des ouvrières à qui on paie des salaires de famine pour leur travail. Enfin, ces magasins ont le très grand inconvénient de pousser à la dépense, à l'achat inutile ; c'est précisément là-dessus qu'ils comptent. Toutes leurs expositions, liquidations, etc., n'ont d'autre but que de surexciter chez le client, disons chez la cliente, le désir de l'achat, et souvent même de le surexciter jusqu'à en faire une véritable forme de la folie, bien connue des médecins aliénistes et des tribunaux, et qui s'appelle la *kleptomanie*, la manie du vol. C'est ainsi que tous les jours de belles dames, souvent riches et qui pourraient très bien payer, sont surprises dérobant sous leur manteau des coupons d'étoffes ou de dentelles. Chacun de ces grands magasins doit entretenir tout un corps d'inspecteurs à seule fin de leur donner la chasse. Il faut avouer qu'un système commercial qui a pour résultat non seulement de pousser le consommateur à l'achat mais de le pousser au vol, ne saurait être considéré comme l'idéal.

La seconde solution, la solution socialiste, consisterait à ouvrir dans toutes les villes des magasins tenus et exploités par les municipalités ou par l'Etat — des boulangeries municipales, boucheries municipales, pharmacies municipales, épiceries municipales, débits de boissons municipaux ou gouvernementaux, etc. Vous pouvez facilement vous représenter la chose : il n'y a qu'à supposer tous les magasins assimilés aux bureaux des postes ou aux bureaux de tabacs qui sont par le fait des magasins de l'Etat puisqu'on y vend, pour le compte de l'Etat, des produits (timbres-poste ou cigares) fabriqués par l'Etat.

Ce système a ce grand avantage qu'il n'a pas encore été expérimenté ! Il ne figure que sur les programmes du parti collectiviste : on ne peut donc savoir quels sont ces défauts. Je n'y suis pas hostile de parti-pris; il faudrait voir : mais il est permis d'avoir quelques défiances. Tous ceux qui ont acheté dans un bureau de tabac, comme je l'ai fait hier, une boîte d'allumettes et un paquet de cigarettes, et ont constaté que les allumettes ne prenaient pas et les cigarettes non plus parce qu'elles étaient trop humides, tous ceux qui ont fait queue aux guichets des bureaux de poste pour obtenir un simple timbre-poste et ont dépensé, comme temps, presque la valeur du timbre-poste (en supposant même que leur temps ne vaille que 3 sous l'heure), — bien heureux encore quand, arrivés au but, un employé grincheux ne leur a pas répondu : « Je n'ai pas de monnaie ! » — tous ceux-là ne verront pas certainement sans quelque appréhension la perspective d'aller chercher leur côtelette, leur sucre, leur savon, leurs bottines, leurs pilules, aux guichets d'un magasin municipal ou national.

Ce n'est pas que je sois systématiquement hostile à la « municipalisation » de certaines entreprises, même de certains commerces. John Ruskin, qui vient de mourir, voulait que l'Etat ouvrit dans chaque ville et pour chaque branche d'industrie un magasin modèle où il débiterait des articles absolument honnêtes — sans toucher, d'ailleurs, à la liberté du commerce pour les particuliers. Mais, il ne s'est pas demandé comment des commerçants privés pourraient supporter la concurrence d'une municipalité ou d'un Etat qui leur ferait concurrence avec des impôts payés en partie par eux-mêmes et encore aurait le droit de les contrôler et de les inspecter ! Ce serait bien d'autres cris que contre la concurrence des sociétés coopératives ! L'Etat faisant concurrence au commerce privé, c'est une impossibilité et une injustice. Il faut, si l'on veut entrer dans cette voie, aller hardiment jusqu'au monopole. Mais alors autre inconvénient, c'est que l'Etat ne peut se contrôler lui-même. — Actuellement, si un marchand vous vend du beurre ou du vin qui vous paraît suspect, vous pouvez le porter au laboratoire municipal et le faire analyser et, si votre soupçon est reconnu fondé, faire condamner le marchand. Mais, le jour où vous aurez acheté votre beurre ou votre vin au magasin municipal, voyez-vous le directeur du laboratoire municipal dressant un procès-verbal à son concurrent, son honorable collègue, le directeur de l'épicerie municipale ? — D'ailleurs, il est peu probable que l'Etat vende bon marché. Généralement, il ne brille pas par l'économie, surtout pas par l'économie sur les frais généraux. L'Etat achète les allumettes à l'étranger 140 fr. le milliard et pour les fabriquer lui-même il dépense 175 fr. le milliard. Il ferait bien mieux de les acheter toutes !

Reste donc la troisième solution : c'est la nôtre, c'est le magasin coopératif. C'est la plus économique, car elle réduit au minimum les frais généraux, le luxe, la réclame et tout ce qui n'est que de parade. C'est la plus morale, car elle ne pousse pas à la dépense, mais au contraire à l'épargne, et elle cherche d'abord la qualité et la sincérité des produits avant même le bon marché. C'est même la plus démocratique, oserais-je dire, oui ! même plus démocratique que le magasin d'Etat ou municipal, car s'il est vrai — et c'est un des premiers principes du programme socialiste — que l'émancipation de l'ouvrier doit être due uniquement à lui-même, à son effort personnel, eh bien ! son émancipation commerciale sera plus assurée, plus féconde, bien mieux réalisée par le moyen d'associations créées par lui, par son initiative et par ses épargnes, administrées et gouvernées par lui, par de petites républiques coopératives autonomes, que par des magasins créés avec l'argent des contribuables et dirigés par des fonctionnaires ou employés municipaux !

Du reste, cette opinion que le magasin coopératif constitue une forme supérieure aux autres, ce n'est pas seulement la mienne — vous pourriez croire qu'elle n'est pas impartiale ou que je ne l'exprime ici que pour vous flatter — c'est aussi celle de témoins dont vous ne pourrez suspecter l'impartialité, celle des directeurs des Grands Magasins eux-mêmes. M. Plassard me disait à moi-même, il y a 5 ou 6 ans : « Il est évident que les associations coopératives répondent à un idéal plus élevé que nos magasins ». Et M. Honoré, en termes plus catégoriques encore, disait à un rédacteur des *Débats*, M. Chailley : « Nous appartenons, nous, grands magasins, à une époque de transition : nous conduisons directement aux sociétés coopératives ; quand elles auront grandi, nous n'aurons qu'à mourir. »

Parmi les griefs que les marchands font valoir contre nous, il y en a un pourtant, un seul qui me touche un peu, c'est que du jour où il n'y aura plus dans les rues de nos grandes villes que des magasins coopératifs, elles seront affreuses. Le fait est que les magasins des sociétés coopératives ne sont pas beaux ! Comme ils n'ont pas à faire de réclame pour attirer le public, puisqu'ils ne vendent qu'à leurs membres, comme ils cherchent à économiser le plus possible sur les frais généraux, comme ils désirent ne pas trop se faire remarquer du fisc afin d'échapper à la patente, ils se cachent avec autant de soin que les autres s'étalent. L'un d'eux même nous a écrit au Comité de l'Union pour savoir s'il était tenu de faire passer un « lait de chaux » sur les vitres de son magasin pour qu'on ne pût rien voir du dehors ? Nous avons répondu que ce luxe était superflu ! mais il dénote bien la préoccupation dont je parle.

Au point de vue moral, c'est bien un réel progrès de ne pas fasciner les passants par le spectacle de beaucoup de choses qu'ils ne peuvent pas toujours se payer. Et la présence de pauvres diables collant leur visage sur les glaces de Chevet ou de Potel et Chabot pour essayer de se rassasier par la vue des dindes truffées et des ananas, me fait toujours de la peine. J'aimerais mieux ici un pudique lait de chaux. Néanmoins, je reconnais qu'au point de vue esthétique il y a un danger. Le jour où les boulevards et la rue de la Paix ne seraient garnis que de magasins coopératifs, en supposant même que leurs glaces ne fussent pas barbouillées de chaux, j'avoue que Paris aurait perdu beaucoup de son charme. Je crois sincèrement qu'il serait bon d'encourager les sociétés coopératives à faire quelque chose pour le plaisir des yeux: mais cela viendra. « L'art coopératiste » n'a pas eu encore le temps de naître. Et, pourtant déjà beaucoup de grandes sociétés de consommation anglaises ont construit de fort beaux hôtels qui ne déparent nullement leurs cités. Il est à remarquer du reste que si présentement certains magasins font un bel effet, d'autre part, rien n'est plus anti-artistique qu'une maison qui a un rez-de-chaussée de magasins : elle est toujours d'une laide architecture.

IV

Revenons, pour terminer, à nos commerçants. Vous voyez : en admettant même que ce ne soient pas nos sociétés coopératives qui soient destinées à les remplacer, ce seront alors les grands magasins ou les magasins municipaux. Que l'avenir social soit réservé au capitalisme, au collectivisme ou au coopératisme, de toute façon leur sort est réglé. *De Profundis !*

Je puis leur dire pourtant qu'ils ont encore du temps devant eux ! Ils pourront probablement soutenir la lutte assez longtemps, précisément en nous empruntant nos procédés, notamment en se syndiquant pour acheter en gros et en faisant participer leurs clients aux bénéfices. Et plusieurs sont déjà entrés dans cette voie. Et d'autres sont entrés tout simplement comme employés dans nos magasins coopératifs et s'en trouvent fort bien.

Ne raillons pas ! je reconnais que c'est dur de se sentir éliminé, même dans un intérêt social, de se voir exproprié, même pour cause d'utilité publique, surtout quand cette expropriation doit avoir lieu sans indemnité. Mais quoi ! c'est notre lot à tous. La loi de l'évolution et du progrès ne frappe pas seulement les marchands : elle a frappé les entrepreneurs de roulage du jour où les chemins de fer ont été inventés, les tisseurs à la main du jour où on a employé les métiers mécaniques, les agriculteurs qui cultivaient la garance, du jour où l'on a extrait des résidus de la houille le rouge d'aniline. Il n'est pas de catégorie sociale qui ait été plus cruellement éprouvée à cet égard que les ouvriers. Ce sont eux qui ont supporté, sous forme de chômage et de misère, les contre-coups de toutes les inventions mécaniques et de toutes les crises économiques. Les ouvriers typographes sont menacés en ce moment par l'invention d'une machine à composer, merveilleux instrument semblable à une machine à écrire ou à un piano, et avec laquelle un seul ouvrier en promenant ses doigts sur le clavier, compose à lui tout seul toutes les formes destinées à imprimer un livre ou un journal. Hé bien ! il y a une vingtaine d'années déjà, il avait été question de cette invention qui alors n'avait pas abouti. Et savez-vous ce que disait alors, en face d'une si redoutable perspective, la Chambre syndicale des ouvriers typographes de Paris ? « Si une semblable invention doit se réaliser, nous serons sans haine pour la main qui nous ruinera et, tout en buvant cette coupe amère, nous saurons encore l'élever pour saluer le progrès ! »

Et nous aussi, quelle que soit notre fonction, nous devons attendre — je ne dirai pas seulement avec résignation mais avec joie ! — le jour où par suite du progrès accompli, nous serons devenus inutiles : militaires, le jour où par le progrès de la paix et de la raison la guerre sera abolie, avocats, le jour où par le progrès de l'esprit de concorde il n'y aura plus de procès, médecins, le jour où par les progrès de l'hygiène et de la tempérance leurs soins seront devenus inutiles, professeurs, le jour où la lumière de la vérité qui brillera pour tous nous obligera à éteindre nos pauvres lanternes fumeuses !

Ainsi donc, MM. les commerçants, ne murmurez plus, résignez-vous à subir la loi commune de l'évolution et à vous voir remplacés par un mécanisme plus perfectionné. Je vous engage vous aussi, en buvant cette coupe amère, comme les ouvriers, à l'élever, comme eux, pour saluer le progrès... et même à l'élever pour boire à notre santé, à nous, sociétés coopératives !

Mais vous, de votre côté, amis coopérateurs, rappelez-vous que vous ne serez les élus de l'évolution sociale qu'autant que vous vous montrerez dignes de cette forme supérieure que vous représentez. Dans leurs visions d'une cité future, les prophètes d'Israël, qui avaient en horreur les marchands impies de Tyr et de Sidon, s'écriaient : « Il n'y aura plus de marchands dans la Maison de l'Eternel ! » Ils voulaient dire que dans le royaume de justice qu'ils évoquaient, dans la Jérusalem nouvelle, non seulement il n'y aurait plus de place pour la profession de marchand, mais surtout que l'esprit mercantile, l'esprit de lucre, serait banni : — c'est le cas de dire, il est vrai, comme le proverbe, qu'ils n'ont pas été prophètes dans leur pays ! Tâchons, dans notre république coopérative, de réaliser mieux que leur nation cette prophétie. Mais si vous ne poursuiviez ici que les dividendes, alors ce ne serait vraiment pas la peine de ruiner tant de pauvres diables de commerçants. Et pour tout dire, en un mot, si vous voulez remplacer les marchands, sachez que vous n'y réussirez qu'à la condition de ne pas devenir vous-mêmes des marchands !

LES PROPHÉTIES DE FOURIER (1)

Je dois vous avouer — et, en fait d'exorde, c'est un aveu un peu intimidant — que c'est d'un fou que j'ai à vous entretenir.

Oui, vraiment d'un fou et même du fou le plus complet qui se puisse imaginer. Jugez-en plutôt vous-mêmes !

Nous promettre un état social où, dès trois heures du matin, chacun sera debout pour courir au travail avec plus de passion qu'on n'en apporte aujourd'hui à courir à une fête; — où il n'y aura plus de soldats parce qu'il n'y aura plus de guerres, plus de gendarmes et d'agents de police parce qu'il n'y aura plus de voleurs ; où il restera pourtant des médecins, parce qu'il pourra rester encore quelques malades, mais où ces médecins recevront des honoraires calculés en raison de la santé générale, en sorte qu'ils toucheront d'autant moins qu'il y aura plus de maladies; — où la richesse sera tellement abondante et la chère tellement exquise que le plus pauvre jouira d'un confort bien supérieur à celui des Rothschid d'aujourd'hui ; — où l'existence ne sera qu'une fête perpétuelle et renouvelée de jour en jour ; — rêver d'un monde tellement supérieur à l'état de choses actuel, que pour vous citer les expressions naïves de Fourier lui-même :

(1) Conférence donnée à la *Société d'économie populaire de Nimes*, le 8 avril 1886 — publiée en brochure dans la Bibliothèque de l'*Emancipation*. —2e édition en 1894.

« S'il nous était donné de l'entrevoir seulement dans toute sa gloire, il est hors de doute que beaucoup de personnes tomberaient frappées de mort par la violence de leur extase, et beaucoup d'autres tomberaient malades de saisissement et de regret en voyant subitement tout le bonheur dont elles auraient pu jouir et dont elles n'ont pas joui (1) ! »

N'est-ce pas là le langage d'un fou ?

Ceci n'est rien. Ecoutez encore.

Nous introduire comme par la main dans un monde où les hommes atteindront en moyenne l'âge de 144 ans et où leur taille s'élèvera en moyenne à 2 mètres 27 ; — où ils acquerront la faculté de se servir de leurs doigts de pied avec autant d'aisance que nous nous servons aujourd'hui des doigts de nos mains, par exemple, pour toucher du piano, et au bout d'une douzaine de générations, acquerront aussi, par suite d'une simple modification dans les ventricules du cœur, la faculté de vivre également bien dans l'eau ou dans l'air, c'est-à-dire deviendront amphibies ; — où, par le seul effet de cultures appropriées, ils changeront les climats, pourront faire une première moisson en mai et une seconde en novembre, façonneront à leur gré des espèces animales nouvelles et transformeront l'océan en eau douce ou du moins d'une acidité qui ne sera pas désagréable ; — où une aurore boréale perpétuelle couronnera notre globe terrestre, répandra la lumière et la chaleur sur des régions aujourd'hui désolées et fera fondre les glaces des deux pôles ; — où notre terre fera l'acquisition de quatre lunes nouvelles, chacune plus brillante que celle qu'elle possède déjà, et grâce à « ce quadrille de satellites », comme l'appelle Fourier, aura des nuits plus claires

---

Théorie des Quatre Mouvements, p. 64, 65.

que nos jours; — où les habitants de notre terre entreront en communication avec les habitants des autres planètes, voisines ou lointaines, s'interrogeront et se répondront d'un astre à l'autre dans une langue dont ils auront trouvé le secret, et réaliseront ainsi le règne de l'HARMONIE UNIVERSELLE dans le sens le plus complet de ce mot, puisqu'elle embrassera l'univers tout entier... dites-moi, je vous prie, si jamais fumeur d'opium ou mangeur de haschich a vu passer dans ses rêves de plus fantastiques visions ?

La vie de Fourier n'a guère été moins bizarre que ses idées. Il avait 17 ans quand la Révolution française a éclaté : il est mort sous le règne de Louis-Philippe et, par conséquent, il a assisté à toute cette période si agitée de notre histoire et qui a si profondément remué tous ceux qui en ont été les témoins.

Or, il ne paraît pas y avoir prêté la moindre attention ; rien dans ses écrits n'indique qu'il se soit aperçu qu'il y avait eu, de son vivant, une Révolution française, un Empire, un Waterloo, une Restauration, une Révolution de 1830. La distraction paraît un peu forte, mais il était, en effet, prodigieusement distrait, parlant tout haut dans la rue, restant des nuits sans dormir. Il faut dire aussi qu'il considérait les questions politiques comme de nulle importance à côté des questions sociales, en quoi il n'avait pas tout à fait tort, et il nous a prouvé par son exemple que l'on peut être bon démocrate et même bon socialiste sans s'occuper de politique, et que c'est peut-être même la meilleure façon de l'être. Mais il faut avouer que cette façon-là n'est pas commune.

Petit employé de magasin, « sergent de boutique », comme il se désignait lui-même, la plus grande partie de sa vie s'est écoulée dans les emplois les plus obscurs, et le reste a été absorbé par la publication de quatre ou cinq énormes volumes et la préparation de beaucoup d'autres qui n'ont jamais vu le jour. Homme exact, ponctuel, méticuleux, poussant l'amour de la symétrie jusqu'à la manie, d'une probité à toute épreuve, d'une charité inépuisable, d'un entêtement que rien ne pouvait vaincre ou, si vous préférez, d'une foi que rien ne pouvait ébranler ; ne connaissant d'autre passion que celle des fleurs, dont il avait rempli sa chambre et à travers lesquelles les visiteurs ne parvenaient pas à se frayer un passage, ayant toutes les manies des vieux garçons ou, pour mieux dire, des vieilles demoiselles, en particulier celle des chats, dont il avait rempli sa cour et auxquels il distribuait des repas à heure fixe ; n'ayant pas ri une seule fois, et trouvé mort un beau matin dans la chambre d'un hôtel garni, — telle fut la vie et la mort de Charles Fourier.

Comme tous les inventeurs, il passa sa vie à attendre quelque capitaliste qui eût assez d'argent et surtout assez de confiance pour être disposé à tenter un essai de son système. Il avait même fait annoncer naïvement qu'il serait chez lui tous les jours, à partir de midi, pour recevoir ceux qui voudraient lui apporter les fonds nécessaires. Et pendant vingt ans — ce trait vous peindra l'homme — il ne manqua jamais de rentrer chez lui au coup de midi, pour être prêt à recevoir ce visiteur, qu'il attendait toujours et qui jamais n'est venu !

Mais alors, me demanderez-vous peut-être, pourquoi suis-je venu vous entretenir ce soir d'un pareil original ?

Parce que mon intention n'est pas de vous entretenir ce soir des divagations de Charles Fourier, mais de ce que j'ai appelé ses « prophéties », j'entends par là des vérités qu'il a devinées, pressenties, révélées, car cet homme là, malgré sa folie, ou peut-être à cause même de sa folie, a sur bien des points devancé son siècle et parlé le langage de la plus haute raison.

Celui-là donc qui, en lisant les œuvres de Fourier, rebuté par les extravagances dont je viens de vous donner quelques échantillons et par le style inintelligible de l'auteur, jetterait le livre au panier comme un fatras inutile, celui-là serait plus fou que Fourier lui-même. Il prêterait à rire autant que ce voleur dont un auteur de l'antiquité nous raconte la curieuse histoire et qui, venu chez un Athénien pour lui dérober ses trésors et ses statues de prix, fut tout désappointé en ne trouvant qu'une statuette de terre cuite grossière qui lui parut sans valeur et qu'il rejeta avec dédain. Il ne savait pas, l'ignorant ! que les anciens avaient coutume d'enfermer les statues de leurs dieux d'or, d'argent ou d'ivoire, sous des enveloppes d'argile représentant la figure grotesque d'un faune ou d'un sylvain, et que s'il avait su briser ce moule informe, il en aurait vu jaillir l'image éclatante d'une divinité !

Celui-là aussi qui, dans l'œuvre de Fourier, ne s'arrêtera pas à l'enveloppe, mais saura briser cette sorte de gangue, sera émerveillé en voyant que de pierres précieuses, que de vérités étincelantes elle recèle !

Jugez en vous-même, voici une poignée de prédictions que je prends au hasard.

C'est Fourier qui a affirmé — ce qui a beaucoup fait rire alors (c'était en 1808) — que bientôt, on pourrait, dans une même journée, partir le matin de Marseille, déjeuner à Lyon et dîner le soir à Paris.

C'est Fourier qui a annoncé comme prochain le percement de l'isthme de Suez et celui de Panama, « par des canaux, disait-il, où les plus grands navires pourraient passer », et qui a annoncé la formation d'immenses *armées industrielles*, composées de milliers d'hommes, pour exécuter à la surface du globe de grands travaux d'utilité publique, notamment la transformation du grand désert d'Afrique. Le capitaine Roudaire, mort il y a quelques années, au début de ses travaux pour creuser une mer intérieure, en Tunisie, était justement un disciple de l'école phalanstérienne.

C'est Fourier qui a annoncé que l'on pourrait un jour, par une culture appropriée et des reboisements intelligents, arrêter les inondations, régulariser le régime des pluies et des vents, et modifier par là le climat d'un pays quelconque.

C'est lui qui a annoncé, fort justement, à mon avis, que l'agriculture encore barbare de nos jours, devait se transformer en horticulture, arboriculture et pisciculture, et que là était la solution de la plupart des difficultés de l'heure présente.

Dirons-nous encore que c'est Fourier qui a énoncé cette grande vérité, que les historiens et les jurisconsultes de notre temps ont plus d'une fois vérifiée, à savoir que le progrès de la civilisation se mesure en général sur les progrès de la condition et des droits de la femme ?

Je passe. La mobilisation du sol, la substitution des règlements par compensation aux paiements en numéraire, les mesures internationales pour l'unification des poids et mesures, la constitution d'une langue universelle (une sorte de volapük), la protection des animaux, l'importance grandissante des phénomènes magnétiques et suggestifs, le développement du goût et de la culture des fleurs, et bien d'autres prévisions plus ou moins en voie de se réaliser, se trouvent pêle-mêle dans le prodigieux chaos de l'œuvre de Fourier.

Fourier a été en un sens le premier des anarchistes, des anarchistes débonnaires. Sa thèse, en effet, c'est que tous les instincts de l'homme, toutes ses passions, même tout ce que la morale civilisée appelle bien à tort ses *vices*, sont bons en eux-mêmes et ne deviennent mauvais que parce que les moralistes cherchent sottement à les réprimer. Laissez-les libres et ils deviendront — ainsi que le voulait Dieu qui les a donnés à l'homme pour cela — des « ressorts d'harmonie ». Oui, même l'inconstance en amour, le goût du luxe, la gourmandise, l'amour du désordre et de la saleté chez les enfants, tout cela a sa raison d'être et peut être utilement employé. Pour ne prendre comme exemple que la gourmandise, Fourier nous montre qu'elle doit devenir une nécessité dans un régime industriel où la production consistera surtout en fruits, légumes, etc., d'espèces très diverses et très fines, et qui exigeront, pour être appréciés, un grand raffinement de goût chez les consommateurs. Il explique que si les enfants préfèrent pour leur goûter des confitures à du pain sec, c'est que la Providence, en leur donnant cet instinct, a très bien su ce qu'elle faisait : elle savait que le sucre est très nutritif (et sur ce point encore Fourier a devancé la science); elle a prévu le jour où l'agriculture, c'est-à-dire la production du blé, serait remplacée par l'arboriculture, c'est-à dire par la production des fruits, et d'avance, elle avait assorti à cette fin les goûts naturels des hommes... Et l'auteur continue ainsi à perte d'haleine avec un mélange d'extravagance et de folie tout à fait divertissant et qui fait penser aux harangues que débitait Don Quichotte dans la Sierra-Morena aux chevriers émerveillés.

Mais entre toutes ses prophéties, il en est une seule que je veux mettre en lumière, car c'est celle que vous vous efforcez de mettre en pratique, ouvriers de l'*Abeille Nimoise*, et qui nous réunit ici ce soir, c'est l'idée de l'ASSOCIATION COOPÉRATIVE. C'est lui du moins qui, comme vous allez en juger, en a tracé tout le plan et prévu tous les résultats. Voilà pourquoi j'ai choisi ce sujet, un peu bizarre à première vue ; c'est qu'en vous entretenant des idées de Fourier sur l'association, c'est de votre œuvre, en réalité, que nous allons nous entretenir, et en apprenant ce soir quels étaient les vastes espoirs qu'il fondait sur l'association, alors peut-être l'avenir que vous préparez par vos efforts vous paraîtra valoir la peine d'être réalisé.

I

Et d'abord comment cette idée de l'association a-t-elle germé dans le cerveau de Fourier? Vous savez que les grandes idées tiennent souvent à de petites causes. On raconte que le grand astronome Newton conçut la première idée de l'attraction universelle en regardant tomber une pomme d'un arbre. Fourier, qui aimait beaucoup à se comparer à Newton, parce qu'il prétendait avoir découvert comme lui la loi de l'attraction universelle, nous raconte que ce fut une pomme aussi qui lui donna l'idée de sa théorie. Il faisait observer à ce propos qu'il y avait eu dans le monde quatre pommes célèbres : deux funestes, celle d'Ève, qui avait damné le genre humain, et celle de Pâris, qui avait causé la guerre de Troie ; — deux bienfaisantes, celle de Newton et la sienne ! Etant encore très jeune et ayant fait le voyage de Normandie à Paris, il alla dîner dans un restaurant de la capitale où, pour son dessert, on lui fit payer une pomme dix sous. Or, quelques jours auparavant, il avait vu ces mêmes pommes se vendre en Normandie, où, vous le savez, on cultive beaucoup de pommiers, à raison de deux sous la douzaine ! Ce fait qu'un même objet pouvait être revendu soixante fois plus cher que son prix de production, lui révéla l'existence dans la société d'un mécanisme défectueux, d'un vice caché qu'il se promit de découvrir et de guérir.

Ce vice, en effet, existe et il n'est jamais apparu plus clairement que dans ces temps-ci.

Quand il vous arrivera de rencontrer un producteur quelconque, propriétaire ou fabricant, demandez lui : Les affaires marchent-elles ? — « Pas du tout, vous répondra-t-il : tout est à si bas prix, blé, vin, laine, mouton ou étoffes, qu'il n'y a plus moyen de vendre. Si ça doit continuer de la sorte, je préfère fermer l'atelier, dit le fabricant, — ou laisser ma terre en friche, dit le propriétaire. »

Ainsi éconduit de ce côté, allez trouver alors un consommateur quelconque, un rentier ou simplement une brave mère de famille, et dites-lui : « Eh bien ! vous ne devez pas dépenser gros par le temps qui court ? Tout est à si bon compte maintenant ; les producteurs ne font pas même leurs frais ! » Elle vous répondra : « Vous vous moquez du monde. Jamais je n'ai dépensé davantage : viande, lait, beurre, légumes, loyers, tout est hors de prix, et si ça doit continuer de la sorte, il n'y aura bientôt plus moyen de vivre ! »

Voilà qui est curieux, vous direz-vous sans doute ! D'un côté des producteurs qui crient misère de vendre toujours à bas prix ; de l'autre des consommateurs qui crient misère d'acheter toujours plus cher ! Alors tout l'argent qui sort de la poche des acheteurs, s'il ne va pas dans la poche des producteurs, où passe-t-il donc ?

Il n'y a qu'une explication possible : il doit rester dans la poche des intermédiaires. Entre le producteur qui offre son produit au public et le public qui tend la main pour le recevoir, s'interposent dix, vingt intermédiaires qui font la chaîne, et chacun se fait payer.

Mais voici qui est plus fort encore! Très satisfait de votre explication, vous allez trouver l'un de ces intermédiaires, épicier, boucher, boulanger, marchand de charbon, et vous lui dites : « C'est donc vous qui êtes la cause de tout le mal ? Vous achetez au propriétaire ou au fabricant à si bas prix qu'il est en train de se ruiner, et vous vendez au consommateu, si cher, qu'il se ruine également. C'est vous qui touchez la différence et vous devez faire rondement fortune à ce métier-là ? — Hélas! ne manquera-t-il pas de vous répondre, qu'elle erreur est la vôtre! Sur dix que nous sommes dans cette rue, il y en a peut être un ou deux qui font de bonnes affaires ; il y en a deux qui sont à la veille de faire faillite et les autres gagnent tout juste leur vie. »

Et, chose étonnante, ils ont tous raison et vous aussi! Vous n'avez pas tort quand vous croyez que c'est aux intermédiaires qu'est due l'énorme différence entre le prix de revient et le prix de vente. Mais il est très possible qu'il dise vrai aussi, le marchand, quand il déclare que les intermédiaires ne gagnent rien. Et pourquoi ? Tout simplement parce que ces intermédiaires sont si nombreux et se font une telle concurrence les uns aux autres qu'il ne leur reste aucun profit. Et non seulement, pour se rattraper, ils sont obligés de vendre cher, mais encore de mauvaise qualité.

La situation est donc telle, que tout le monde en pâtit et personne n'en profite. Le producteur ne fait pas ses frais, le consommateur dépense plus qu'il ne peut payer et l'intermédiaire gruge les deux sans y rien gagner lui-même.

En vous promenant dans les rues d'une ville, ici ou ailleurs, vous êtes-vous amusé à compter, comme je l'ai fait quelquefois, le nombre de magasins faisant le même commerce qui se trouvent dans une même rue ? Ils sont là souvent cinq, six, sept à la file, épiciers, marchands de gants, cafetiers, attendant patiemment, comme les araignées qui attendent une mouche, un client qui ne vient pas souvent. J'ai relevé sur l'Annuaire de Montpellier, pour une population de 70.000 habitants (et la population de Nimes étant la même, je suppose que les chiffres ici doivent être à peu près pareils), le nombre des marchands dans toutes les catégories. En voici un aperçu :

Boulangers	175
Bouchers et charcutiers	184
Epiciers	282
Marchands de bois et charbons	67
Marchands de vins	172
Débits de boisson ou cafés	459

Or, il faut bien que chacun paie son loyer, ses impositions, l'intérêt des marchandises qu'il a en magasin, son mobilier ; il faut que le plus grand nombre d'entre eux paient un salaire à quelques employés — au moins 1.200 employés en n'en comptant qu'un par patron (les uns n'en ont point, mais d'autres en ont plusieurs), — et il faut enfin que tous ces frais payés, chacun par-dessus le marché gagne assez pour vivre lui et les siens. Et ceci est vrai non pas seulement pour quelques denrées, mais pour tous les produits qui entrent dans la consommation.

Eh bien ! voilà le mal qui avait frappé Fourier et qu'il avait dénoncé le premier avec une force et une justesse qui n'ont pas été surpassées depuis :

« Nous sommes, en fait de mécanisme industriel, aussi neufs que des peuples qui ignoreraient l'usage des moulins et qui emploieraient cinquante ouvriers à triturer le grain que broie aujourd'hui une seule meule. La superfluité d'agents est partout effrayante et s'élève communément au quadruple du nécessaire dans tous les emplois commerciaux... Il y a dans la seule France un million d'habitants (1) enlevés à la culture et aux fabriques par l'affluence d'agents que crée la libre concurrence... »

Mais il ne s'est pas contenté de signaler le mal, il a indiqué le remède, et lequel? L'association. Il voulait créer des associations assez nombreuses, de 400 familles environ, qu'il appelait *comptoirs communaux* et qui devaient plus tard, en se développant, se transformer en phalanstères, et dont il définit les fonctions de la façon suivante :

« Les principaux avantages de ces établissements seraient de procurer à chaque individu toutes les denrées indigènes ou exotiques au plus bas prix possible, en l'affranchissant du bénéfice intermédiaire que font les marchands ou agioteurs. »

Et maintenant, je vous le demande, que sont vos sociétés de consommation, sinon la réalisation de ce programme tracé de main de maître? Quelles sont donc les fonctions des sociétés coopératives de consommation, sinon de se procurer les denrées en gros et de les distribuer en détail entre leurs membres, en les faisant bénéficier des profits qui seraient restés sans cela entre les mains des marchands?

Cette suppression des intermédiaires, des parasites, qui tenait tant à cœur à Fourier, vous commencez donc à la réaliser déjà. Et vous la réaliserez bien mieux encore quand la Fédération des sociétés coopératives de France aura pris assez d'extension pour vous permettre de faire vos achats directement au propriétaire ou au fabricant. Et si un

(1) Fourier était encore loin de compte! Aujourd'hui, le nombre des commerçants, c'est-à-dire des intermédiaires, s'élève à 1.500.000! ce qui représente au moins 6 millions d'habitants.

jour même, il est donné à cet organe coopératif, comme à la grande Fédération coopérative de Manchester, de faire pour une centaine de millions de francs d'affaires par an, d'armer une flotte d'une demi-douzaine de navires et d'aller chercher la marchandise sur les lieux mêmes de production, c'est-à-dire là où on peut se la procurer à meilleur compte : le blé à Chicago, la viande à Buenos-Ayres, le café à Java, le thé à Shangaï, la laine à Melbourne..., ce jour-là le mal que Fourier signalait avec tant de force aura disparu. Les sociétés de consommation auront dégrevé non seulement la classe ouvrière, mais le pays tout entier d'un poids mort énorme. — La première prophétie de Fourier aura été réalisée !

II

Mais l'association, dans l'idée de Fourier, devait avoir un caractère beaucoup plus large que celui d'une simple association commerciale pour l'achat et la distribution des denrées. Elle devait réunir tous les associés dans une vie commune et sous un même toit, dans un vaste établissement — très vaste, puisqu'il devrait abriter 400 familles, soit 1.600 personnes environ, auquel il donnait le nom resté célèbre de *phalanstère*, et que nous appellerons plutôt aujourd'hui une *cité*. Fourier en a même donné les plans et est entré à cet égard dans les détails les plus minutieux.

Ce nom de phalanstère est à peu près la seule chose que connaisse le public de l'œuvre de Fourier, et il a suffi pour imprimer sur le système tout entier je ne sais quel cachet d'étrangeté et de mystère. J'ai entendu plus d'une fois des bourgeois prononcer ce mot avec une sorte d'épouvante.

En réalité, le phalanstère est la chose du monde

la plus connue et la moins effroyable. C'est tout simplement un hôtel, un grand et magnifique hôtel comme ceux que l'on trouve dans les villes de Suisse ou dans les grandes villes d'eaux, avec des appartements, des chambres de tous les prix, depuis 30 sous jusqu'à 50 francs par jour. Dans le phalanstère, il ne devait y avoir aucune ressemblance avec le couvent ou la caserne. Chacun devait avoir un appartement séparé, à son choix et selon sa bourse. Il devait y avoir, comme dans tous les hôtels, des tables communes, des « tables d'hôte » comme nous disons, mais elles devaient être de trois classes différentes ; et même ceux qui n'auraient pas voulu prendre leurs repas à la table commune auraient la liberté de se faire servir à la carte ou de se faire porter leur repas dans leur appartement, avec un supplément de prix naturellement.

J'ai passé souvent l'été en Suisse dans les grands hôtels-pensions où quelques centaines d'étrangers s'installent pour respirer l'air ou boire certaines eaux. Dans ces grands établissements, il y avait des chambres de tous prix, des salles à manger avec des tables d'hôtes de trois classes différentes, des salles de restaurant, un théâtre, une église, une bibliothèque, une salle de lecture, une salle de jeux, un magasin de papeterie et de mercerie, un jardin pour les légumes, des serres pour les fleurs, une étable pour les vaches, un établissement pour faire du beurre — et j'ai pensé que c'était là tout à fait le phalanstère rêvé par Fourier. La seule différence, c'est que les gens qui étaient là, au lieu d'y passer leur vie, n'y passaient que quelques semaines, et au lieu de travailler, n'y faisaient rien.

Le phalanstère n'est donc pas une idée extravagante en soi ni même absolument irréalisable. Seulement, on ne s'explique pas à première vue pourquoi Fourier y attachait tant d'importance et pourquoi il pensait que tous les hommes finiraient un jour par vivre dans ces sortes d'hôtels ?

La première raison qu'il en donne, c'est une raison de même ordre que celle que nous avons étudiée tout à l'heure, une raison d'économie.

Ceci peut surprendre au premier abord, car nous n'avons pas l'habitude d'aller à l'hôtel pour faire des économies? Cela dépend! Il y a au contraire des Anglais et des Américains qui mènent cette vie d'hôtel-pension précisément parce qu'ils dépensent moins que chez eux. Et il est certain que les bourgeois qui seraient décidés à renoncer à leur logement, domestiques, train de maison, etc., pour passer toute leur vie à l'hôtel en pension, y trouveraient une très réelle économie, même aujourd'hui ! En tout cas, il est facile de comprendre que si dix, cent, ou même quatre cents familles, c'est le chiffre que fixait Fourier, s'associaient pour se loger et se nourrir en commun, l'économie réalisée pourrait devenir énorme, plus grande encore peut-être que celle qui pourrait résulter de la suppression des intermédiaires.

« On est ébahi quand on évalue le bénéfice colossal qui résulterait de ces grandes associations. A ne parler que du combustible, devenu si rare et si précieux, n'est-il pas certain que dans les emplois de cuisine et de chauffage, l'Association épargnerait les sept huitièmes du bois que consomme le système actuel, le mode incohérent et morcelé qui règne dans nos ménages ? »

Le fait est incontestable, en effet. Il est clair qu'il en coûterait infiniment moins de faire la cuisine pour mille personnes mangeant ensemble que pour mille mangeant séparément. Il faut, comme le dit très bien Fourier, beaucoup moins de bois pour faire bouillir une immense marmite que pour en faire bouillir mille petites. Il en coûte moins de faire construire une maison assez grande pour loger cent familles que de construire cent petites maisons, chacune pouvant recevoir une famille, et ainsi de tout le reste.

La vie par ménage isolé, telle qu'elle est pratiquée dans nos pays et nous pourrions même dire dans tous les temps et dans tous les pays, constitue donc, d'après Fourier, un effroyable gaspillage et peut être rangée parmi les principales causes de la misère dans les sociétés humaines. Or, de même que l'Association de consommation est le remède indiqué contre le premier mal l'intermédiaire, l'*Association domestique*, comme il l'appelle, est le remède indiqué pour le second, le ménage.

Sommes-nous appelés à voir cette seconde prophétie se réaliser comme la première ?

Je le crois, ou plutôt devrais-je dire, je le crains, car cette perspective est loin de me ravir. Oui, je crois que les exigences croissantes de la vie quotidienne forceront les gens, dans un avenir plus ou moins éloigné, peut-être plus ou moins rapproché, à se réunir, à se grouper dans des espèces d'hôtels, cités, caravansérails ou phalanstères, comme vous voudrez les appeler, où ils logeront sous le même toit, mangeront plus ou moins à la même table et auront une foule de services communs, tels que grandes salles de fête ou de réunion (il y en a déjà dans certaines maisons neuves de Paris), bibliothèques, etc.

Les classes ouvrières en arriveront là par les causes suivantes : d'abord par suite du renchérissement croissant des loyers, et aussi par suite de ce fait que les femmes étant appelées à travailler de plus en plus à l'atelier, au magasin, au bureau, ou dans une profession quelconque, pourront de moins en moins s'occuper de leur intérieur. Il faudra donc bien trouver le moyen d'installer une cuisine en commun pour préparer les repas des ménages, puisqu'ils ne pourront l'apprêter eux-mêmes, et peut-être aussi une crèche pour garder les enfants en l'absence des mamans.

Au reste, ceci est déjà réalisé en France dans un établissement célèbre, je veux parler du *Familistère* fondé précisément par un disciple de Fourier, M. Godin. Là, 1800 ouvriers environ vivent réunis dans des conditions d'économie, au point de vue du logement et des services domestiques, qu'aucune autre combinaison ne pourrait leur procurer. Ils trouvent là non seulement le logement, mais une crèche ou plutôt une nourricerie pour la garde des enfants, et aussi un théâtre, bibliothèques, salles de jeu, etc. Il y a des magasins qui fournissent chaque associé de tout le nécessaire. Seulement il n'y a pas de table d'hôte : chacun fait son ménage chez soi. A ce point de vue, l'économie sur les frais de cuisine n'est pas réalisée. Mais rien n'empêcherait d'y installer un restaurant. M. Godin l'a déjà essayé et n'y a renoncé que par des causes tout à fait accidentelles.

« Ce système là peut être bon pour les ouvriers, pensent peut-être les bourgeois qui m'écoutent, mais non pas pour nous ». Eh bien ! je crois, au contraire, que les classes riches en arriveront à un genre de vie analogue, non pas peut-être par raison d'économie, mais par une autre raison toute différente : par l'impossibilité de trouver des domestiques. Déjà aujourd'hui, il est très difficile dans les familles bourgeoises de trouver des personnes qui soient disposées à entrer en service, et le plus souvent on est réduit à faire venir des bonnes de Suisse ou d'Allemagne. Plus on ira et plus la répugnance des hommes ou même des femmes à entrer dans la domesticité s'accentuera. A vrai dire, je ne saurais les en blâmer : la domesticité est une institution qui a eu ses beaux jours mais qui devient de jour en jour plus incompatible avec notre état social et tend aujourd'hui à dépraver à la fois le maître et le serviteur. Eh bien ! quand le jour sera venu où l'on ne trouvera plus, à quelque prix qu'on les paie, ni cuisinières, ni femmes de chambre, ni cochers, que feront les bourgeois ?

Sans doute, les inventions mécaniques permettront de remplacer de plus en plus les services des domestiques par la domestication de forces naturelles beaucoup plus complaisantes et beaucoup plus fidèles. Vous entrerez chez vous le soir, vous presserez un bouton : voilà votre escalier, ou votre vestibule, ou votre chambre, qui s'éclairent à votre choix. Vous tournerez un, deux, trois robinets, vous aurez de l'eau chaude, ou froide, ou tiède à votre gré. Vous aurez une machine qui cirera vos souliers et une autre qui lavera la vaissselle. Vous parlerez au téléphone qui sera dans votre chambre et vous demanderez à votre épicier ou à votre boucher de vous apporter tel ou tel objet. Dans ces conditions, le service pourra se trouver réduit à bien peu de chose.

Mais, cependant, il sera toujours difficile d'inventer une machine pour faire la cuisine, ou même pour faire son lit. Dès lors, si l'on ne trouve plus de domestiques pour ces différents services, il ne restera plus aux bourgeois qu'une ressource, ce sera d'aller à l'hôtel.

Je suis sûr que cette idée fait hausser les épaules à bon nombre de mes auditeurs. Pourtant, elle commence déjà à se réaliser dans certains pays et notamment aux Etats-Unis. Aux Etats-Unis, les mœurs démocratiques et égalitaires sont si développées qu'un Américain ne consentira jamais à en servir un autre. Heureusement qu'il y a les nègres dans le Sud et les Chinois dans l'Ouest qui n'ont pas les mêmes répugnances et remplissent encore ces fonctions; mais dans le Nord, où il n'y a guère ni nègres ni chinois, la difficulté que je vous signalais tout à l'heure se présente dans toute sa force, et beaucoup de jeunes ménages n'ont trouvé d'autre moyen d'en sortir que celui de s'installer à l'hôtel pour la vie ou du moins pour de longues années. Et à Paris et Londres beaucoup de célibataires passent leur vie au cercle ou au club où ils trouvent, grâce à l'association, un luxe d'installation et d'alimentation qu'ils ne pourraient se procurer chez eux. Ces *clubmen* sont déjà des phalanstériens, et voilà comment nous finirons par l'être tous.

Cette perspective ne vous sourit pas beaucoup? Eh bien! à moi non plus, je l'ai déjà dit. Si, en effet, la vie d'hôtel est amusante en passant, elle devient fort ennuyeuse à la longue. Je ne me soucierais guère pour mon compte, et je pense que vous ne vous soucieriez pas beaucoup non plus, de passer toute votre vie dans un hôtel, si somptueux qu'il fût. Chaque homme, pauvre ou riche, aime bien à avoir son « chez soi », son petit coin où il puisse venir se reposer de ses travaux ou même de ses plaisirs, où il puisse se soustraire justement à ce coudoiement et à cette promiscuité de la foule des étrangers et des indifférents. Ce n'est pas, il est vrai, l'opinion de Fourier, et voici comment il s'exprime à cet égard :

« Un père de famille dira en lisant mon système : « Mon plaisir est de dîner avec ma femme et mes « enfants et quoi qu'il arrive, je conserverai cette « habitude qui me plaît.» « C'est fort mal jugé; elle « lui plaît aujourd'hui, mais quand il aura vu deux « jours les coutumes d'Harmonie, il renverra au « bercail sa femme et ses enfants, qui, de leur côté, « ne demanderont pas mieux que de s'affranchir du « morne dîner de famille. »

Il n'y a qu'une excuse aux lignes que je viens de lire, c'est que celui qui les a écrites était un vieux garçon qui, en parlant du dîner de famille, parlait de ce qu'il ne connaissait pas. Mais je plaindrais, en vérité, le père de famille qui trouverait plus agréable de s'asseoir chaque jour à la file le long d'une table d'hôte, cette table fût-elle à dix ou douze services, que de s'asseoir en compagnie de sa femme et de ses enfants autour de la table de famille, n'y eût-il sur cette table que la soupe et du pain bis! Et si cette société nouvelle, si ces coutumes d'Harmonie, comme les appelle Fourier, doivent avoir pour conséquence la suppression du foyer domestique et de tout ce que ce mot embrasse en fait de bonheur intime et de dignité morale, j'estime que ce confort qu'on nous promet sera vraiment payé bien cher!

Mais, après tout, qu'importe nos regrets! Ils ne changeront pas le cours des choses, et l'avenir sera ce qu'il doit être, non point ce que nous voudrions qu'il fût! Nous constatons tous les jours que la vie de famille si fortement constituée du temps de nos aïeux, s'est déjà de nos jours singulièrement affaiblie. Il est possible, il est même probable que cette évolution ne fera que s'accentuer et que la vie de famille ira s'affaiblissant et se dispersant de plus en plus dans la grande vie sociale et publique, que le pôt au feu du ménage sera remplacé de plus en plus par la grande marmite économique et la claire flamme qui a brûlé si longtemps au foyer domestique sera éteinte au profit du grand fourneau collectif. Qu'y faire? Les sociétés humaines et les mœurs se transforment sans cesse et le bonheur n'y gagne pas toujours : dans la nature, chaque printemps fait refleurir toujours les mêmes roses, mais, dans l'histoire de l'humanité, il est bien des fleurs qui, après avoir enchanté les générations passées, se fanent déjà et que jamais plus on ne verra refleurir !

Cependant, pour ne pas vous laisser sous cette impression mélancolique, je me hâte de vous dire que peut-être nous pourrons réaliser les économies que rêvait Fourier, sans en être réduits à nous entasser tout de suite dans un phalanstère.

Quelles étaient, en effet, les économies que Fourier avait surtout en vue ? Celle de la cuisine d'abord. Eh bien ! on peut très bien avoir des fourneaux qui prépareraient le déjeuner et le dîner pour tout le monde, laissant à chacun la faculté de manger sa portion sur place ou de l'emporter chez soi. Un philanthrope anglais, le capitaine Wolff, a fondé récemment à Londres, à Birmingham, à Liverpool, d'immenses cuisines publiques avec des fourneaux qui coûtent 20.000 francs chacun et fournissent chaque jour un menu excellent à raison de 0 fr. 40 le repas, pain non compris.

A ce prix, les capitalistes qui ont fondé l'entreprise réalisent encore de très jolis bénéfices, 16 à 17 p. °/₀. Si donc ces cuisines étaient sous la forme coopérative, elles pourraient réaliser les mêmes bénéfices, ou, si elles le préféraient, réduire encore le prix des portions déjà si bas. Il y en a déjà. Je ne doute pas que ce ne soit là un perfectionnement auquel arriveront un jour toutes les sociétés de consommation. Les coopérateurs finiront par faire ce compte qu'au lieu d'acheter des côtelettes, des œufs, des pommes de terre, pour les apprêter plus ou moins mal chez eux, il leur serait plus avantageux d'acheter la côtelette toute grillée, les pommes de terre toutes frites, les œufs sous forme d'omelette ; ce serait plus commode, meilleur et bien moins cher. On en viendra là, surtout pour la famille ouvrière où la femme va à la fabrique et n'a pas le temps de faire la cuisine.

Quel autre économie voulait encore réaliser Fourier par son phalanstère? — Celle de la garde des enfants. Eh bien! ici encore on peut réaliser ce desideratum sans bâtir un phalanstère. Il existe dans nombre de villes des établissements qu'on appelle crèches, salles d'asile, etc., dans lesquels, tout comme dans le *pouponnat* et le *bambinat* de Fourier, on garde les enfants pendant que les mères travaillent. Ces institutions ont, il est vrai, un caractère philanthropique, mais elles pourraient entrer aussi dans le cadre des associations coopératives.

Vous voyez donc que la seconde prophétie de Fourier tend déjà à être réalisée partiellement par des institutions séparées, qui toutes rentrent plus ou moins dans la sphère des associations coopératives, mais qui ne supposent pas nécessairement la vie en commun et qui, si elles doivent nous conduire un jour au phalanstère, ne nous y acheminent du moins que pas à pas et nous laisseront le temps de nous y préparer.

III

La phalange, dans le système de Fourier, ne devait pas être simplement une association de consommation pour vivre à meilleur compte : elle devrait être aussi et surtout une association pour la production en commun, soit de denrées et articles qui devaient être consommés par les associés, soit de marchandises pour la vente.

Et cette association pour la production devait avoir pour conséquence *l'abolition du salariat*. Comment devait-elle produire un si grand changement?

L'industrie moderne ne connaît que deux modes de production :

Dans la petite industrie ou dans la petite culture, le travailleur produit isolément et pour son propre compte : il vend directement au public le produit de son travail. Ce sont des producteurs autonomes. Tel est le cas du paysan qui cultive son coin de terre ou du petit cordonnier qui travaille dans sa boutique.

Dans la grande industrie ou la grande culture, les travailleurs, réunis au nombre de quelques centaines, parfois même de quelques milliers, travaillent pour le compte d'un patron, — simple particulier ou grande compagnie, il n'importe. Ce sont des salariés.

Or, chacun de ces deux modes de production présente de graves inconvénients.

Le premier, la production individuelle, se prête mal aux exigences de l'industrie moderne, qui, tant à cause des machines que de la division du travail, exige le concours d'un nombre croissant de bras.

Le second, la production par les travailleurs salariés, est pire. Je ne dirai point, empruntant le langage du jour, que ces grands ateliers sont des bagnes dans lesquels les travailleurs sont exploités par les capitalistes et que le salariat n'est qu'une aggravation de l'esclavage et du servage, — je dirai seulement que dans ce système le travailleur ne donnera jamais tout ce qu'il peut donner en fait d'énergie et de capacité productive, parce que l'expérience comme le bon sens démontrent que l'homme n'apporte jamais autant de soin et autant de cœur à l'ouvrage qu'il fait pour le compte d'un autre qu'à celui qu'il fait pour son propre compte.

Voilà le premier vice du salariat. Et il est facile de voir encore que ce système doit créer un conflit d'intérêts inévitable entre le patron ou capitaliste, comme on voudra l'appeler, et les ouvriers salariés. L'intérêt du patron ou de la Compagnie, en effet, c'est d'obtenir le maximum de travail en échange du minimum de salaire, tandis que l'intérêt du salarié c'est évidemment d'obtenir le maximum de salaire, en échange du minimum de travail, — voilà le second vice du salariat.

Heureusement, il est un troisième mode de production possible, bien qu'on n'en use guère. Supposez que dix, cent ouvriers d'un même corps de métier, par exemple des imprimeurs ou des tonneliers, constituent une association. Supposez qu'ils inspirent assez de confiance pour se procurer par l'emprunt les capitaux nécessaires ou qu'ils aient assez d'énergie et de prévoyance pour constituer petit à petit ce capital par leurs propres économies. Supposez qu'ils aient assez d'intelligence de leurs véritables intérêts pour confier la direction au plus capable d'entre eux et assez d'abnégation pour lui assurer un salaire proportionnel à l'importance des services qu'il doit rendre. Vous voyez que je suppose là un ensemble de conditions qui ne sont pas si faciles à remplir, mais qui enfin ne sont pas impossibles. Eh bien ! nous aurons là ce qu'on appelle une *Société coopérative de production*, et par cette association le salariat se trouvera aboli. Chacun de ses ouvriers travaillant pour le compte d'une association dont il fait lui-même partie, se trouve travailler en réalité pour son propre compte ; et les produits de l'industrie, qu'il s'agisse d'imprimés ou de tonneaux, étant vendus par l'association, il se trouve que chaque travailleur devient propriétaire, ou du moins co-propriétaire, des produits de son travail. Il recueille donc dans ce système, suivant la formule fameuse tant de fois inscrite sur les manifestes socialistes, « l'intégralité du produit de son travail ». Dès lors, il y a lieu de penser que le travailleur pourra porter au maximum toutes ses énergies productrices, et que, d'autre part, cet éternel combat entre le patron et les salariés cessera faute de combattants, puisqu'il n'y aura plus ni patron, ni salariés, mais simplement des associés ayant les mêmes droits et les mêmes intérêts.

Or, c'est là justement le mode de production que Fourier préconisait et qu'il s'efforçait de réaliser :

« L'esprit de propriété est le plus fort levier qu'on connaisse pour électriser les civilisés : on peut sans exagération estimer au double produit le travail du propriétaire, comparé au travail servile ou salarié. On en voit chaque jour les preuves de fait : des ouvriers d'une lenteur et d'une maladresse choquantes lorsqu'ils étaient à gages, deviennent des phénomènes de diligence dès qu'ils opèrent pour leur propre compte.

« On devrait donc, pour premier problème d'économie politique, s'étudier à transformer tous les salariés en propriétaires co-intéressés. »

Et pour opérer cette transformation des salariés en co-propriétaires intéressés, Fourier se servait de la *phalange*.

La phalange, considérée comme association de production, était tout simplement une société par actions. La seule différence avec les sociétés par actions, telles que nous les voyons fonctionner aujourd'hui, c'est que, dans ces sociétés, tout le capital et le matériel de la production appartiennent à des actionnaires qui ne coopèrent pas à la production par leur travail personnel et restent même le plus souvent étrangers à l'entreprise, tandis que dans la phalange, tout le capital social doit appartenir aux producteurs eux-mêmes. Sans doute, au début, il faudra bien que la phalange se procure le capital qui lui est indispensable pour l'achat de terrains, constructions, etc., par voie d'emprunt, c'est-à-dire en émettant des actions ou obligations qui devront être souscrites par des capitalistes ; mais Fourier espère, à l'aide de diverses combinaisons plus ou moins ingénieuses, dans le détail desquelles je ne puis entrer, que les coopérateurs ne tarderont pas à rembourser ce capital et à se substituer, comme actionnaires, aux actionnaires du dehors.

« Ce jour-là, le pauvre, en Harmonie, ne possédât-il qu'une parcelle d'action, sera propriétaire du canton entier *en participation*. Il pourra dire : nos terres, notre palais, nos châteaux, nos forêts, nos fabriques, nos usines. Tout sera sa propriété et il sera intéressé à tout l'ensemble du mobilier et du territoire. »

Il ne faudrait pas croire, cependant, que, dans la pensée de Fourier, ces associations coopératives ne dûssent être composées que d'ouvriers, et que les riches capitalistes dûssent en être éliminés. Il estimait, au contraire, et c'était là de sa part une idée très fine et très heureuse, que ces associations ne pourraient donner leurs meilleurs résultats qu'à la condition de n'être ni exclusivement ouvrières ni exclusivement bourgeoises, mais de réunir les membres des diverses classes sociales.

« Il est bien important qu'une phalange soit composée de gens très inégaux en fortune comme en autres facultés. La phalange où les inégalités seront le mieux graduées, atteindra le mieux la perfection d'Harmonie. »

Voilà donc une nouvelle prophétie d'une nature plus agréable que la précédente. Est-elle aussi en voie de se réaliser ?

Je vous ai fait entrevoir tout à l'heure à combien de conditions délicates était subordonnée la réussite des associations coopératives de production. Cependant, la possibilité de leur existence se trouve démontrée par le fait qu'un certain nombre de ces associations existe déjà, soit en France, soit ailleurs, et la plus célèbre est le *Familistère de Guise*, dont nous avons déjà parlé.

Elles sont, il est vrai, beaucoup plus difficiles à constituer que les Sociétés coopératives de consommation, mais l'expérience a prouvé que le meilleur moyen d'y arriver, c'était justement de commencer par des sociétés de consommation comme les vôtres. Le jour où vous serez solidement constitués et où vous aurez réuni un certain capital, vous vous direz peut-être qu'au lieu d'acheter votre farine chez le meunier, il serait encore plus économique d'avoir un moulin pour moudre le blé ; qu'au lieu d'acheter votre linge, vos étoffes, vos chaussures, il serait peut-être plus avantageux d'avoir des ateliers et des manufactures pour les fabriquer vous-mêmes. C'est de cette façon qu'a procédé la fameuse Société des Equitables pionniers de Rochdale, la première en date des sociétés de consommation : au petit magasin d'épicerie qui a été son berceau, elle a ajouté successivement meuneries, filatures, diverses manufactures, et est devenue ainsi une grande société coopérative de production. Aux autres à suivre l'exemple de leur sœur aînée.

Et, d'ailleurs, tel était le plan de Fourier puisque le Phalanstère devait être d'abord et avant tout une association « domestique », c'est-à-dire de consommation.

IV

En remplaçant le salariat par l'association, Fourier se flatte de rendre le travail plus attrayant, en quoi il voyait juste, mais une fois que cet homme avait logé une idée dans sa tête, il ne s'arrêtait pas à mi-chemin et la suivait jusqu'aux extrêmes confins de la folie. Il assurait donc que, grâce aux vertus merveilleuses de la coopération, le travail dans l'avenir ne serait plus qu'un jeu, un plaisir sans mélange de peine, une vraie fête renouvelée chaque jour et dont personne ne voudrait voir la fin. Cette idée du *travail attrayant* est certainement une des plus singulières du système de Fourier et celle qui y tient la plus grande place.

Pour réaliser cette idée, il avait imaginé la combinaison suivante :

Le phalanstère ne devait pas se composer d'une grande association unique, mais d'une multitude de petites associations qu'il appelait des *séries* et dont chacune se consacrerait à une branche distincte de la production. Chaque travailleur, dans sa pensée, devait être membre de 20 ou 30 de ces petites associations, de ces séries, et il devait passer alternativement de l'une à l'autre de façon à se livrer, dans la même journée, à 8 ou 10 occupations différentes. Fourier voyait dans cette variété de travaux une condition indispensable du travail attrayant. C'était, d'après lui, la satisfaction nécessaire de ce besoin de changement inné chez l'homme qu'il appelait pittoresquement la *papillonne.*

Et il pensait que, grâce à ce papillonnage perpétuel, jamais on n'aurait le temps de se fatiguer ni de s'ennuyer.

Voici textuellement l'emploi tracé par Fourier de la journée d'un habitant du phalanstère :

Journée de Lucas au mois de juin.

3 heures 1/2.	Lever, habiller.
4 —	Travail : groupe écuries.
5 —	id. groupe jardiniers.
7 —	Déjeuner.
7 — 1/2.	Travail : groupe faucheurs.
9 — 1/2.	id. culture de légumes sous tente.
11 —	id. série des étables.
1 —	Dîner.
2 —	Travail : série des sylvains (autrement dit, bûcherons).

4 heures Travail: groupe manufacture.
6 — id. série arrosage.
8 — Séance à la Bourse.
8 — 1/2. Souper.
9 — Fréquentation amusante.
10 — Coucher.

Il s'étend, d'ailleurs, en maints endroits, sur ce caractère particulier que prendra le travail dans ce monde nouveau qu'il rêve. Il veut que le travail y devienne attrayant même pour les animaux, « car, dit-il, dans le phalanstère, tout le monde doit être heureux, même les bêtes. »

Et même les riches ! faut-il ajouter, car Fourier se préoccupe aussi du bien-être des riches, préoccupation rare assurément chez un socialiste. « L'erreur où sont tombés nos philosophes civilisés, c'est de croire qu'il faut travailler au bonheur des pauvres sans rien faire pour les riches. On est bien loin des voies de la nature quand on ne travaille pas pour tous (1). »

Il nous fait donc des tableaux vraiment charmants de l'existence qu'on mènera dans le monde d'Harmonie. Il nous dépeint jeunes gens et jeunes filles, enfants et vieillards, riches et pauvres, se groupant librement suivant leurs sympathies, s'adonnant au genre de travail qui les séduit le plus et le quittant pour y revenir, entrecoupant leurs occupations par des conversations, des rires, des jeux, des goûters, faisant claquer au vent les bannières et les insignes de chaque groupe, se provoquant par de pacifiques défis à qui exécutera tel ou tel ouvrage...

Ici je renonce à suivre Fourier. Son imagination l'égare : voici le fou qui reparaît ! Le fait de se trou-

(1) Manuscrits de Fourier, publiés en 1852, p. 24.

ver en nombre pour faire n'importe quoi est évidemment une condition de joie — et la preuve c'est qu'il n'y a aucun jeu qui ne suppose une *coopération* à plusieurs, sauf le jeu du « solitaire » ou les « patiences » mais qui sont plutôt mélancoliques ! — et de même le travail à plusieurs est certainement plus entraînant que le travail solitaire. Néanmoins, le travail ne sera jamais un jeu ; un atelier où l'on bavarde et où l'on rit est un atelier où l'on ne fera jamais rien qui vaille. Le travail est un devoir, il doit conserver ce caractère. Et encore que l'homme puisse et doive trouver une satisfaction austère dans le devoir accompli, cependant le travail supposera toujours une dépense de forces, une tension physique et intellectuelle, qui seront, quoi qu'on fasse, peu attrayantes pour l'homme et auxquelles il ne se livrera jamais sans un combat, sans une victoire sur soi-même, qui lui coûtera et dont la seule perspective suffira toujours pour faire reculer les lâches.

Et cela est vrai, non pas seulement du travail manuel, mais aussi de ce travail intellectuel que vous considérez peut-être, ouvriers qui m'écoutez, comme une simple plaisanterie à côté du vôtre. Oui, sans doute, il est pénible et dur le travail du mineur qui, au fond d'un trou noir, extrait le charbon qui fait marcher l'industrie, mais il est pénible et dur aussi le travail de l'homme qui tire péniblement de son cerveau les idées qui font marcher le monde ou même les fantaisies qui l'amusent et qui, le soir, assis dans un bon fauteuil, fabrique des vers, compose un opéra ou seulement regarde les étoiles. Ils connaissent ceux-là aussi ces lassitudes, ces sueurs mortelles, ces angoisses du travail créateur, qui semblent en ce monde comme la condition fatale de tout enfantement, qu'il s'agisse de mettre au monde des hommes, des produits ou des idées !

Et le pourrions-nous, du reste, que nous ne voudrions pas, pour notre part, enlever au travail ce caractère sacré qui fait la dignité de l'homme et la noblesse du travailleur, et si jamais d'autres viennent, après Fourier, vous promettre une organisation quelconque dans laquelle le travail sera transformé en plaisir, gardez-vous de les croire, car un travail sans peine sera toujours un travail sans honneur, — et j'ajoute, sans résultats ! On n'arrivera jamais à la Terre promise par des chemins semés de roses. Ce n'est pas le papillon de Fourier que vous avez pris pour emblème, ouvriers de la société l'*Abeille,* parce que vous savez bien qu'en voltigeant de fleurs en fleurs ce volage ne fait point de miel, mais c'est l'abeille que vous avez choisie, c'est parce que, s'il faut en croire ceux qui ont vécu dans son intimité, de l'aube jusqu'au soir elle ne perd pas un instant, c'est parce qu'elle travaille et ne s'amuse pas.

Et cependant, comme il n'est pas d'idée de Fourier, si folle qu'elle soit, qui ne renferme un grain de vérité, je crois qu'ici encore il y a une juste vision des bienfaits de l'association qui pourra se réaliser en partie.

Il est certain qu'il serait bon d'avoir, comme l'on dit, plusieurs cordes à son arc parce qu'en cas de crise ou de chômage un homme pourrait toujours se retourner. Quand une industrie ne marche pas, il peut arriver qu'une autre soit plus prospère. Croyez-vous que les mineurs ne seraient pas plus heureux, si au lieu de passer toute leur vie au fond de leur puits, ils pouvaient avoir quelque autre occupation, par exemple le jardinage, qui leur permît de passer au grand air et au soleil au moins un jour sur deux et qui leur permît aussi, autre avantage ! quand les charbons sont en baisse, comme en ce temps-ci, de produire des roses qui précisément sont en hausse ?

Et il est certain que cela est impossible dans l'organisation actuelle, soit que l'ouvrier travaille pour son propre compte, soit qu'il travaille pour le compte d'un patron. Si un ouvrier, aujourd'hui, venait dire à un patron, dans une fabrique de tapis par exemple : « Je viendrai travailler chez vous les lundis, mercredis, vendredis : les autres jours de la semaine je veux aller travailler chez un pépiniériste », le patron l'enverrait papillonner à tous les diables ! On comprend bien, en effet, qu'il ne lui soit pas possible de faire marcher son atelier avec des ouvriers qui ne viendraient pas régulièrement.

Mais cet état de choses deviendrait au contraire très possible avec le système des associations coopératives. Il n'y aurait rien d'irréalisable à ce qu'un même ouvrier se fit inscrire dans deux ou trois, même huit ou dix associations coopératives différentes, dans lesquelles il travaillerait tour à tour, à la seule condition évidemment de s'entendre à l'avance sur les heures et les jours, de façon à établir une sorte de roulement.

Je vois, comme le prophète Fourier, le monde rempli de milliers d'associations de toute nature, celles-ci pour le travail, celles-là pour les plaisirs ; les unes agricoles, les autres industrielles ; les unes pour réaliser les bénéfices de la production en commun, les autres pour réaliser les économies de la consommation en commun ; les unes pour bâtir des logements, les autres pour faire la cuisine et préparer les aliments ; les unes pour s'occuper des enfants, les autres des vieillards ; les unes pour assurer contre les accidents et les maladies, les autres contre le chômage.

Je vois les hommes faisant partie chacun non pas d'une seule, mais de dix, de vingt, de cinquante associations différentes, de celle-ci pour vendre son beurre ou son lait, de celle-là pour fabriquer des tapis, de cette troisième pour se loger, de cette quatrième pour se nourrir, de cette cinquième pour soigner ses enfants, de cette sixième pour s'assurer une retraite, de cette septième pour lire son journal, de cette huitième pour entendre de la musique, de cette dernière peut-être pour se magnétiser mutuellement !

Ceux-là seulement ne feront partie d'aucune association qu'aucune d'entr'elles n'aura voulu admettre dans son sein, parce qu'ils en seront indignes, parce qu'ils seront inassimilables. Ainsi la coopération opèrera une sélection plus efficace que celle que la concurrence nous donne aujourd'hui. L'industrie a souvent recours au procédé de la cristallisation pour épurer un corps et le dégager de tout élément étranger. On sait, en effet, que ces petites associations qui s'appellent des cristaux ne se forment qu'entre molécules homogènes, avec les éléments purs de la masse. De même en sera-t-il des associations coopératives ! Elles dégageront de la masse les vrais éléments sociaux.

Je vois la propriété de toutes choses : la terre, les mines, les maisons, les usines, les navires, les machines, les capitaux, tout le matériel de la production appartenant à ces milliers d'associations et à ces millions d'associés, non pas sur pied d'égalité, mais de telle façon que chacun se trouvant à la fois travailleur, propriétaire et capitaliste, chacun se trouvera ainsi directement intéressé au maintien de l'ordre et de la tranquillité.

Je vois chacune de ces associations réunissant, non pas seulement comme celles qui peuvent exister aujourd'hui, des hommes de la même ville et de la même condition, mais des hommes de toute condition, de tout pays, de toute langue : on verra le pauvre et le riche, l'ouvrier et le bourgeois, le Chinois et le Français, le nègre et le blanc, réunis par les mille liens d'intérêts quotidiens dont ils ne pourront plus se dégager, et par là la paix sociale, peut-être même la paix internationale, garantie dans la mesure où elle peut l'être en ce monde.

La paix sociale ! Si l'association parvenait à l'assurer, par là se trouverait réalisée encore la dernière et plus belle des prophéties de Fourier, celle à laquelle il croyait avec la foi la plus vive, celle à laquelle il pensait certainement lorsque dans une heure de recueillement solennel, il écrivait : « Aujourd'hui, jour du Vendredi-Saint, j'ai trouvé le secret de l'Association Universelle », celle à laquelle il revient sans cesse, à ce point qu'il avait déjà baptisé sa société nouvelle du nom d'HARMONIE.

« Le secret de l'union des intérêts est dans l'association. Les trois classes, une fois associées et unies d'intérêt, oublieront les haines, d'autant mieux que les chances du travail attrayant feront disparaître les fatigues du peuple et le mépris du riche pour les inférieurs, dont ils partageront les fonctions devenues séduisantes. Là finira la jalousie du pauvre contre les oisifs qui récoltent sans avoir semé ; il n'existera plus ni oisifs, ni pauvres, et les antipathies sociales cesseront avec les causes qui les produisent (1) ».

Qu'elle paraît encore lointaine, et quasi enfantine, cette vision ! Pourtant il faut croire encore à cette dernière prophétie : l'association amènera l'union. Non, la haine ne sera pas la plus forte ; oui, l'amour vaincra. Il faut le croire parce que l'expérience nous apprend que si la haine est puissante pour détruire, elle est impuissante à rien fonder ; parce que l'histoire nous montre que les seules œuvres qui aient été durables sur terre et

(1) *Associat. domestique*, I, p. 133.

qui aient réellement transformé le monde, oui, toutes — sans même en excepter la Révolution française dans ce qu'elle a eu de durable et de vraiment fécond — ont été des œuvres d'amour ; parce que nous voyons bien que les seuls hommes qui aient été doués de la puissance créatrice, réformateurs ou inventeurs, ont été ceux-là seulement qui ont eu la puissance d'aimer. Il faut le croire enfin parce que c'est la Nature elle-même qui a voulu que l'Amour seul fût le principe de vie et de fécondité et que rien ne pût exister en ce monde qui n'ait été conçu dans un embrassement !

Et toi aussi, homme bizarre dont nous venons d'étudier ce soir la doctrine et la vie, si tu as approché de la vérité de plus près que d'autres et s'il t'a été donné, malgré tes divagations, d'entrevoir l'avenir de nos sociétés, par un don de seconde vue quasi-surnaturel, si tu as été non un simple visionnaire, mais un « voyant » dans le vieux sens de ce mot, c'est parce que ton cœur était riche d'amour pour tous, pour les hommes et les choses, pour les pauvres et les riches, pour les enfants et les fleurs. O toi qui rêvais un monde où « tout le monde fut heureux, même les bêtes » et même les riches ! si j'avais eu à choisir une inscription pour ta tombe, j'y aurais fait graver cette promesse de l'Evangile ; « Il te sera beaucoup pardonné parce que tu as beaucoup aimé ! »

FIN

TABLE ALPHABÉTIQUE

TABLE DES MATIÈRES

NIMES, IMPRIMERIE COOPÉRATIVE LA LABORIEUSE
7, Rue J.-B.-A. Godin

www.ingramcontent.com/pod-product-compliance
Ingram Content Group UK Ltd.
Pitfield, Milton Keynes, MK11 3LW, UK
UKHW012156240726
13966UKWH00002B/380

9 782012 890633